喇嘛洞墓地三燕文化居民人骨研究

陈　山　著

科学出版社
北　京

内 容 简 介

本书是对出土于辽宁省朝阳北票喇嘛洞墓地的三燕文化人骨进行体质人类学分析的研究报告，分别对喇嘛洞三燕文化居民的性别、年龄及人口学方面、颅骨非测量性状方面、颅骨测量性状方面、种族类型方面、身高方面、古病理学方面等进行了详细的介绍和研究，为更全面地了解喇嘛洞墓地居民提供了详细的资料，并结合对于喇嘛洞三燕文化居民的体质方面的认识，讨论了其族属的可能性、社会角色及生活方面的问题，并为喇嘛洞墓葬的深入研究提供了人类学的信息。

本书可供考古学、人类学及相关专业的科研人员及高校学生参考。

图书在版编目 (CIP) 数据

喇嘛洞墓地三燕文化居民人骨研究 /陈山著. —北京：科学出版社，2013.3

（吉林大学边疆考古研究中心系列学术著作）

ISBN 978-7-03-036791-4

Ⅰ. ①喇… Ⅱ. ①陈… Ⅲ. ①墓葬（考古）－研究－北票市－十六国时期②人体－骨骼－研究－北票市－十六国时期 Ⅳ. ①K878.84②Q983

中国版本图书馆CIP数据核字（2013）第037834号

责任编辑：宋小军 赵 越 / 责任校对：李 影

责任印制：赵德静 / 封面设计：王 浩

科学出版社 出版

北京东黄城根北街 16 号

邮政编码：100717

http://www.sciencep.com

北京通州皇家印刷厂 印刷

科学出版社发行 各地新华书店经销

*

2013 年 3 月第 一 版 开本：B5（720 × 1000）

2013 年 3 月第一次印刷 印张：17

字数：350 000

定价：80.00 元

（如有印装质量问题，我社负责调换）

A Research on Human Skeletons of Residents with San-Yan Culture in Lamadong Graveyard

By

Chen Shan

Science Press
Beijing

本项研究成果得到了国家社科基金重大项目（项目编号：11&ZD182）和国家基础科学人才培养基金特殊学科点项目（项目编号：J1210007）的资助。

序

陈山博士1986年考入吉林大学历史系考古专业，1990年毕业后被分配到江苏省徐州市博物馆工作。1992年他顺利通过研究生入学考试，重回母校继续深造，在我的指导下研修体质人类学，因此成为我招收的第一名硕士研究生。陈山同学为人热情、诚恳，积极上进，在学习上努力、刻苦，求知欲很强并且有自己的独到见解，遇到一些比较难解的理论或技术问题，常常和我讨论甚至争论起来，大有不搞清楚誓不罢休的劲头。他这种认真的学习精神很令我欣赏。为了全面地训练、提高他对田野考古出土人骨的鉴定、整理、观测、研究能力，我将当时吉林大学考古学系与内蒙古自治区文物考古研究所联合发掘的赤峰市克什克腾旗龙头山遗址出土的一批夏家店上层文化人骨交给他做硕士论文。后来，这篇论文修改后发表在2000年第1期《人类学学报》上。

1995年陈山硕士毕业后去辽宁省文物考古研究所工作，除完成古人骨的鉴定、研究任务外，还参加了很多田野考古发掘工作，其中特别应该提到的就是该所与朝阳市博物馆等单位联合发掘的北票喇嘛洞三燕文化墓地。1997年和1998年，应喇嘛洞考古队的领队张克举先生、田立坤先生的邀请，我先后两次去现场考察，当时陈山也在工地参加发掘并承担现场人骨鉴定、收集的任务。由于考虑到喇嘛洞墓地这批三燕文化人骨比较重要，当时吉林大学又刚刚筹建了国内考古界第一个古DNA专业实验室，经双方协商决定将这批古人骨的体质人类学、分子考古学研究工作交由吉林大学承担。因此，1998年末喇嘛洞墓地第五次发掘工作结束后，这批珍贵的人骨标本便由陈山送到吉林大学人类学实验室开展多学科的综合研究。此后，他的工作单位又发生了变化，由辽宁省文物考古研究所调入沈阳市文物考古研究所。

2003年9月，陈山在单位领导的支持下考取了我的博士研究生，在职攻读学位。在确定论文选题时，我提出将他比较熟悉并已经做过一些先期工作的喇嘛洞人骨作为博士论文的基本素材。从那时起，经过6年的时间，直到2009年陈山才最终完成了此项研究工作并顺利通过博士论文答辩。从目前呈现在读者面前的这部由博士论文修订而成的专著上可以深切地体会到一位在职的专业人员读书深造时所遇到的困难和艰辛。

尽管《喇嘛洞墓地三燕文化居民人骨研究》一书仅仅是从体质人类学的角度对采集自该墓地的 426 例三燕时期居民进行的研究，但由于作者认真、细致的工作，该书为我们提供了有关该古代人群的古人口学、古人种学、古病理学、颅骨测量性状和非测量性状以及身高的推算等方面大量的数据、信息，是一份难能可贵的中国东北地区古人骨研究领域的大样本资料。关于喇嘛洞三燕文化墓地的族属问题，目前在学术界尚存争议，主要有两种意见："鲜卑说"和"夫余说"。作者通过研究发现，喇嘛洞三燕文化居民的遗传学构成并不单纯，是一个"多源性同种系"的人群。此外，作者还指出，喇嘛洞居民的高颅性质显示其主体部分应属东亚蒙古人种范畴，而与在朝阳地区发现的其他慕容鲜卑居民颅型偏低的北亚人种特点大相径庭，因此二者的族属可能并不一致。作者的这些观点对进一步开展有关喇嘛洞墓地三燕文化居民人骨的多学科综合性研究具有重要的启示作用和参考意义。

是为序。

朱　泓

2012 年 6 月 15 日于长春高新 · 怡众名城寓所

目　录

第一章 绪 论

第一节 喇嘛洞墓地的自然地理概况

辽宁省朝阳市位于燕山山脉向辽沈平原过渡与河北省、内蒙古自治区交接地带，地处东经 118° 55′ ~121° 16′、北纬 40° 23′ ~2° 28′，属北温带大陆性气候，四季分明，雨热同期，日照充足。朝阳市地表层峦叠嶂，丘陵起伏，峡谷相间，沟壑纵横，只有小块山间平地和沿河冲积平原，结构为“七山一水二分田”。土地自然类型多样，山地、丘陵、岗地、川地、平地交错分布；山地多、平地少、质量贫瘠。林地立地条件差，树木发育缓慢，林相残破，郁闭度低。牧草地植被稀疏矮小，退化严重，有的已为不毛之地。未利用地沟壑纵横，岩石裸露，土地生态系统平衡能力脆弱，有近 70% 的土地面积水土流失严重。

朝阳市居于北温带大陆性季风气候区，尽管东南部受海洋暖湿气流影响，但由于北部蒙古高原的干燥冷空气经常侵入，形成了半干燥半湿润易干燥地区，主要气候特点为四季分明，雨热同季，日照充足，日温差较大，降水偏少。

喇嘛洞墓地位于朝阳市北票南八家乡四家板村村西一个东西向的向阳坡地上，地势北高南低，山坡下即为大凌河谷地，其地理坐标为东经 120° 43′，北纬 41° 39′，坡脚海拔 143 米，坡顶海拔 171 米。

喇嘛洞墓地所在位置属于四家板村喇嘛洞村民组，故命名为喇嘛洞墓地。喇嘛洞村民组名称来源于村子里有一座喇嘛庙，庙北面的山脚下有内置佛像的洞龛。该墓地西距朝阳市 30 千米，北距北票市 15 千米，西南距南八家子乡 4 千米，向南 300 米左右为锦（州）承（德）铁路，东南约 1.2 千米即为大凌河（图 1.1）。

喇嘛洞墓地处于大凌河左岸的山坡上，从山脚下向南到大凌河河岸距离约 1.2 千米，这段河谷地势平坦，土壤发育良好，又利于灌溉，为当地产粮的优势地块。

在这个范围内发现了辽代的川州城城址，城址的南城墙和西城墙南段已经被大凌河水冲毁。

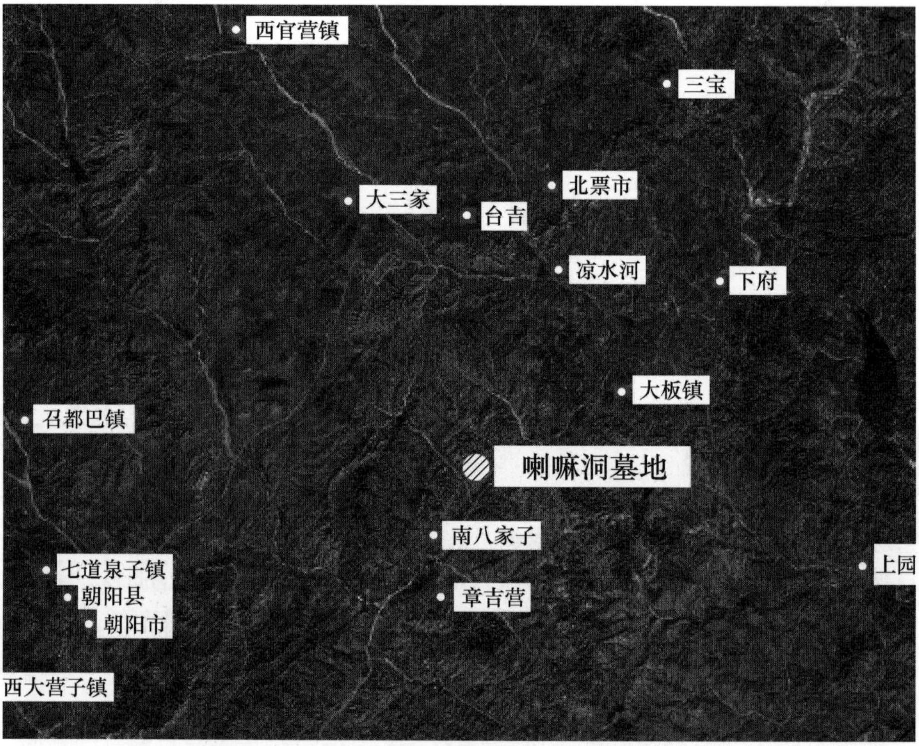

图 1.1　喇嘛洞墓地位置示意图

第二节　喇嘛洞墓地的考古学背景

喇嘛洞墓地是我国北方地区迄今所见最大的一处以三燕文化墓葬为主的大型墓地，整个墓地面积 1 万平方米左右。1996 年被评为全国十大考古发现之一。

喇嘛洞墓地所在范围内中部自北向南有一条冲沟，将墓地分为两区，沟东为Ⅰ区，沟西为Ⅱ区。沟东Ⅰ区范围内有当地村民的取土场，经常发现有墓葬被破坏，多次进行抢救性清理。1993~1998 年，整个墓地经历了 5 次发掘，共发掘墓葬 435 座，其中三燕文化墓葬 419 座。从整个墓地总体布局上看，墓葬自地势较高的西北部向东南部成排、列分布，布局整齐、严谨。出土遗物有陶、铁、铜、金银、骨器等 4 千件（副、套）左右。

陶器以泥质灰陶为主，器型多为展沿深腹壶和侈口鼓腹壶，在颈、腹部多饰有暗纹，肩上刻数道玄纹。此外还有夹砂大口罐、泥质灰黑陶卷沿罐及泥质灰陶奁、钵等。釉陶器有酱色或近豆绿色釉四系罐、碗。

漆器均朽烂，可辨的器形有盘、杯等。

铁器有长剑、环首刀、直背小刀、矛、镞等兵器，犁铧、犁镜、钁铲、臿、斧、镰、凿等生产工具，马面帘、马甲、鞍、衔、镳、带扣等马具，釜、鍑等生活用具和人甲、兜等，另外还有数量较多、用途不明的环首铁器。

铜器中以釜、甑、鍑较多见，还可见盆、魁、罐、灯、洗、钵、鐎斗镏金铜面罩、鹿形器等；铜鎏金马具较为常见，但很零散，不成系列，有杏叶、步摇叶、鞍、带扣、当卢等；另外还有箭箙饰、铜镜等。

金银等装饰品最具特点，常见的耳坠多以金（银）丝连缀多个圭形小摇叶及一个小玛瑙珠，与吉林老河深墓地中层出土者相近似；发钗、指环等以银质居多；还可见有压制成鹿形纹的金牌饰和鹿形器；另外还有针、珠、管等；在Ⅰ区M7还发现一个金步摇冠饰；装饰品还可见到绿松石串珠、金管与玛瑙珠相间串成的项链、玛瑙珠、绿松石珠、琉璃耳瑱等[1]。

笔者在工作期间，还在当地征集了据说出土于Ⅱ区范围内的甲骑具装，包括鞍桥包片、翼形片和寄生等[2]。

喇嘛洞三燕文化墓葬，既受到汉文化的强烈影响，又具有鲜明的地方和民族特点。除少数几座石椁木棺墓为前大后小外，其余的石椁木棺墓和土坑竖穴木棺墓的木棺与土圹都是前后等宽的矩形，不设壁龛，填土中放置陶器。

对于喇嘛洞三燕文化墓葬，目前有不同的认识。

田立坤先生认为喇嘛洞三燕文化墓葬应该是以夫余人为主体的遗存，绝大多数墓葬的年代在公元289年慕容廆从辽东北迁回徒河之青山到公元349年慕容俊进军中原之间[3]。

万欣先生认为喇嘛洞三燕文化墓葬所处地理位置和基本书化属性以及时代特征说明该墓群三燕文化墓葬主要属于辽西地区大凌河流域两晋时期慕容鲜卑文化的范畴，确切些说，它们是汉化程度较深且可能吸收了夫余等族的某些文化因素的、以慕容鲜卑文化成分为主的前燕及前燕以前不久的墓葬，其相对年代约当公元3世纪末至4世纪中叶，亦即慕容廆率部回迁至大凌河流域（289年）以后至慕容皝建立的前燕时期（337~370年）的遗存[4]。

目前学界对于该墓葬的时间认识大体相同，而对其族属的认识尚未统一。但该墓地出土了大量的人骨标本，为我们研究三燕时期这群人的族属提供了可能。本书就是对采集自三燕文化墓葬的人骨标本所进行的人类学研究。

第三节 本书的研究目的及相关说明

曹魏初年，鲜卑慕容部的首领莫护跋率领部众入居辽西；后涉归又率领部众迁往辽东北；公元289年慕容廆因为辽东北地处偏远，又率部迁回徒河之青山[5]；

公元337年慕容皝在大棘城称燕王，建立政权，史称前燕；公元342年，慕容皝迁都龙城[6]；公元352年慕容儁都邺城并正式称帝[7]；公元370年前秦攻下邺城，慕容暐投降，前燕灭亡[8]。公元384年慕容垂复国改元燕元，置百官、立太子，史称后燕[9]；公元396年慕容垂病死平城；第二年慕容宝被拓跋魏所攻弃中山退守龙城；公元407年后燕王慕容熙被部下高云、冯跋所杀，高云被拥立为王，后燕灭亡。高云又被部下所杀，冯跋被立为燕王，为北燕；公元436年，拓跋魏攻下龙城，北燕灭亡[10]。

慕容鲜卑从公元3世纪初迁居辽西到公元436年北燕被北魏灭亡，作为慕容鲜卑的兴起之地和前燕、后燕和北燕的都城所在地，辽西保留有大量这个时期的遗存，对于研究慕容鲜卑的历史极具重要意义。

喇嘛洞墓地位于大凌河的中游地区，向西30千米的朝阳市为三燕时期的都城——龙城，向东距离金岭寺魏晋遗址和对岸的“大棘城”都很近，周边地区经常有三燕时期的鲜卑墓葬发现。《考古》1960年1期发表的辽宁北票房身村晋墓[11]应为最早的报道，此后在辽西地区陆续发现并报道了义县保安寺[12]、北票县西关营子北燕冯素弗墓[13]、朝阳后燕崔遹墓[14]、朝阳袁台子东晋壁画墓[15]、朝阳八宝、太平房及北庙村墓葬[16]、朝阳十二台、单家店、南双庙墓葬[17]、锦州北魏墓[18]、朝阳自来水管道工地墓葬[19]、朝阳前燕奉车都尉墓[20]、北票仓粮窖鲜卑墓[21]、朝阳袁台子北燕墓[22]、锦州前燕李廆墓[23]、朝阳王子坟山墓群[24]、朝阳十二台乡砖厂88M1[25]、朝阳甜草沟晋墓[26]、朝阳箭头地前燕墓葬[27]。

喇嘛洞墓地的发现为研究三燕文化的内涵提供了丰富的资料。对比以往发现的三燕文化墓葬，喇嘛洞三燕文化墓葬在其头向、棺木形制、墓葬形制、埋葬形式、随葬品诸方面表现出不同，而与吉林榆树老河深墓地中层墓葬有很多相同之处，其族属应相同[28]。榆树老河深中层墓葬，目前学界更倾向认为很可能是汉魏时期夫余遗存[29]。因此喇嘛洞三燕文化墓葬就应该是以夫余人为主体的遗存[30]。

对于以往发现的属于三燕文化遗存的人类学资料研究表明，以79单家店M3、87十二台乡M4、90十二台乡M1为代表的慕容鲜卑其基本种系成分应为北亚蒙古人种，只是在诸如面宽略窄这样的一些个别体质特征上或许暗示出该群体中也受到了某些来自东亚蒙古人种的影响；在古代对比组中，其与山嘴子组最为接近；在近代对比组中，其与通古斯组和蒙古组最为接近[31]。

对于喇嘛洞三燕文化墓葬中的部分人骨标本，笔者曾做过一个初步的研究，在与现代亚洲蒙古人种各主要分支的比较中，喇嘛洞组与现代东亚蒙古人种最为接近，但在与古代东北地区的居民比较中，却与现代北亚蒙古人种占主导成分的辽代山嘴子组和朝阳鲜卑组最为接近，结果耐人寻味[32]。随着喇嘛洞三燕文化墓葬的整理与研究，对其文化的认识越来越明晰。伴随着人骨资料的整理，越来越有必要对喇嘛洞墓地人骨资料进行全面的研究，以期获得充分的了解，对于全面认识喇嘛洞墓地有所帮助。

需要说明的是，喇嘛洞墓地的人骨标本是笔者在1998年第五次发掘结束以后一起送往吉林大学边疆考古研究中心的，并没有区分哪具标本是第几次发掘时获得的，因为是同一个墓地的标本，墓地只是分了Ⅰ区和Ⅱ区，故统一编号为98BLⅠM和98BLⅡM。

注 释

[1] a. 张克举，田立坤：《辽宁发掘北票喇嘛洞鲜卑贵族墓地》，《中国文物报》1996年12月22日第一版。

b. 张克举，万欣：《辽宁北票喇嘛洞墓地发掘又获丰收》，《中国文物报》1998年12月30日。

c. 辽宁省文物考古研究所等：《辽宁北票喇嘛洞墓地1998年发掘报告》，《考古学报》2004年2期，209~242页。

[2] 陈山：《北票新发现三燕马具之研究》，《文物》2003年3期，63~71页。

[3] 田立坤：《三燕文化墓葬的类型与分期》，《汉唐之间文化的互动与交融》，205~225页，文物出版社，2001年。

[4] 辽宁省文物考古研究所等：《辽宁北票喇嘛洞墓地1998年发掘报告》，《考古学报》2004年2期，209~242页。

[5] 《慕容廆载记》，《晋书》第九册，2803~2814页，中华书局，1996年。

[6] 《慕容皝载记》，《晋书》第九册，2815~2830页，中华书局，1996年。

[7] 《慕容儁载记》，《晋书》第九册，2831~2846页，中华书局，1996年。

[8] 《慕容暐载记》，《晋书》第九册，2847~2865页，中华书局，1996年。

[9] 《慕容垂载记》，《晋书》第十册，3077~3092页，中华书局，1996年。

[10] 《冯跋载记》，《晋书》第十册，3127~3138页，中华书局，1996年。

[11] 陈大为：《辽宁北票房身村晋墓发掘简报》，《考古》1960年1期，24~26页。

[12] 刘谦：《辽宁义县保安寺发现的古代墓葬》，《考古》1963年1期，53页。

[13] 黎瑶渤：《辽宁北票县西关营子北燕冯素弗墓》，《文物》1973年3期，2~28页。

[14] 陈大为，李宇峰：《辽宁朝阳后燕崔遹墓的发现》，《考古》1982年3期，270~274页。

[15] 辽宁省博物馆文物队等：《朝阳袁台子东晋壁画墓》，《文物》1984年6期，29~45页。

[16] 朝阳地区博物馆等：《辽宁朝阳发现北燕、北魏墓》，《考古》1985年10期，915~929页。

[17] 李宇峰：《辽宁朝阳两晋十六国时期墓葬清理简报》，《北方文物》1986年3期，

23~71 页。
[18] 刘谦：《锦州北魏墓清理简报》，《考古》1990 年 5 期，429~432 页。
[19] 辽宁省文物考古研究所等：《朝阳自来水管道工地墓葬发掘简报》，《辽海文物学刊》1993 年 1 期。
[20] 田立坤：《朝阳前燕奉车都尉墓》，《文物》1994 年 11 期，33~37 页。
[21] 孙国平、李智：《辽宁北票仓粮窖鲜卑墓》，《文物》1994 年 11 期，38~42 页。
[22] 璞石：《辽宁朝阳袁台子北燕墓》，《文物》1994 年 11 期，43~47 页。
[23] 辛发，鲁宝林，吴鹏：《锦州前燕李廆墓清理简报》，《文物》1995 年 6 期，42~46 页。
[24] 辽宁省文物考古研究所等：《朝阳王子坟山墓群 1987、1990 年度考古发掘的主要收获》，《文物》1997 年 11 期，4~18 页。
[25] 辽宁省文物考古研究所等：《朝阳十二台乡砖厂 88M1 发掘简报》，《文物》1997 年 11 期，19~32 页。
[26] 辽宁省文物考古研究所等：《辽宁朝阳甜草沟晋墓》，《文物》1997 年 11 期，33~41 页。
[27] 辽宁省文物考古研究所等：《朝阳箭头地前燕墓葬发掘简报》，《辽宁省锦朝、锦阜高速公路建设考古报告集》，辽宁民族出版社，2004 年。
[28] 田立坤：《关于北票喇嘛洞三燕文化墓地的几个问题》，东北地区三至十世纪古代文化学术讨论会论文，2000 年。
[29] 林沄：《西岔沟型铜柄铁剑与老河深、彩岚墓地的族属》，《林沄学术文集》，中国大百科全书出版社，1998 年。
[30] 田立坤：《关于北票喇嘛洞三燕文化墓地的几个问题》，东北地区三至十世纪古代文化学术讨论会论文，2000 年。
[31] a. 朱泓：《辽宁朝阳魏晋时期鲜卑墓葬人骨的研究》，《辽海文物学刊》1996 年 2 期。
b. 陈山：《朝阳古代鲜卑族颅骨的人类学研究》，《辽宁考古文集》，辽宁民族出版社，2003 年。
[32] 陈山：《喇嘛洞墓地颅骨种族类型初探》，《边疆考古研究》第 1 辑，科学出版社，2002 年。

第二章　性别、年龄鉴定及人口学研究

第一节　性别和死亡年龄的鉴定

在研究发现的古代人类遗骸时，首先要进行的是对要研究的对象进行性别、年龄的鉴定。准确的性别、年龄的鉴定是进一步的考古学和人类学研究的基础和前提条件。如果错误的鉴定了性别、年龄，可能会误导进一步的考古学研究，更深入的人类学研究结果也是不正确的。只有准确的鉴定结果才会为我们研究当时人们的身体健康状况、婚姻形态、埋葬习俗、社会分工等方面提供可靠的保证。

本书所研究的标本一部分是笔者在现场做的鉴定，另外的大部分是运回单位在室内工作时所做的，其中部分鉴定工作由朱泓老师和魏东等几位师弟、师妹完成，主要参照了吴汝康等[1]、邵象清[2]和朱泓[3]诸位先生在有关论著中提出的标准。

一、性别的鉴定

人体各部分骨骼上所体现出的性别特征在程度上存在着明显的差异，骨骼的性别鉴定首先应该以性别特征最为明显的骨盆为主要依据。骨盆的性别差异之所以十分明显，是由男女两性骨盆所负担的生理功能不完全相同造成的。一般来说，男性的骨盆粗壮，骨盆入口纵径大于横径，骨盆出口狭小，骨盆腔高而窄呈漏斗形，坐骨大切迹窄而深，耻骨联合部较高，耻骨下角小，耳状关节面大而较直，耳前沟不发育；女性的骨盆较细致、浅而宽，骨盆入口横径大于纵径，骨盆出口宽阔，骨盆腔浅而宽呈圆柱形，坐骨大切迹宽而浅，耻骨联合部较低，耻骨下角大，耳状关节面小而较倾斜，耳前沟发育。

性别特征较明显的还有颅骨。一般来说，男性的颅骨较大、厚重而粗壮，眉弓发达，眶上缘圆钝，前额较倾斜，额结节和顶结节不显著，颧骨高而粗壮，颧弓较粗，乳突和枕外隆突均较发达，枕骨大孔较大；女性的颅骨较小、光滑而细致，眉弓不发达，眶上缘薄锐，前额较陡直，额结节和顶结节较显著，颧骨低而纤细，颧弓较细弱，乳突和枕外隆突不发达，枕骨大孔较小。

下颌骨也具有较明显的性别特征。男性下颌骨一般来说较大且厚重，下颌体和下颌联合较高，下颌支较宽，下颌角区较粗糙且常外翻，下颌角较小，颏部较方而粗糙，髁突较大而粗壮；女性下颌骨一般来说较小且轻薄，下颌体和下颌联合较低，下颌支较窄，下颌角区较细致、光滑且少外翻，下颌角较大，颏部较圆尖，髁突较小而纤弱。

除骨盆、颅骨和下颌骨之外，人体中许多其他部位的骨骼也能反映出一定的性别差异，如胸骨，特别是胸骨体与胸骨柄的长度比例性别差异尤其明显。四肢的长骨和其他骨骼也体现一定的性别差异，在做性别鉴定时也可以作为一个参考。

在记录时，对于能够明确的鉴定出性别的个体分别标记为男性或者女性；对于保存不好无法作出准确判断的分别记录为“男（？）”或者“女（？）”，表示倾向于男性或者女性的可能性更大，在统计两性个体数时将其统计在内，而在分析测量数据时将其排除在外；对于性别难以确定的个体标记为“？”。

二、个体年龄的鉴定

骨骼的年龄特征常常受到营养状况和发育情况等诸多因素的影响，同一年龄的骨骼有时会出现不同年龄的特征，而带有相似或相同年龄特征的骨骼，有时也可能属于不同年龄的个体，骨骼的年龄鉴定在一般情况下不可能做到绝对的精确，通常对于未成年个体骨骼进行年龄鉴定的精确性要明显大于成年个体。

未成年个体标本的年龄鉴定主要依据牙齿萌出时间及顺序、囟门的闭合、四肢骨骨化点出现和骨骺愈合的情况来判断；成年个体标本的年龄鉴定主要依据耻骨联合面的年龄变化来判定，这是因为耻骨联合面的形态随着年龄的增长而发生明显的规律性变化，是目前鉴定青年期到老年期骨骼年龄最好的方法之一；其次是牙齿磨耗程度、颅骨骨缝愈合情况和全身骨骼情况的综合判断分析。

各年龄组判断具体依据如下。

（1）婴幼少年期：乳齿萌出、乳恒牙齿并存、除第三臼齿外的恒齿全部萌出且未有磨耗，颅骨骨缝没有开始愈合，四肢骨骨骺自13岁开始愈合。

（2）青年期：耻骨联合面圆突，整个联合面由隆嵴和沟组成，嵴的高度可达2~3毫米，其后逐渐变平，联合面的边缘无界限，背侧缘从中部开始出现；第一臼齿和第二臼齿磨耗一般属于Ⅰ级磨耗；颅骨基底逢和矢状缝未愈合或开始愈合。

（3）壮年期：耻骨联合面变得平坦，隆嵴逐渐消失至开始凹陷，背侧缘和腹侧缘完全形成，周缘完全形成并开始呈卵圆形倾向；第一臼齿属于Ⅱ～Ⅲ级磨耗，第二臼齿达到Ⅱ级磨耗；颅骨基底缝已经愈合，颅骨骨缝部分开始愈合，矢状缝几乎完全愈合。

（4）中年期：耻骨联合面有轻度下凹，周缘呈波形高低起伏，联合面也高低不平且呈卵圆形，腹侧缘和背侧缘有唇缘形成；第一臼齿属于Ⅳ级磨耗，第二臼齿达到Ⅲ～Ⅳ级磨耗；颅骨骨缝大部分愈合。

（5）老年期：整个耻骨联合面出现诸多退行性变化，骨质变得疏松，骨面更为起伏不平，有很多散在性小凹和粟粒样小孔；牙齿齿冠大部分或全部磨耗；下颌角增大；颅骨骨缝几乎全部愈合；骨壁开始变薄。

在记录年龄时采用具体数字和年龄分期两种表示方法。具体数字表示法是用具体的数字来表示鉴定结果，适用于未成年个体；成年个体一般采用年龄范围方法记录。

年龄分期表示法适用于阶段性的年龄分期来归纳鉴定结果，按照惯例可划分为婴儿期（0~2岁）、幼儿期（3~6岁）、少年期（7~14岁）、青年期（15~23岁）、壮年期（24~35岁）、中年期（36~55岁）和老年期（56岁以上）。

另外，对于缺乏明确年龄的个体标本，记录为“未成年”、“成年”或者“老年”。

三、鉴定结果

本书所用之材料出自辽宁省北票市喇嘛洞墓地三燕文化墓葬419座，鉴定个体426例，详细鉴定结果见附表一。

第二节　性别和死亡年龄的统计

一、死亡年龄分布统计

在全部鉴定的426例标本中，性别明确者404例，性别不详者22例，鉴定率为94.84%；其中鉴定男性标本214例，女性标本190例，男女性别比为1.13∶1。

年龄段明确者370例，具体年龄不详者56例，鉴定率为86.85%。其中，壮年期的死亡比例最高，为40.54%，其次为中年期，死亡比例为37.03%，中年期和壮年期的死亡率合计可以达到77.57%，具有相当高的比例。青年组的死亡比例也较高，为12.70%，老年期的死亡比例为5.95%，未成年夭折的比例较低，占鉴定人口的3.78%。详细的统计数据见表2.1。

表 2.1　喇嘛洞三燕文化居民死亡年龄分布统计

年龄阶段		男 性（%）		女 性（%）		性别不明（%）		合 计（%）	
婴儿期	（0~2）	0	（0.00）	0	（0.00）	2	（11.76）	2	（0.54）
幼儿期	（3~6）	0	（0.00）	0	（0.00）	2	（11.76）	2	（0.54）
少年期	（7~14）	1	（0.53）	2	（1.21）	7	（41.18）	10	（2.70）
青年期	（15~23）	23	（12.24）	21	（12.73）	3	（17.65）	47	（12.70）
壮年期	（24~35）	75	（39.89）	72	（43.64）	3	（17.65）	150	（40.54）
中年期	（36~55）	82	（43.62）	55	（33.33）	0	（0.00）	137	（37.03）
老年期	（56~X）	7	（3.72）	15	（9.09）	0	（0.00）	22	（5.95）
合 计		188	（100.00）	165	（100.00）	17	（100.00）	370	（100.00）
未成年（年龄不详）		0		0		0		0	
成 年（年龄不详）		26		25		5		56	
未判定（年龄不详）		0		0		0		0	
总 计		214		190		22		426	

二、死亡年龄段分布

根据表 2.1 的统计数据，绘制出喇嘛洞三燕文化居民各个年龄段死亡之百分比（图 2.1）和男女两性在各个年龄段死亡之百分比（图 2.2）。

通过图 2.1 可以直观地看出，喇嘛洞三燕文化居民死亡年龄段主要集中在壮年期和中年期，其中壮年期所占比例最大，是喇嘛洞三燕文化居民的死亡高峰期，中年期次之，青年期和老年期也占一定的比重，婴、幼儿期和少年期死亡比例较低。

图 2.2 显示，总体上男女两性死亡高峰都出现在壮年期和中年期，其次为青年期，比例较少的是老年期和少年期。但是，两者在各年龄段中的表现是不均衡的，男性在少年期、青年期、壮年期死亡比例要低于女性，而在壮年期高于女性。

出现这种情况的原因，或许和喇嘛洞三燕文化居民的社会角色相关，这个时期喇嘛洞墓地古代居民可能是耕战相结合的一群人，在壮年期和中年期因为劳作和战争产生了死亡高峰，到了老年期男性居民幸存下来的数量小于女性，所以在老年期女性的死亡率高于男性。

青年期和壮年期男女两性死亡率大致相当，女性略高于男性，但绝对数量男性略高于女性。壮年期男女两性都到达了第一个死亡高峰，其原因或许与战争有关。该阶段的女性死亡率高于男性死亡率也可能因为在我们统计分析时将分娩和

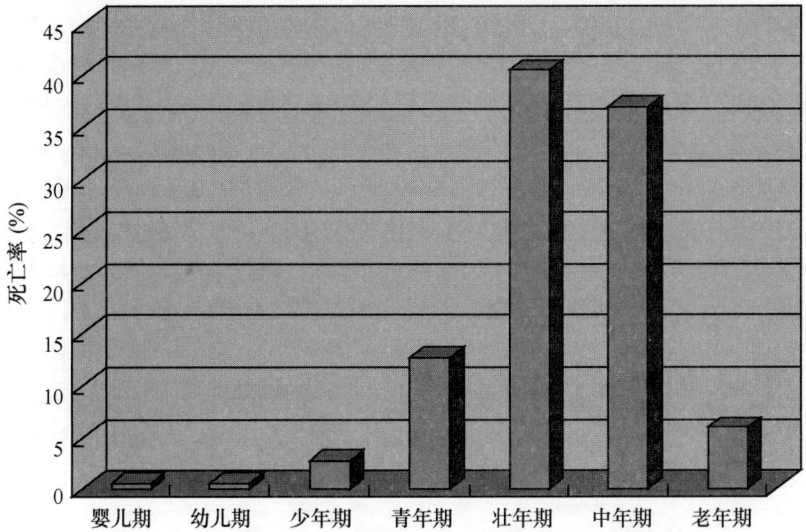

图 2.1　喇嘛洞三燕文化居民各个年龄段死亡百分比

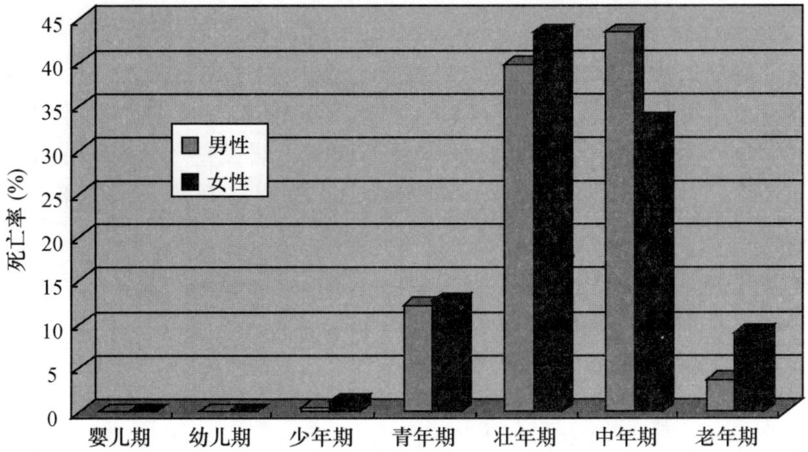

图 2.2　喇嘛洞三燕文化居民两性各个年龄段死亡百分比

产褥期的女性统计到壮年期所致。例如，98BL Ⅱ M349 是一个女性和她的两个孩子的合葬墓，据判断这两个孩子应该是双胞胎，介于胎儿和婴儿之间，所以我们推测这位母亲和她的两个孩子是在分娩时死亡。

中年期无论是数量还是死亡率男性均高于女性，从现代医学角度分析，男性的死亡生物学弱点比女性高，即男性对疾病的抵抗力低于女性。对绝大多数疾病而言，男性的死亡率要比女性高，例如脑血管病、肺炎、恶性肿瘤、慢性呼吸道疾病等。从社会学角度分析，男性是社会的主要劳动力，承担高危行为和重体力劳动的机会比女性多，例如野外狩猎、耕种、开采等，在三燕时期喇嘛洞居民经常处于战争状态，这也许是喇嘛洞男性居民在中年期高死亡率的原因所在。

从生物学角度来看，因受到生物自身繁殖能力属性的控制，同一人群中男女两性比例应该是平衡的，接近 1∶1。喇嘛洞三燕文化居民经过确切鉴定的男性标本 214 例，女性标本 190 例，男女性别比例为 1.13∶1，男性略高于女性，接近理想比例。在青年期和壮年期男女比例较好，分别是 1.1∶1 和 1.04∶1，但是到了中年期达到了 1.49∶1，男性远较女性为多。

未成年个体的死亡比例的下降，主要是受到了未成年个体鉴定率的影响。由于骨骼上性别特征的出现与个体内分泌活动中性激素的作用密切相关，因此，未成年个体的性别鉴定要比成年个体困难，本书对 14 岁以下的未成年个体的性别鉴定率仅为 21.43%。

第三节　人口平均死亡年龄和平均寿命研究

在人类学研究中，一般常用“平均死亡年龄”和“平均预期寿命”这两个指标反映一个群体的死亡状况。

平均死亡年龄，是墓地所有已知年龄个体的估计年龄总数与个体总数的比值。根据性别年龄鉴定结果计算，喇嘛洞三燕文化居民整个年龄段的平均死亡年龄为 32.81 岁，男性个体的平均死亡年龄为 33.90 岁，女性个体的平均死亡年龄为 33.54 岁。

平均预期寿命，是指一群人从出生到死亡平均每人可以存活多少年，简称“平均寿命”，它是简略生命表中的一项重要内容，是国际上用来评价一个国家人口的生存质量和健康水平的重要参考指标之一[4]。因为平均预期寿命的数值取决于各个年龄阶段的相对死亡水平，因此要比平均死亡年龄更为科学。

编制简略生命表是研究人口寿命的主要方法之一，是人口学中用来反映一批同龄人生命过程的表现形式。这种方法可以考察死亡与年龄的关系，了解一批同龄人生命过程变化的规律。从理论上讲，这种方法需要对所要考察的对象做长期的、连续的观察记录，但是用于研究古代人群我们是无法做到的。

在研究古代人群时，我们通常是将整个墓地的人们看做是同时出生的一群人，将这一墓地人群各年龄段的死亡水平看做是这一群人一生中所经历的各个年龄阶段的生命历程，据此编制简略生命表。墓葬中出土的古代人骨，特别是成年个体，难以将鉴定精确到一岁以内，一般选择编制简略生命表，按 5 岁为一组进行。

将喇嘛洞墓地出土的人骨视为同时出生而死于不同年龄阶段的一批人来编制简略生命表，详见表2.2～表2.4。

表2.2 喇嘛洞三燕文化居民人口简略生命表

年龄组 X	死亡概率 nqx	尚存人数 l_X	各年龄组死亡人数 ndx	各年龄组内生存人年数 $_NL_X$	未来生存人年数累计 T_X	平均预期寿命 E_X
0~	0.54%	370	2	369	12386.00	33.48
1~	0.00%	368	0	1472	12017.00	32.65
5~	0.82%	368	3	1832.5	10545.00	28.65
10~	3.01%	365	11	1797.5	8712.50	23.87
15~	8.47%	354	30	1695	6915.00	19.53
20~	12.96%	324	42	1515	5220.00	16.11
25~	28.01%	282	79	1212.5	3705.00	13.14
30~	21.67%	203	44	905	2492.50	12.28
35~	28.93%	159	46	680	1587.50	9.98
40~	46.90%	113	53	432.5	907.50	8.03
45~	36.67%	60	22	245	475.00	7.92
50~	42.11%	38	16	150	230.00	6.05
55~	81.82%	22	18	65	80.00	3.64
60~	75.00%	4	3	12.5	15.00	3.75
65~	100.00%	1	1	2.5	2.50	2.50

表 2.3　喇嘛洞三燕文化男性居民人口简略生命表

年龄组 X	死亡概率 nqx	尚存人数 l_X	各年龄组死亡人数 ndx	各年龄组内生存人年数 $_NL_X$	未来生存人年数累计 T_X	平均预期寿命 E_X
0~	0.00%	188	0	188	6370.00	33.88
1~	0.00%	188	0	752	6182.00	32.88
5~	0.00%	188	0	940	5430.00	28.88
10~	0.53%	188	1	937.5	4490.00	23.88
15~	9.09%	187	17	892.5	3552.50	19.00
20~	11.18%	170	19	802.5	2660.00	15.65
25~	25.17%	151	38	660	1857.50	12.30
30~	21.24%	113	24	505	1197.50	10.60
35~	32.58%	89	29	372.5	692.50	7.78
40~	46.67%	60	28	230	320.00	5.33
45~	40.63%	32	13	67.5	90.00	2.81
50~	63.16%	19	12	65	87.50	4.61
55~	85.71%	7	6	20	22.50	3.21
60~	100.00%	1	1	2.5	2.50	2.50

表 2.4　喇嘛洞三燕文化女性居民人口简略生命表

年龄组 X	死亡概率 nqx	尚存人数 l_X	各年龄组死亡人数 ndx	各年龄组内生存人年数 $_NL_X$	未来生存人年数累计 T_X	平均预期寿命 E_X
0~	0.00%	165	0	165	5662.50	34.32
1~	0.00%	165	0	660	5497.50	33.32
5~	0.00%	165	0	825	4837.50	29.32
10~	1.21%	165	2	820	4012.50	24.32
15~	7.98%	163	13	782.5	3192.50	19.59
20~	14.00%	150	21	697.5	2410.00	16.07
25~	31.01%	129	40	545	1712.50	13.28
30~	21.35%	89	19	397.5	1167.50	13.12
35~	24.29%	70	17	307.5	770.00	11.00
40~	47.17%	53	25	202.5	462.50	8.73
45~	32.14%	28	9	117.5	260.00	9.29

续表

年龄组 X	死亡概率 nqx	尚存人数 l_X	各年龄组死亡人数 ndx	各年龄组内生存人年数 $_NL_X$	未来生存人年数累计 T_X	平均预期寿命 E_X
50~	21.05%	19	4	85	142.50	7.50
55~	80.00%	15	12	45	57.50	3.83
60~	66.67%	3	2	10	12.50	4.17
65~	100.00%	1	1	2.5	2.50	2.50

在表中，死亡概率是由各年龄组死亡人数和尚存人数的比值计算所得，各年龄组的平均寿命（E_X）分别代表存活到该年龄组的个体还可以平均存活多少年。

由 3 组生命简表可以看出，喇嘛洞三燕文化居民的平均预期寿命为 33.48 岁，男性为 33.88 岁，女性为 34.32 岁。全体人口平均寿命比男女两性单独统计的平均寿命略低，这可能是因为在计算中包含了一部分性别不明的个体，这些性别不明的个体在少年期及婴幼期所占比例较大，最多到壮年期，中年期和老年期没有。在喇嘛洞三燕文化居民中，仅有的婴幼儿 4 例标本都在性别不明的范围内，少年期总共 10 例标本中性别不明的就占了 7 例，所以在计算时不包括在男性或女性组内。

将上述两种方法得出的平均死亡年龄与平均寿命进行比较，绘制出喇嘛洞三燕文化居民平均死亡年龄和平均预期寿命的比较图，结果见图 2.3。

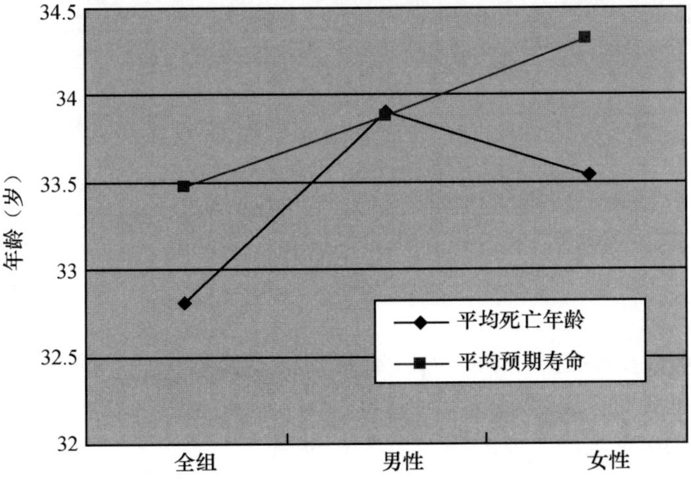

图 2.3　喇嘛洞三燕文化居民的平均死亡年龄和平均寿命比较

从图中可以看出，全组的平均死亡年龄和平均预期寿命均低于男性和女性分别统计的平均死亡年龄和平均寿命，究其原因，是有一定数量性别不明的未成年个体，在分别计算男女两性平均死亡年龄和平均寿命时未参与统计，导致了全组的平均死亡年龄和平均寿命低于男性组和女性组。男性居民的平均死亡年龄较女性平均死亡年龄高，这是因为男性居民在壮年期之前死亡率较女性低，进入中年期的男性较女性数量高；男性的平均预期寿命较女性平均预期寿命低，这是因为进入老年期的女性较男性比例高。男性的平均死亡年龄与平均预期寿命相当。女性的平均死亡年龄远较平均预期寿命低，这也可能反映了在当时社会女性面临更大的压力，参与了与女性角色不相适宜的活动，如过重的耕作劳动甚至主动或被动地被卷入了战争等，造成了过早地死亡。

根据男性人口简略生命表和女性人口简略生命表中的死亡概率，绘制出男女两性在各个年龄段的死亡概率比较图（见图 2.4）。

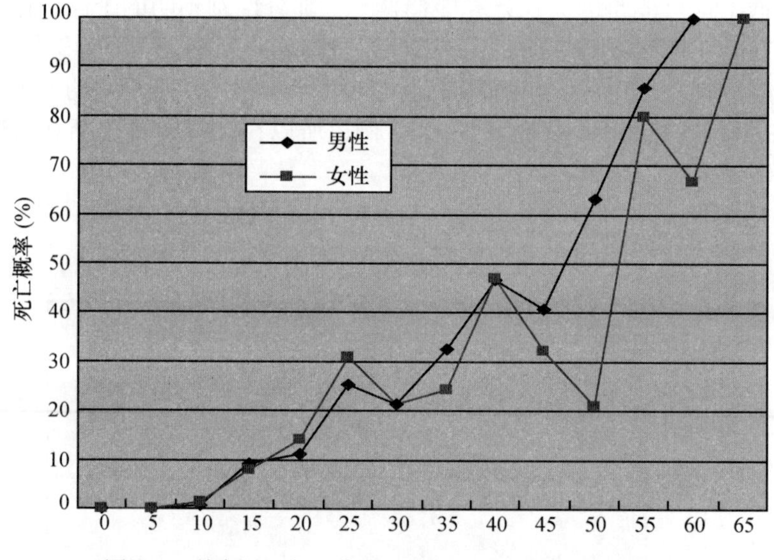

图 2.4　喇嘛洞三燕文化男女两性各个年龄段死亡概率

图 2.4 可以反映出喇嘛洞三燕文化居民男女两性死亡年龄与死亡概率之间的大致关系。在 5 岁至 15 岁之间，男性的死亡概率与女性的死亡概率大致相当；而在 20 岁至 30 岁之间，女性的死亡概率略高于男性，在 25 岁时，女性出现了第一个死亡高峰，表明在这一年龄阶段，女性有着较男性严重的或特殊的致死原因，有学者推测可能由于生育条件差而导致女性在孕产期的死亡率增加[5]，结合喇嘛洞墓地Ⅱ M349 的情况，似乎也说明了这样的情况；在 30 岁和 40 岁时，

男女两性的死亡概率几乎相等，而这个时期正是人的一生中体力和精力最旺盛的时期，男女两性的社会角色应该也相当；在30岁至40岁之间和40岁以后的时间段，男性的死亡概率一直高于女性，这可能更多的和当时的社会环境相关联，从喇嘛洞墓地所处的时间段来看，当时应该战事频繁；在45岁左右，喇嘛洞墓地三燕文化居民男女两性的死亡概率都处于一个下降期，固然可能和身体正当时有关，也可能为这段时间正是社会的平稳期所致。

第四节　与其他古代居民的比较

为了进一步分析喇嘛洞三燕文化居民的死亡年龄特点，本书选择了在时代上相距不远的古代居民与之进行比较，包括上孙家寨汉代组[6]、西宁陶家寨组[7]，各组居民的死亡年龄分布详见表2.5及图2.5。

表2.5　喇嘛洞三燕文化居民死亡百分比与各古代组的比较

对比组	未成年	青年期	壮年期	中年期	老年期
喇嘛洞三燕组	3.78	12.70	40.54	37.03	5.95
西宁陶家寨组	10.36	12.43	26.33	46.75	4.14
上孙家寨汉代组	9.94	14.36	25.97	40.33	9.39

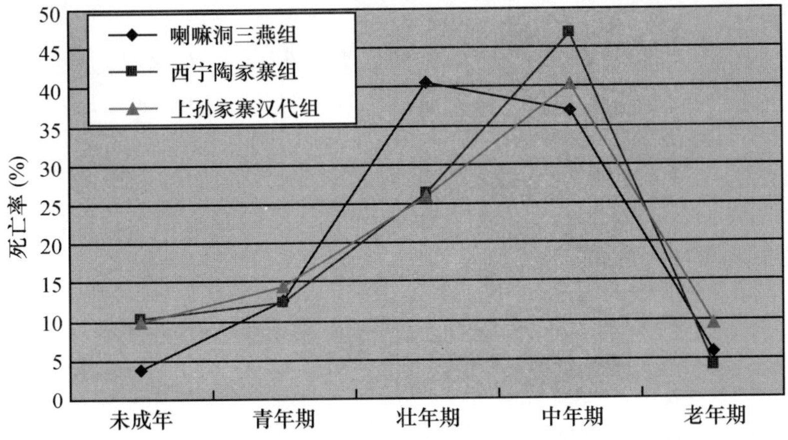

图2.5　喇嘛洞三燕文化居民死亡率与各古代组的比较

通过喇嘛洞三燕文化居民与西宁陶家寨和上孙家寨古代居民各阶段死亡之百分比的比较可以看出，上孙家寨汉代组与西宁陶家寨组各阶段的比例十分接近，两者的折线趋势相仿，喇嘛洞三燕文化居民较上孙家寨汉代组和西宁陶家寨组死亡高峰来得更早一些，在壮年期是喇嘛洞三燕文化居民的死亡最高峰，一直持续到中年期。形成这种状态的原因或许和他们所处的社会局势相关。

第五节　小　　结

通过上述分析，我们可以对喇嘛洞三燕文化居民的性别和死亡年龄分布、平均预期寿命以及健康状况有一个初步的认识。

喇嘛洞三燕文化居民死亡年龄段主要集中在壮年期和中年期，其中，壮年期所占比例最大，是喇嘛洞三燕文化居民的死亡高峰期，中年期次之，青年期和老年期也占一定的比重，婴、幼儿期和少年期死亡比例较低。喇嘛洞三燕文化居民较其他地区时代相近的古代居民死亡高峰来得更早一些，在壮年期是喇嘛洞三燕文化居民死亡的最高峰，一直持续到中年期；形成这种状态的原因或许和他们所处的社会局势和社会角色相关，这个时期喇嘛洞墓地古代居民可能是耕战相结合的一群人，在壮年期和中年期因为劳作和战争产生了死亡高峰。

喇嘛洞三燕文化居民经过确切鉴定的男性标本 214 例，女性标本 190 例，男女性别比例为 1.13∶1，男性略高于女性，接近理想比例。在青年期和壮年期男女比例较好，分别是 1.1∶1 和 1.04∶1，但是到了中年期达到了 1.49∶1，男性远较女性为多。

喇嘛洞三燕文化居民的平均预期寿命为 33.48 岁，男性为 33.88 岁，女性为 34.32 岁。全体人口平均寿命比男女两性单独统计的平均寿命略低；全组的平均死亡年龄和平均预期寿命均低于男性和女性分别统计的平均死亡年龄和平均寿命；男性居民的平均死亡年龄较女性平均死亡年龄高；男性的平均预期寿命较女性平均预期寿命低；男性的平均死亡年龄与平均预期寿命相当；女性的平均死亡年龄远较平均预期寿命低。

注　　释

［1］　吴汝康，吴新智，张振标：《人体测量方法》，科学出版社，1984 年。
［2］　邵象清：《人体测量手册》，上海辞书出版社，1985 年。
［3］　朱泓：《体质人类学》，吉林大学出版社，2004 年。

[4] 刘铮，邬沧萍，查瑞传：《人口统计学》，中国人民大学出版社，1981 年。
[5] 尚虹：《山东广饶新石器时代人骨及其与中国早期全新世人类之间关系的研究》，中国科学院研究生院博士学位论文，2002 年。
[6] 韩康信，谭婧泽，张帆：《青海大通上孙家寨古墓地人骨的研究》，《中国西北地区古代居民种族研究》，复旦大学出版社，2005 年。
[7] 张敬雷：《青海省西宁市陶家寨汉晋时期墓地人骨研究》，吉林大学博士学位论文，2008 年。

第三章　颅骨非测量性状的研究

颅骨形态学特征的研究，包括非测量性状的研究和测量性状的研究。

非测量性状是指难以用测量值的大小来表示的项目，因此又被称为观察项目，这些特征只能按照国际通用的观察标准，用形容词描述的方式来加以区别。颅骨的非测量性状在人类学研究中不可或缺，与测量性状具有同等重要的意义。

通常非测量性状的观察又可分为连续性形态特征（continuous morphological trait）的观察与非连续性形态特征（discontinuous morphological trait）的观察两种，前者是指具有多个分级或分型的非测量性状，后者是针对其中某些性状不具有多级分类的条件，只适合用“存在”或者“缺失”来表示，亦称“头骨小变异”（minor skeletal variants）或不连续形态特征（discontinuous morphological traits），对研究人群间的亲缘关系及种族特征具有重要意义，但两者的区分不是绝对的，在增加或减少分级标准的条件下，有些项目间是可以相互转化的。

国外学者在该方面的研究工作时间开始较早，成果较多[1~3]，国内学者涉足该领域的研究始于20世纪80年代[4~6]，但对于古代居民颅骨非测量性状的观察与研究，最近这几年才逐渐增多[7~10]。本书拟对喇嘛洞三燕文化居民的非测量性状进行观察和研究，探讨其在群体、性别及两侧间出现的差异，以期了解我国魏晋十六国时期居民的非测量性状情况，并为以后这方面的研究提供一份科学的资料。

第一节　连续性形态特征的观察

连续性形态特征观察研究所选用的颅骨（包括下颌骨）共计396例。其中♂206例，♀190例，排除了未成年个体和鉴定为“♂（?）”或“♀（?）”的个体。由于颅骨的不完整性，在每个观察项目上，观察标本量不尽相同。观察方法主要依据吴汝康等和邵象清所确立的标准[11]。各项统计结果详见表3.1。

依据观察结果，对喇嘛洞三燕文化居民形态特征的描述和分析如下。

表 3.1　喇嘛洞三燕文化居民颅骨连续性形态特征观察统计表

项目		性别	例数	形态分类及出现率					
颅型				圆形	椭圆形	卵圆形	楔形	五角形	菱形
		♂	96	1（1.04）	11（11.46）	72（75.00）	12（12.50）	0（0.00）	0（0.00）
		♀	75	2（2.67）	5（6.67）	57（76.00）	8（10.67）	3（4.00）	0（0.00）
		合计	171	3（1.75）	16（9.36）	129（75.44）	20（11.70）	3（1.75）	0（0.00）
眉弓突度				微显	稍显	中等	显著	特显	粗壮
		♂	159	2（1.26）	15（9.43）	66（41.51）	50（31.45）	25（15.72）	1（0.63）
		♀	138	0（0.00）	51（36.96）	76（55.07）	9（6.52）	2（1.45）	0（0.00）
		合计	297	2（0.67）	66（22.22）	142（47.81）	59（19.87）	27（9.09）	1（0.34）
鼻根凹				0 级		1 级	2 级	3 级	4 级
		♂	88	25（28.41）		51（57.95）	12（13.64）	0（0.00）	0（0.00）
		♀	95	74（77.89）		18（18.95）	3（3.16）	0（0.00）	0（0.00）
		合计	183	99（54.10）		69（37.70）	15（8.20）	0（0.00）	0（0.00）
颅顶骨缝	前囟段			愈合	直线形	微波形	深波形	锯齿形	复杂形
		♂	152	28（18.42）	3（1.97）	44（28.95）	70（46.05）	6（3.95）	1（0.66）
		♀	141	9（6.38）	2（1.42）	56（39.72）	69（48.94）	3（2.13）	2（1.41）
		合计	293	37（12.63）	5（1.71）	100（34.13）	139（47.44）	9（3.07）	3（1.02）
	顶段			愈合	直线形	微波形	深波形	锯齿形	复杂形
		♂	150	29（19.33）	0（0.00）	5（3.33）	24（16.00）	64（42.67）	28（18.67）
		♀	135	9（6.67）	0（0.00）	2（1.48）	26（19.26）	80（59.26）	18（13.33）
		合计	285	38（13.33）	0（0.00）	7（2.46）	50（17.54）	144（50.53）	46（16.14）
	顶孔段			愈合	直线形	微波形	深波形	锯齿形	复杂形
		♂	142	36（25.35）	3（2.11）	30（21.13）	67（47.18）	4（2.82）	2（1.41）
		♀	125	18（14.40）	4（3.20）	33（26.40）	62（49.60）	6（4.80）	2（1.60）
		合计	267	54（20.22）	7（2.62）	63（23.60）	129（48.31）	10（3.75）	4（1.50）
	后段			愈合	直线形	微波形	深波形	锯齿形	复杂形
		♂	139	31（22.30）	0（0.00）	17（12.23）	38（27.34）	27（19.42）	26（18.71）
		♀	118	11（9.32）	0（0.00）	15（12.71）	47（39.83）	27（22.88）	18（15.25）
		合计	257	42（16.34）	0（0.00）	32（12.45）	85（33.07）	54（21.01）	44（17.12）

续表

项目	性别	例数	形态分类及出现率					
前额			平直		中等		倾斜	
	♂	139	9（6.47）		62（44.60）		68（48.92）	
	♀	114	48（42.11）		51（44.74）		15（13.16）	
	合计	253	57（22.53）		113（44.66）		83（32.81）	
眶形			圆形	椭圆形	方形	长方形		斜方形
	♂	85	5（5.88）	24（28.24）	0（0.00）	5（5.88）		51（60.00）
	♀	75	5（6.67）	21（28.00）	0（0.00）	6（8.00）		43（57.33）
	合计	160	10（6.25）	45（28.13）	0（0.00）	11（6.88）		94（58.75）
梨状孔			心形		圆形		梨形	
	♂	68	20（29.41）		2（2.94）		46（67.65）	
	♀	59	37（62.71）		1（1.69）		21（35.59）	
	合计	127	57（44.88）		3（2.36）		67（52.76）	
梨状孔下缘			锐型	钝型	鼻前沟	鼻前窝	混合型	
	♂	151	49（32.45）	51（33.77）	25（16.56）	18（11.92）	8（5.30）	
	♀	128	47（36.72）	36（28.13）	18（14.06）	18（14.06）	9（7.03）	
	合计	279	96（34.41）	87（31.18）	43（15.41）	36（12.90）	17（6.09）	
鼻前棘			Ⅰ不显	Ⅱ稍显	Ⅲ中等	Ⅳ显著	Ⅴ特显	
	♂	76	4（5.26）	37（48.68）	24（31.58）	11（14.47）	0（0.00）	
	♀	61	4（6.56）	32（52.46）	19（31.15）	6（9.84）	0（0.00）	
	合计	137	8（5.84）	69（50.36）	43（31.39）	17（12.41）	0（0.00）	
犬齿窝			0无	1较浅	2中等	3较深	4极深	
	♂	137	105（76.64）	27（19.71）	5（3.65）	0（0.00）	0（0.00）	
	♀	110	77（70.00）	25（22.73）	7（6.36）	1（0.91）	0（0.00）	
	合计	247	182（73.68）	52（21.05）	12（4.86）	1（0.41）	0（0.00）	
上颌中门齿			铲形	非铲形				
	♂	95	95（100.00）	0（0.00）				
	♀	72	72（100.00）	0（0.00）				
	合计	167	167（100.00）	0（0.00）				
翼区			愈合	H型	I型	X型	翼上骨型	
	♂	58	4（6.90）	48（82.76）	2（3.45）	0（0.00）	4（6.90）	
	♀	43	1（2.33）	34（79.07）	0（0.00）	1（2.33）	7（16.28）	
	合计	101	5（4.95）	82（81.19）	2（1.98）	1（0.99）	11（10.89）	

续表

项目	性别	例数	形态分类及出现率					
乳突			极小	小	中等	大	特大	
	♂	172	1（0.58）	54（31.40）	92（53.49）	24（13.95）	1（0.58）	
	♀	146	2（1.37）	118（80.82）	24（16.44）	2（1.37）	0（0.00）	
	合计	318	3（0.94）	172（54.09）	116（36.48）	26（8.18）	1（0.31）	
枕外隆突			0 缺如	1 稍显	2 中等	3 显著	4 极显	5 喙嘴
	♂	132	6（4.55）	37（28.03）	43（32.58）	34（25.76）	11（8.33）	1（0.76）
	♀	100	13（13.00）	64（64.00）	15（15.00）	7（7.00）	1（1.00）	0（0.00）
	合计	232	19（8.19）	101（43.53）	58（25.00）	41（17.67）	12（5.17）	1（0.43）
腭形			U 形	椭圆形	抛物线形	不对称		
	♂	161	109（67.70）	2（1.24）	44（27.33）	6（3.73）		
	♀	124	64（51.61）	2（3.13）	53（42.74）	5（4.03）		
	合计	285	173（60.70）	4（1.40）	97（34.04）	11（3.86）		
腭圆枕			缺如	嵴状	丘状	瘤状		
	♂	140	21（15.00）	37（26.43）	65（46.43）	17（12.14）		
	♀	100	14（14.00）	14（14.00）	64（64.00）	8（8.00）		
	合计	240	35（14.58）	51（21.25）	129（53.75）	25（10.42）		
下颌角形			外翻	直型	内翻	不对称		
	♂	147	119（80.95）	21（14.29）	5（3.40）	2（1.36）		
	♀	116	85（73.28）	19（16.38）	12（10.34）	0（0.00）		
	合计	263	204（77.57）	40（15.21）	17（6.46）	2（0.76）		
下颌圆枕			无	弱	明显	极显		
	♂	165	117（70.91）	30（18.18）	17（10.30）	1（0.61）		
	♀	144	106（73.61）	29（20.14）	9（6.25）	0（0.00）		
	合计	309	223（72.17）	59（19.09）	26（8.41）	1（0.32）		
颏形			方形	圆形	尖形	不对称形		
	♂	159	76（47.80）	68（42.77）	8（5.03）	7（4.40）		
	♀	145	28（19.31）	82（56.55）	35（24.14）	0（0.00）		
	合计	304	104（34.21）	150（49.34）	43（14.14）	7（2.30）		

续表

项目	性别		例数	形态分类及出现率				
				缺如	1个孔	多个孔		
顶孔	♂	RML	146	46（31.51）	98（67.12）	2（1.37）		
			145	138（95.17）	7（4.83）	0（0.00）		
			143	51（35.66）	92（64.34）	0（0.00）		
	♀	RML	122	52（42.62）	67（54.92）	3（2.46）		
			123	118（95.93）	5（4.07）	0（0.00）		
			127	45（35.43）	79（62.20）	3（2.36）		
	合计		806	450（55.83）	348（43.18）	8（0.99）		

颅型（top view of cranial shape）：男女两性颅型均以卵圆形为主，其次为楔形和椭圆形，有少量圆形和五角形，不见菱形颅骨。男性颅骨卵圆形最多（占75%），其次为楔形（12.5%）和椭圆形（11.46%），圆形最少（1.04%）。女性颅骨也以卵圆形最多（76%），其次为楔形（10.67%）和椭圆形（6.67%），出现了一些五角形颅骨（4%），圆形最少（2.67%）。

眉弓突度（superciliary arch projection）：眉弓突度存在一定的性别差异。喇嘛洞三燕文化颅骨中，男性以中等者居多（占41.51%）；显著者次之（占31.45%）；再次为特显者（占15.72%）；然后为稍显者（占9.43%）；微显和粗壮者最少，分别仅占1.26%和0.63%。女性也以中等者为主，占55.07%；其次为稍显者，占36.96%；再其次为显著者，占6.52%；特显者较少，仅有2例标本，占1.45%；无微显者和粗壮者出现。

鼻根凹（hollow extent of nasal bone）：即鼻根点凹陷。可分为5个等级，其中0级为无凹陷，1级为略有凹陷，2级为鼻根点位置较深，凹陷明显，3级为鼻根点位置甚深，凹陷极明显，4级鼻根点位置极深，转折明显接近直角，此级为直立人阶段的人类所特有。本书标本中，男性以1级为主（占57.95%），0级次之（占28.41%），再次为2级（占13.64%），无3级和4级者出现。女性以0级为主（占54.10%），1级次之（占37.70%），再次为2级（占8.2%），无3级和4级者出现。男性鼻根凹发育程度大于女性。

颅顶缝（cranial sagittal suture）：男女两性在颅顶缝的形态分布上性别差异不明显。在前囟段，男女两性均以深波形和微波形为主，锯齿形和复杂形的出现率甚少，表明此段颅顶缝较为简单；在顶段，男女两性均以锯齿形为主，男性其次为复杂形再次为深波形，女性的排列正好是其次为深波形再次为复杂形，微波形出现率极低，不见直线形，表明此段颅顶缝相对复杂；在顶孔段，男女两性均以深波形为主，微波形次之，锯齿形及复杂形较少，相对于顶段颅顶缝简单；在后段，男女两性均以深波形为主，锯齿形和复杂形稍次，且比例相当，具有一定的微波形，不见直线形，表明此段颅顶缝亦较为复杂。纵观颅顶骨缝各个阶段相同的是男性颅骨愈合率较女性为高。

前额（anterior part of frontal bone）：前额的形态分布具有一定的性别差异。男性以倾斜者居多（占48.92%），中等者略少（占44.60%），平直者最少（占6.47%）。女性以中等者居多（占44.74%），平直者略少（占42.11%），倾斜者出现率较小（占13.16%）。

眶形（orbit shape）：男女两性均以斜方形者为主，都超过了一半以上，男性占到了60%，女性也达到了57.33%；其次为椭圆形，男性占28.24%，女性占28%，圆形和长方形较少，不见方形框形者。

梨状孔（shape of piriform aperture）：男性以梨形者为主，占67.65%；心形者次之，占29.41%；圆形最少，只有2例，占2.94%。女性以心形者为主，占62.71%；梨形者次之，占35.59%；圆形者最少，仅有1例，占1.69%。

梨状孔下缘（shape of inferior edge of piriform aperture）：男性以钝型和锐型为主，分别占33.77%和32.45%；然后是鼻前沟型，占16.56%；再次为鼻前窝型，11.92%；混合型最少，占5.3%。女性以锐型和钝型为主，其中锐型最多，占36.72%；其次为钝型，占28.13%；鼻前沟和鼻前窝型均占14.6%；混合型最少，占7.03%。

鼻前棘（anterior nasal spine）：鼻前棘的发育程度与鼻骨的高突程度密切相关。依据白洛嘉的分类可分为5级：不显、稍显、中等、显著和特显。总的来看，两性鼻前棘分布均以稍显为主，中等次之，再次为显著，不显所占比重最少，不见特显等级者。男女两性略有差别，稍显者女性较男性比例为高，而显著者男性所占比例比女性大。

犬齿窝（canine fossa）：也称眶下窝，在不同的人种中有明显的区别。蒙古人种的犬齿窝多不发达，而欧罗巴人种和澳大利亚-尼格罗人种的犬齿窝则比较发达。根据白洛嘉的研究，可分为5个等级。喇嘛洞三燕文化居民的犬齿窝很不发达，男女两性无犬齿窝者所占比例达到73.68%，较浅者亦有一定的比例，占21.05%，中等者很少，只占4.86%，较深者仅有1例女性标本，不见极深者。

上颌中门齿形（shape of upper central incisor）：往往出现于上颌门齿，特别是上颌中门齿。其特征为在齿冠舌面近中缘和远中缘各有一条明显的唇型嵴，致使齿冠的舌面出现一个明显的窝，形如铁铲，故名铲形门齿。铲形门齿在蒙古人种中有较高的出现率。喇嘛洞三燕文化居民的可观察到的标本中，男女两性的铲形门齿出现率均为 100%。

翼区（pterion area）：翼区是指蝶骨大翼、顶骨、额骨和颞骨交界的区域，除四骨的骨缝有多种衔接方式以外，还可观察到独立的翼上骨的存在。主要包括以下四种类型：蝶顶型（H 型）、额颞型（I 型）、点型（X 型）和翼上骨型。喇嘛洞三燕文化居民颅骨中，男女两性均以蝶顶型为主，男性占 82.76%，女性占 79.07%。男性额颞型所占比例很少，可见 2 例标本，为 3.45%，不见典型，女性典型极少，仅有 1 例标本，为 2.33%；男女均有一定翼上骨型的出现率，其中女性翼上骨型所占的比例较高，为 16.28%。翼区愈合情况男性较女性比例为高。

乳突（mastoid process）：男性以中等者为主，占 53.49%，其次为小者，占 31.4%，大者也有一定的比例，占 13.95%，特大和极小者都只有 1 例。女性以小者占绝对优势，为 80.82%，中等者有一定的比例，占 16.44%，大和极小者都是 2 例个体，不见特大者。由此反映乳突也存在着性别上的差异，男性发育程度要强于女性。

枕外隆突（external occipital protuberance）：男性以中等者居多，占 32.58%；其次为稍显，占 28.03%，显著占 25.76%，大致相当；极显有一定的比例，占 8.33%，缺如较少，有 1 例呈喙嘴状。女性是稍显者为主，占 64%；其次为中等，占 15%；缺如占有一定的比例，为 13%；显著较少，占 7%；极显只有 1 例；不见喙嘴状者。男女两性有一定的差异性。

腭形（shape of palatine）：男女都以 U 形为主，男性所占比例更高；其次为抛物线形，不过女性所占比例较大；不对称形有一定的出现率；椭圆形较少。

腭圆枕（palatine torus）：喇嘛洞三燕文化男性居民的腭圆枕以丘状居多，占 46.43%，接近一半数量；其次为嵴状，占 26.43%；瘤状所占比例较少，为 12.14%；缺如者占有一定的比例，为 15%。女性居民的腭圆枕以丘状为主，占 64%；嵴状和缺如者各占 14%；瘤状腭圆枕者所占比例最小，为 8%。

下颌角形（shape of angle of mandible）：一般分为 3 种形态，即外翻型、直型和内翻型，还有的个体左右形态不对称，我们在这里也进行了统计。男女两性均以外翻型为主，只是男性所占比例更高，为 80.95%，女性外翻者占 73.28%；其次为直型，男性占 14.29%，女性占 16.38%；内翻型男性较少，仅占 3.4%，女性占 10.34%；另外男性 2 例个体下颌角形左右不对称，女性不见不对称者。

下颌圆枕（mandibular torus）：喇嘛洞三燕文化居民男女两性下颌圆枕的出现率均不高，男女在不同程度的出现率也不尽相同。男性下颌圆枕的出现率较女性稍高；两性均以弱度为主，女性所占比例较男性大；明显程度男性较女性所占比例大；男性有 1 例极显程度，女性不见。

颏形（mental shape）：喇嘛洞三燕文化男女两性居民的颏部形态差异明显。男性居民主要以方形和圆形为主，两者所占比例高达 90.57%，其中又以方形者稍多，占全部的47.8%；尖形者所占比例较少，为5.03%；另外还有少量不对称者，占4.40%。女性居民主要以圆形为主，占56.55%；其次为尖形，占24.14%；方形者也具有一定的数量，占19.31%；女性不见不对称者。

顶孔（foramen parietale）：男女两性都是以左右顶骨单侧顶孔居多，中部顶孔者较少，多个孔的出现率很低。

综上所述，喇嘛洞三燕文化居民颅骨以卵圆形为主，眉弓发育中等偏弱，鼻根凹陷较浅，颅顶缝相对比较简单，眶型多为斜方形，梨状孔多为高而狭的梨型，梨状孔下缘多为锐型和钝型，鼻前棘不发达，多为稍显，犬齿窝多数为浅或无，腭型宽短，以U形和抛物线形为主，腭圆枕多为丘状，铲型门齿具有极高的出现率，乳突较小，枕外隆突发育较弱。下颌角区外翻，下颌圆枕发育较弱，颏形以圆形居多。以上这些形态特征显示出比较明显的蒙古人种性质，因此，喇嘛洞三燕文化居民应归属于亚洲蒙古大人种的范畴。

女性颅骨与男性颅骨之间的形态分布基本一致，只是眉弓的发育较弱，前额平直者较多，乳突及枕外隆突普遍发育较弱，与男性颅骨有一定的差异。这些差异应该属于性别上的差异，不存在种族意义上的区别。

第二节　非连续性形态特征的观察

非连续性形态特征观察研究所选用的颅骨（包括下颌骨）共计396例。其中♂206例，♀190例。由于颅骨的不完整性，在每个观察项目上，观察标本量不尽相同。观察方法主要依据张银运、Dodo和G. Hauser, Vienna等所确立的标准[12]。

对比项目选取了较少受性别、年龄和侧别因素影响的16项非连续性形态特征，具体描述与标准如下。

（1）人字点小骨（ossicle at the lambda）：出现在矢状缝与人字缝的交接处（Dodo，1974）。若缝间骨的外侧缘长度超过人字缝的近中1/3则被认为是印加骨（顶枕间骨）。目前对于人字点小骨的功能意义还不明晰。有研究者认为，该性状与遗传特征有着紧密的联系[13]（图3.1）。

（2）顶切迹骨（parietal notch bone）：顶骨与颞骨鳞部和乳突部相交处形成的一块小骨。目前尚不知其功能意义（图3.2）。

（3）星点小骨（asterionic bone）：亦称作ossicle at asterion，ossiculum fonticuli postero-lateralis，asterionic ossicle，os asterii。在星点处（人字缝、枕乳缝和顶乳缝相交处）形成的缝间骨。星点小骨的存在无功能意义，有学者认为星点小骨具有遗传特征[14]（图3.3）。

（4）枕乳缝间骨（occipitomastoid bone）：亦称作occipitomastoid wormians，

A.不存在　　　　B.存在

图 3.1　人字点小骨

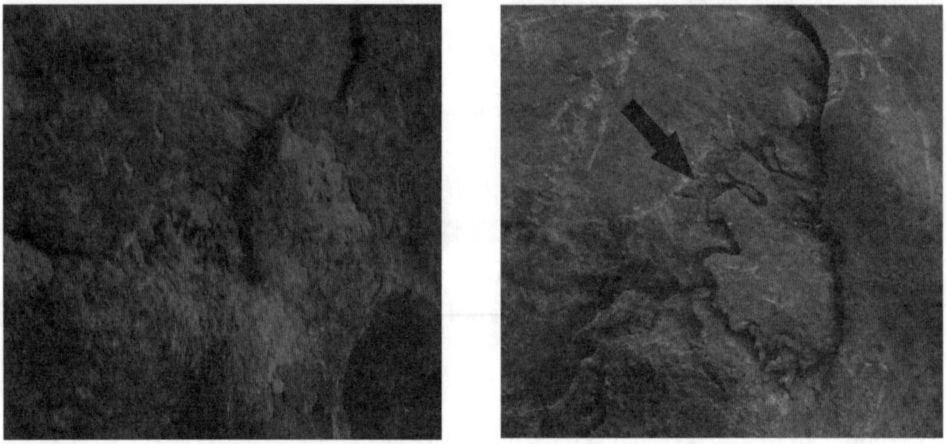

A.不存在　　　　B.存在

图 3.2　顶切迹骨

ossicula suturae occipitomastoideae，sub-asterionic ossicles。位于枕乳缝处的小骨。枕乳缝间骨的存在无功能方面的意义（图 3.4）。

（5）二分舌下神经管（hypoglossal canal bridging）：亦称作 hypoglossal canal，canalis hypoglossalis，anterior condylar canal，canalis nervi hypoglossalis，anterior condylar canal double，canalis hypoglossalis septus，divided hypoglossal canal，canalis hypoglossalis bipartitus。舌下神经管位于枕

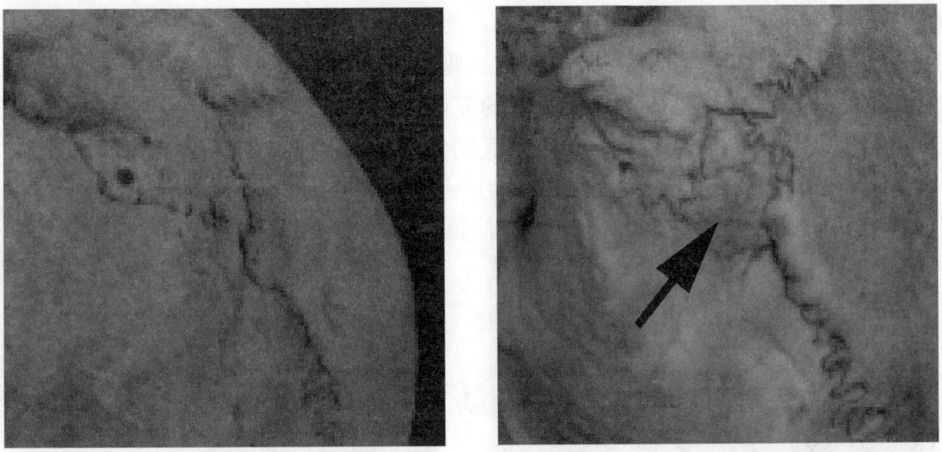

A.不存在　　B.存在

图 3.3　星点小骨

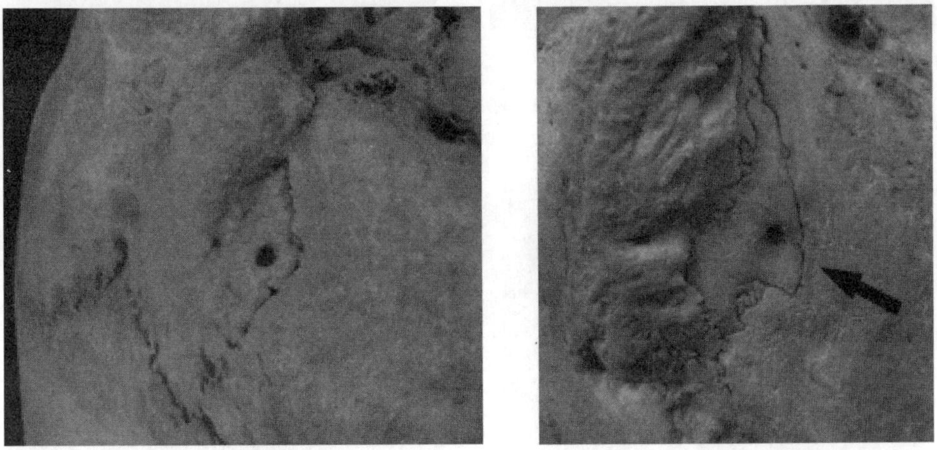

A.不存在　　B.存在

图 3.4　枕乳缝间骨

骨枕髁基部，枕骨大孔前外侧缘，是舌下神经和血管的通道。在胚胎时舌下神经由数支组成，有时在这里滋生出一个小的骨桥，故使舌下神经管的部分或全部呈二分状。完全分开时记录此性状（图 3.5）。

（6）髁前结节（precondylar tubercle）：亦称作 tuberculum praecondylare，basilar tubercle，processus basalis，processus basilaris，tubercula basilaria; condylus tertius; odonto-occipital articulation。在枕髁前内侧向下的突起，为一骨性结节，

紧靠枕髁之前内侧。若结节位于中央，则可看做是两个结节融合在一起。如果髁前结节发育强烈且有假关节面产生，则被记录为是第三髁（basilar tubercle or condylus tertius）（图 3.6）。除个别的充当与寰椎上关节面或枢椎齿突的关节连接外，髁前结节的存在无功能意义，仅用作肌肉和韧带的附着。

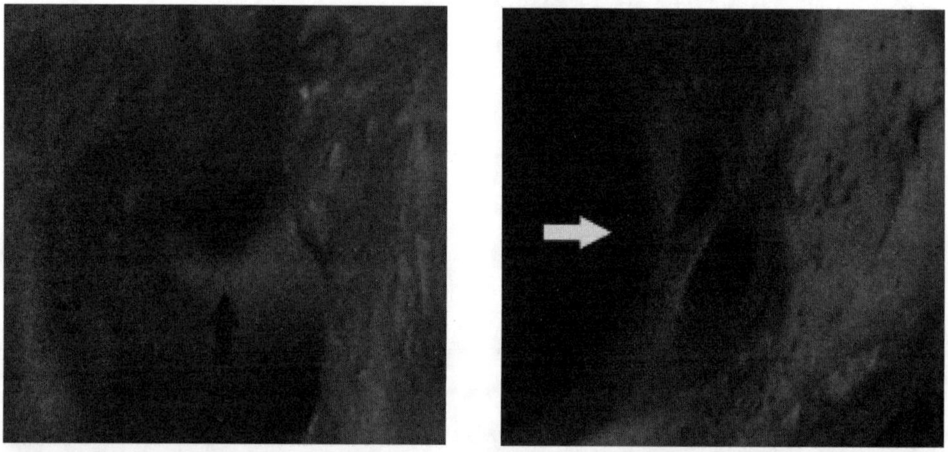

A.不存在　　B.完全存在

图 3.5　二分舌下神经管

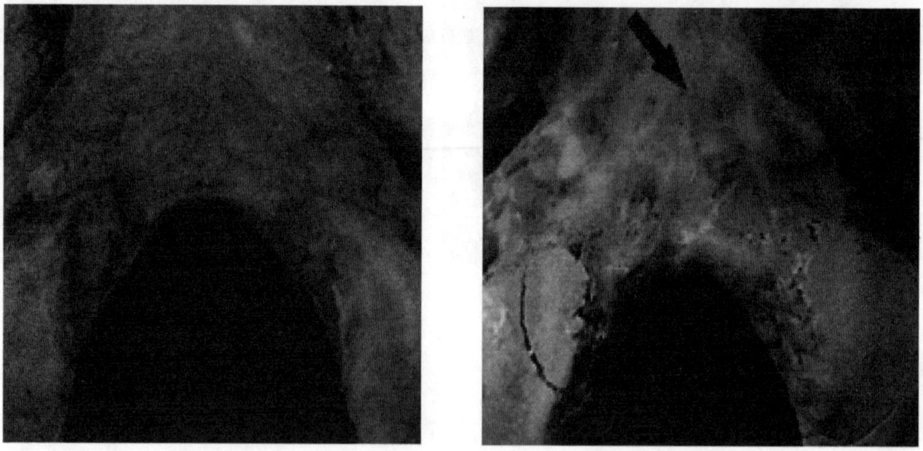

A.不存在　　B.存在

图 3.6　髁前结节

（7）下颌舌骨沟骨桥（mylohyoid bridging）：亦称作 pinticulus mylohyoideus，canalis mylohyoideus，arcus mylohyoideus。可分为远中型和近中型两种类型，远中型是下颌舌骨沟中部的骨膜部分骨化形成骨桥，与下颌小舌相对应；近中型是由于蝶颌韧带的骨化，下颌小舌向后延伸成骨桥。两种情况均记录（图 3.7）。虽然在有关于家族或是双胞胎的研究中没有明确下颌舌骨沟骨桥的遗传因素和建立遗传的模式，但是，其在区域和人群中的变异模式暗示出了很强的遗传基因基础。

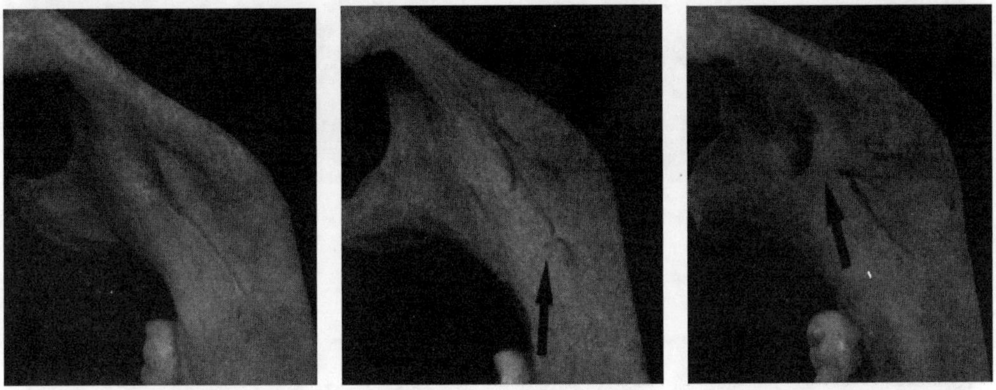

A.不存在　　B.近中型　　C.远中型

图 3.7　下颌舌骨沟骨桥

（8）鼓板开裂（tympanic dehiscence）：亦称作 tympanic debiscence，foramen acusticum Huschkei，foramen of Huschke，foramen tympanicum。也称“胡施克孔”，位于外耳门的底部。从颞骨骨部底面观察，针尖样大小即可记录（图 3.8）。在 5 岁以后，鼓板开裂的存在没有功能性的意义。

（9）卵圆孔－棘孔融合（ovale-spinosum confluence）：卵圆孔的外后壁不全，使卵圆孔与棘孔相连接（图 3.9）。

（10）额中缝（metopic suture）：亦称作 sutura metopica，sutura frontalis persistens，caput cruciatum，sutura interfrontalis，sutura frontalis，sutura mediofrontalis，metopism。在额骨正中存留的一条骨缝，多数人在两岁之前愈合，少数人终生保存。本书记录完全存在者。额中缝的功能与其他多数颅骨骨缝一样，提供了一个活动区域以适应骨骼进一步生长，同样也使得两部分额骨之间可以相对的移动[15]（图 3.10）。

（11）颧横缝痕迹（transverse zygomatic suture vestige）：亦称作 Os japonicum，os zygomaticum bipartitum，tripartitum， os malare bipartitum，sutura medio-jugalis，sutura zygomatica。 也称为“二分颧骨”（os japaonicum）。在颧骨颞突

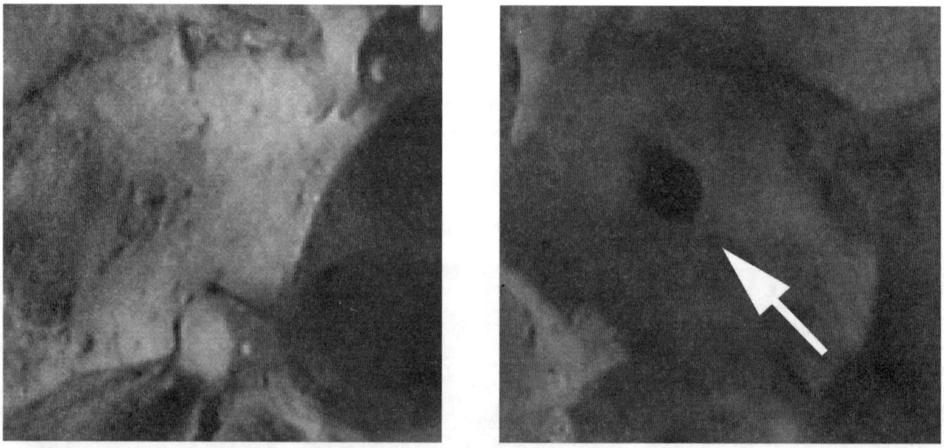

图 3.8　鼓板开裂

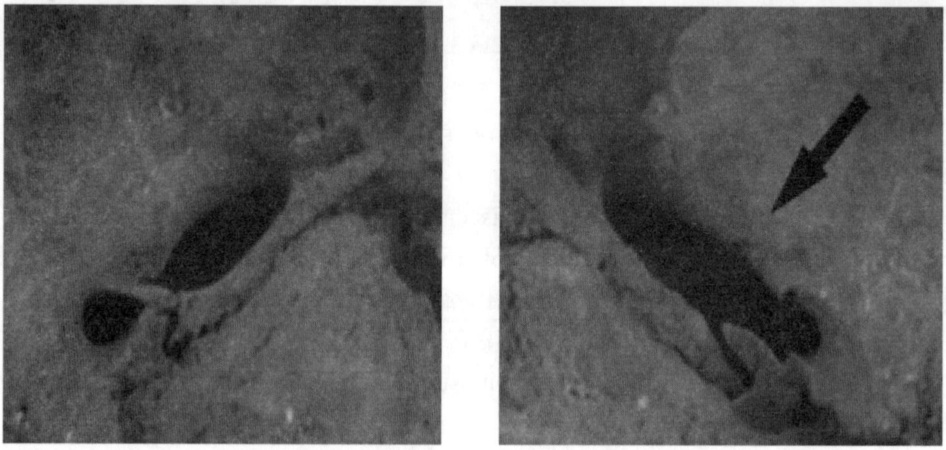

图 3.9　卵圆孔－棘孔融合

部存在一条水平分割颧骨的横向骨缝。多数情况是存在一条不完全的骨缝，长度超过 5 毫米者即可记录（图 3.11）。

（12）枕横缝残存（remain of biasterionic suture）：枕鳞向下到最上项线部分骨化不全而保留的痕迹。其长度超过 10 毫米时可记录（图 3.12）。

（13）眶上孔（supraorbital foramen）：眶上神经和血管的通道。任何开口于眶上边缘进入眶内的小孔均记录（图 3.13）。

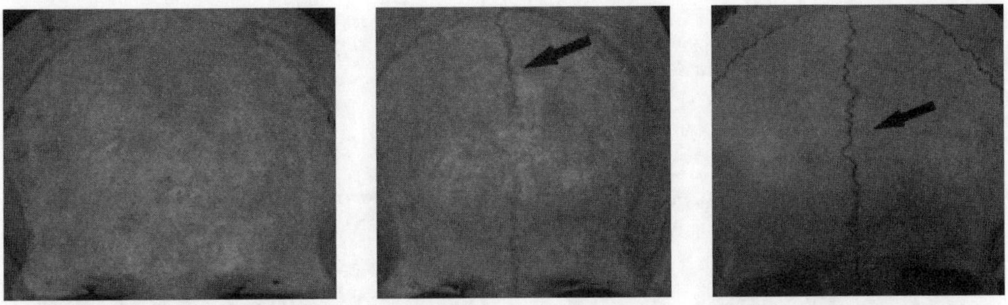

A.不存在 B.不完全存在 C.完全存在

图 3.10 额中缝

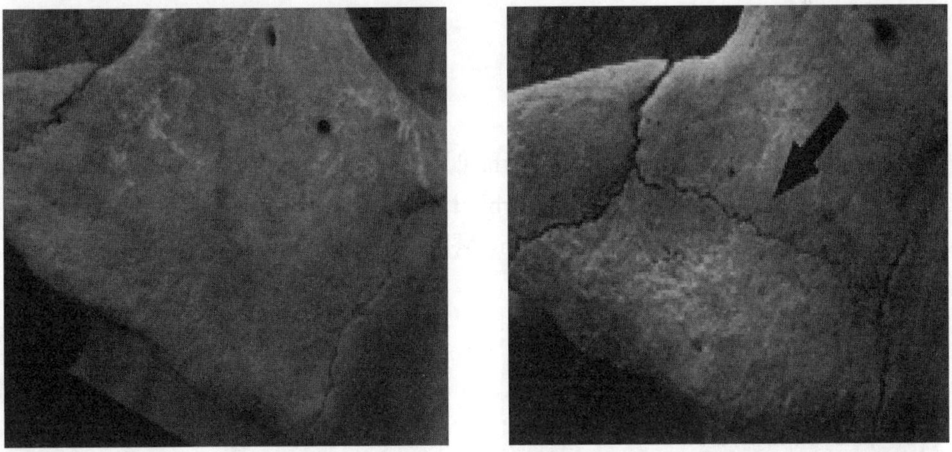

A.不存在 B.存在

图 3.11 颧横缝痕迹

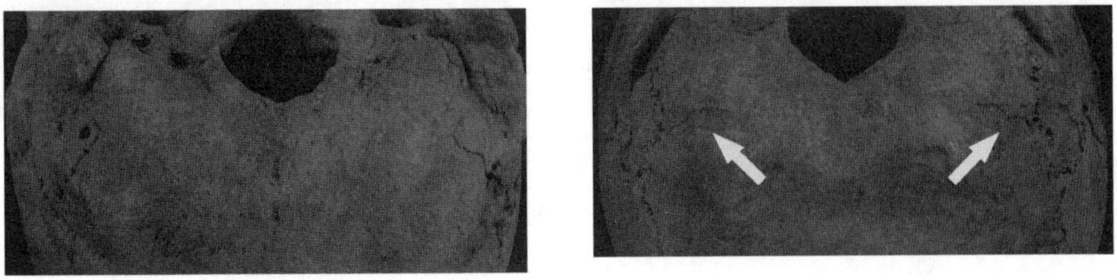

A.不存在 B.存在

图 3.12 枕横缝残存

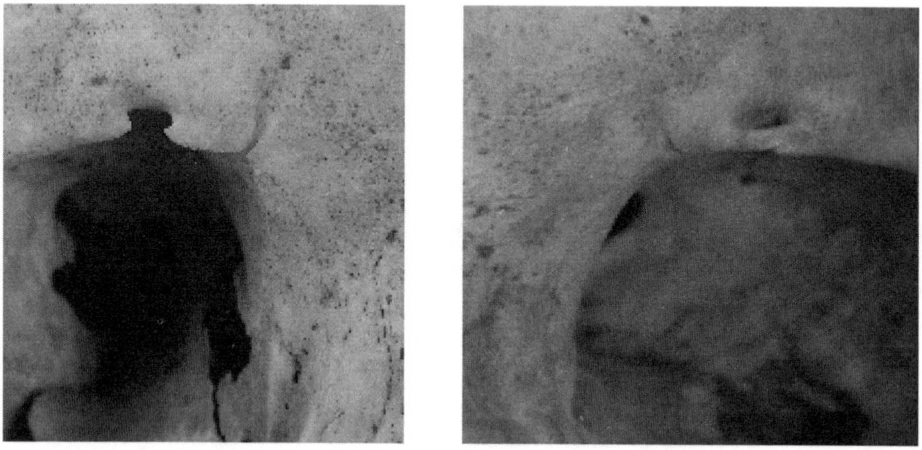

A.不存在　　B.存在

图 3.13　眶上孔

（14）副眶下孔（accessory infraorbital foramen）：亦称作 infraorbital foramen, foramen infraorbitale, accessory infraorbital foramen, accessory infraorbital foramen patent, foramen infraorbitale accessorium（图 3.14）。眶下孔边缘的另一个副孔，不论大小、形状或者数量均记录。

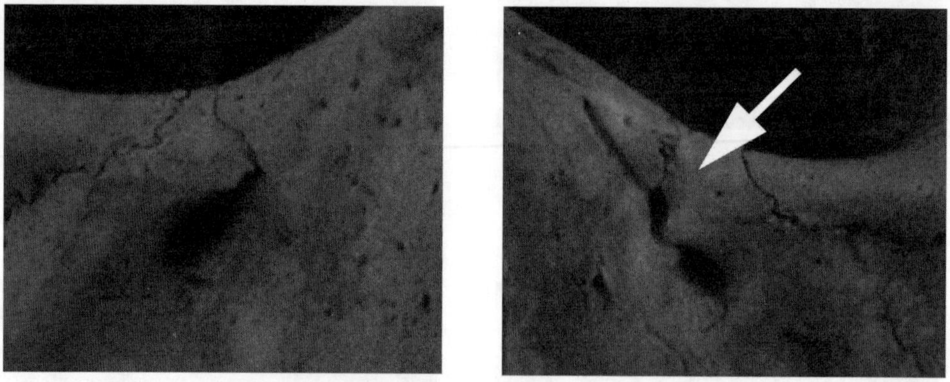

A.不存在　　B.存在

图 3.14　副眶下孔

（15）副颏孔（accessory mental foramen）：在颏孔周围出现的任意一个副小孔均记录（图 3.15）。

（16）髁后管通畅（patent condylar canal）：髁后管开口于枕髁后外侧，贯穿髁后窝。从枕髁后方至颈静脉孔边缘都是贯通的则可记录（图 3.16）。

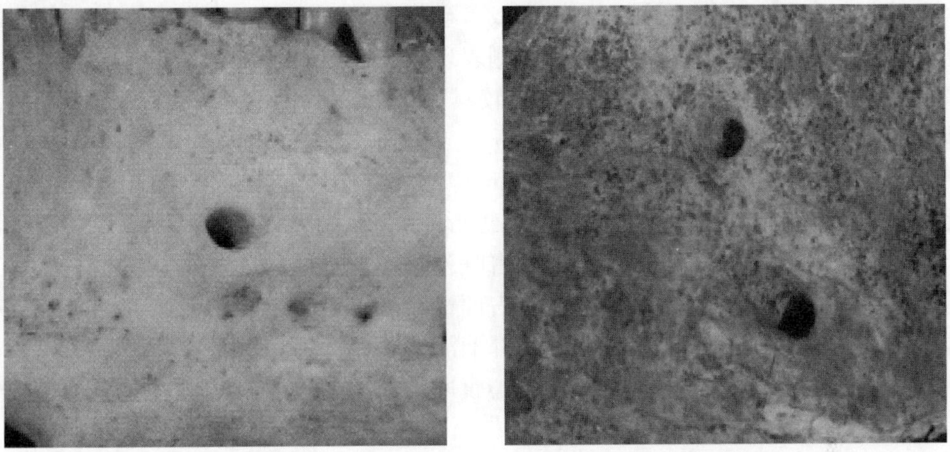

A.不存在　　B.存在

图 3.15　副颏孔

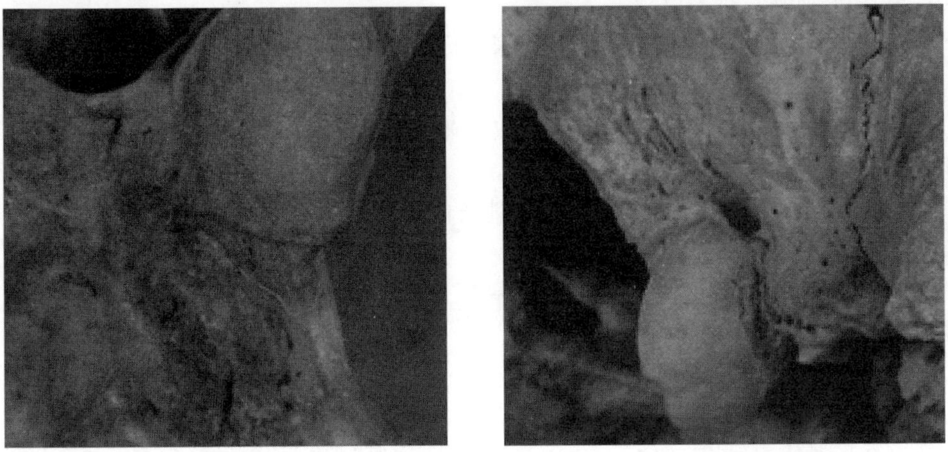

A.闭锁　　B.畅通

图 3.16　髁后管通畅

由于人体两侧都是由相同的基因控制的，当他们表现程度不同时，出现“侧”或程度表现“侧”，代表该个体的遗传潜力，所以大多数研究者用“个体”作为一个测量单位而不是单独用一侧。

记录和统计的原则是：①要对每一个特征进行观察并记录双侧情况。②当两侧出现不对称情况时，比如一侧为“存在”另一侧为“不存在”时，统计为“存在”；如果两侧都存在，但表现程度不同时，则按照高级别的一侧统计。③当一个个体仅保留了一侧，而另一侧缺失或者破损不能观察时，则以存在的一侧为准并将该个体按两侧对等看待。④当两侧表现程度相等时，统计一侧。

本书中的对比材料选择了国内外较具代表性的17组人群，各组人群的出土地点、时代及观察例数简述如下。

（1）北亚谱系古代组（North China）：材料出自内蒙古中南部及辽西、辽北地区，时代为春秋晚期到辽代，颅骨形态特征为低颅阔面。具体为辽宁朝阳十二台营子、辽宁法库叶茅台、内蒙古呼伦贝尔盟扎赉诺尔、内蒙古察右后旗三道湾、内蒙古察右中旗七郎山、内蒙古商都东大井、内蒙古乌兰察布盟兴和县叭沟、内蒙古林西县井沟子、内蒙古商都前海子、内蒙古锡林浩特市东山、内蒙古赤峰市宁城山嘴子、内蒙古阿鲁科尔沁旗耶律羽之和内蒙古凉城崞县窑子107个个体[16]。

（2）姜家梁组（Jiangjialiang）：材料来自于河北省阳原县姜家梁遗址，遗址属新石器时代，观察颅骨标本共计87例[17]。

（3）华北组（Northern Chinese）：材料来自于中国华北地区，现代人标本。共观察144例颅骨标本[18]。

（4）太原组（Taiyuan）：材料来自于山西省太原市郊区，现代人标本，观察颅骨标本共计115例[19]。

（5）陶家寨组（Taojiazhai）：数据来自于青海省西宁市陶家寨汉晋时期墓地335例颅骨标本[20]。

（6）蒙古组（Mongolian）：材料来自于乌兰巴托和其他地区，为近代蒙古人，颅骨标本数量共计178例[21]。

（7）布里亚特组（Buryat）：材料来自于西伯利亚东北部，近代颅骨标本，数量共计140例[22]。

（8）贝加尔湖组（Neolithic Baikalian）：材料来自于贝加尔湖周围，属新石器时代，颅骨标本数量共计81例[23]。

（9）现代日本组（Modern Japanese）：材料来自于东京和Tohoku（日本北部地区），现代人，颅骨标本数量共计180例[24]。

（10）阿伊努组（Hokkaido Ainu）：材料为近代北海道阿伊努人，颅骨标本数量共计150例[25]。

（11）阿穆尔河组（Amur）：材料包括乌尔奇人、那乃人、涅吉达尔人和奥罗奇人，颅骨标本数量共计153例[26]。

（12）楚克奇组（Chukchi）：材料来自于西伯利亚东北部的北极地区，近代人颅骨标本，数量共计49例[27]。

（13）埃科文组（Ekven）：材料来自于埃科文遗址，属铁器时代，观察颅骨标本共计111例[28]。

（14）爱斯基摩组（Asian Eskimo）：材料来自于西伯利亚东北部的北极地区，所观察的颅骨标本数量共计 136 例[29]。

（15）塔加尔组（Tagar）：材料来自于西西伯利亚塔加尔文化，时代为公元前 7~前 3 世纪，属铁器时代，颅骨标本数量共计 147 例[30]。

（16）哈萨克组（Kazakh）：材料来自于中亚地区，为近代哈萨克人，颅骨标本数量共计 120 例[31]。

（17）俄罗斯组（Russian）：材料来自于俄罗斯，近代人，颅骨标本数量共计 121 例[32]。

各组人群的地理分布见图 3.17。

表 3.2 显示了各对比组颅骨标本 16 项非测量性状的出现率，根据表 3.2 数据绘制了各项形态变异的折线图（详见图 3.18 ~ 图 3.20）。

图 3.17　18 组人群的分布情况

表 3.2　16 项头骨非连续性形态特征在 18 组人群中的比较

组别 / 项目	喇嘛洞组 1 Lamadong			北亚谱系古代组 2 North China			姜家梁组 3 Jiangjialiang			华北组 4 Northern Chinese			太原组 5 Taiyuan			陶家寨组 6 Taojiazhai		
	A	N	P	A	N	P	A	N	P	A	N	P	A	N	P	A	N	P
人字点小骨	9	255	0.035	10	98	0.102	8	56	0.157	8	139	0.058	9	115	0.078	15	294	0.051
顶切迹骨	59	290	0.203	10	95	0.105	21	69	0.304	20	143	0.140	16	115	0.139	43	277	0.155
星点小骨	34	263	0.129	7	93	0.075	8	58	0.138	18	141	0.128	17	115	0.148	19	287	0.066
枕乳缝间骨	44	180	0.244	9	90	0.100	15	65	0.231	17	140	0.121	18	115	0.157	38	269	0.141
二分舌下神经管	42	228	0.184	12	78	0.154	3	39	0.077	31	143	0.217	20	115	0.174	36	242	0.149
髁前结节	37	172	0.215	11	80	0.138	10	44	0.227	17	144	0.118	6	115	0.052	41	225	0.182
下颌舌骨沟骨桥	10	310	0.032	3	75	0.040	3	74	0.041	8	129	0.062	7	95	0.074	16	265	0.060
鼓板开裂	72	356	0.202	10	96	0.104	14	67	0.209	20	140	0.143	21	115	0.183	64	296	0.216
卵圆孔 – 棘孔融合	7	260	0.027	1	75	0.013	8	49	0.163	6	140	0.043	0	115	0.002	21	245	0.086
额中缝	23	333	0.069	1	99	0.010	2	82	0.024	7	144	0.049	14	115	0.122	26	293	0.089
颧横缝痕迹	8	290	0.028	10	76	0.132	8	61	0.131	4	143	0.028	16	115	0.139	18	249	0.072
枕横缝残存	35	261	0.134	15	96	0.156	2	67	0.03	4	144	0.028	24	115	0.209	60	292	0.205
眶上神经孔	205	300	0.683	66	93	0.710	54	77	0.701	90	141	0.638	73	115	0.635	167	291	0.574
副眶下孔	66	281	0.235	27	85	0.318	15	67	0.224	13	144	0.090	27	115	0.235	52	254	0.205
副颏孔	35	348	0.101	12	79	0.152	—	87	—	4	129	0.031	7	95	0.074	23	267	0.086
髁后管通畅	177	203	0.872	57	79	0.722	33	45	0.733	116	143	0.811	99	115	0.861	—	—	—

续表

项目 \ 组别	蒙古组 7			布利亚特组 8			贝加尔湖组 9			现代日本组 10			阿伊努组 11			阿穆尔河组 12		
	Mongolian			Buryat			Neolithic Baikalian			Modern Japanese			Hokkaido Ainu			Amur		
	A	N	P	A	N	P	A	N	P	A	N	P	A	N	P	A	N	P
人字点小骨	7	107	0.065	19	137	0.139	7	69	0.101	7	174	0.040	0	146	0.002	6	144	0.042
顶切迹骨	26	103	0.252	17	128	0.133	13	63	0.206	62	172	0.360	31	141	0.220	21	147	0.143
星点小骨	14	105	0.133	16	133	0.120	11	64	0.172	20	172	0.116	18	144	0.125	28	145	0.193
枕乳缝间骨	15	102	0.147	16	122	0.131	9	54	0.167	31	179	0.173	28	142	0.197	20	125	0.160
二分舌下神经管	20	107	0.187	30	138	0.217	20	70	0.286	26	180	0.144	55	146	0.377	34	151	0.225
髁前结节	15	106	0.142	27	148	0.182	6	68	0.088	16	178	0.090	16	143	0.112	7	147	0.048
下颌舌骨沟骨桥	6	68	0.088	17	117	0.145	3	59	0.051	11	177	0.062	19	95	0.200	8	100	0.080
鼓板开裂	58	107	0.542	83	140	0.593	17	75	0.227	64	179	0.358	43	141	0.305	49	147	0.333
卵圆孔－棘孔融合	6	106	0.057	5	138	0.036	2	58	0.034	3	180	0.017	13	139	0.094	4	151	0.026
额中缝	4	108	0.037	6	140	0.043	1	81	0.012	16	180	0.089	3	150	0.020	0	153	0.002
颧横缝痕迹	10	80	0.125	17	146	0.116	12	56	0.214	19	167	0.114	28	97	0.289	19	121	0.157
枕横缝残存	18	106	0.17	25	137	0.182	7	68	0.103	28	176	0.159	13	150	0.087	19	150	0.127
眶上神经孔	63	108	0.583	98	139	0.705	53	78	0.679	99	180	0.550	41	145	0.283	109	152	0.717
副眶下孔	32	177	0.181	23	150	0.153	19	63	0.302	42	171	0.246	28	204	0.137	39	155	0.252
副颏孔	26	108	0.241	23	124	0.185	9	66	0.136	18	144	0.125	42	188	0.223	20	104	0.192
髁后管通畅	78	106	0.736	115	135	0.852	45	49	0.918	153	178	0.860	134	143	0.937	113	147	0.764

续表

组别 / 项目	楚克奇组 13			埃科文组 14			爱斯基摩组 15			塔加尔组 16			哈萨克组 17			俄罗斯组 18		
	Chukchi			Ekven			Asian Eskimo			Tagar			Kazakh			Russian		
	A	N	P	A	N	P	A	N	P	A	N	P	A	N	P	A	N	P
人字点小骨	4	49	0.082	6	109	0.055	8	134	0.060	25	143	0.175	19	114	0.167	20	119	0.168
顶切迹骨	11	48	0.229	32	101	0.317	30	135	0.222	26	130	0.200	20	119	0.168	20	116	0.172
星点小骨	7	49	0.143	12	102	0.118	22	134	0.164	26	129	0.202	22	120	0.183	16	119	0.134
枕乳缝间骨	12	42	0.286	20	92	0.217	19	113	0.168	10	113	0.088	14	110	0.127	4	114	0.035
二分舌下神经管	13	48	0.271	32	98	0.327	42	129	0.326	39	121	0.322	37	120	0.308	40	116	0.345
髁前结节	2	41	0.049	0	99	0.003	9	121	0.074	5	119	0.042	18	120	0.150	13	117	0.111
下颌舌骨沟骨桥	7	16	0.438	14	88	0.159	10	41	0.244	8	81	0.099	12	117	0.103	8	101	0.079
鼓板开裂	26	48	0.542	48	103	0.466	69	135	0.511	48	136	0.353	47	118	0.398	57	121	0.471
卵圆孔－棘孔融合	3	46	0.065	6	101	0.059	12	124	0.097	3	129	0.023	2	120	0.017	1	120	0.008
额中缝	2	49	0.041	3	111	0.027	7	136	0.051	5	147	0.034	4	120	0.033	5	121	0.041
颧横缝痕迹	3	36	0.083	8	85	0.094	3	103	0.029	1	104	0.010	9	112	0.080	4	109	0.037
枕横缝残存	2	49	0.041	17	105	0.162	23	134	0.172	12	132	0.091	9	120	0.075	25	120	0.208
眶上神经孔	37	49	0.755	70	108	0.648	99	136	0.728	83	146	0.568	72	120	0.600	47	121	0.388
副眶下孔	22	70	0.314	17	98	0.173	46	128	0.359	20	142	0.141	23	120	0.192	12	120	0.100
副颏孔	5	27	0.185	10	92	0.109	8	41	0.195	22	95	0.232	37	118	0.314	20	103	0.194
髁后管通畅	39	47	0.830	82	91	0.901	120	127	0.945	96	120	0.800	89	118	0.754	106	117	0.906

注：A 表示出现的例数，N 表示观察的总例数，P 表示出现率，P=0 时以 1/4N 代替（Bartlett's adjustment）。

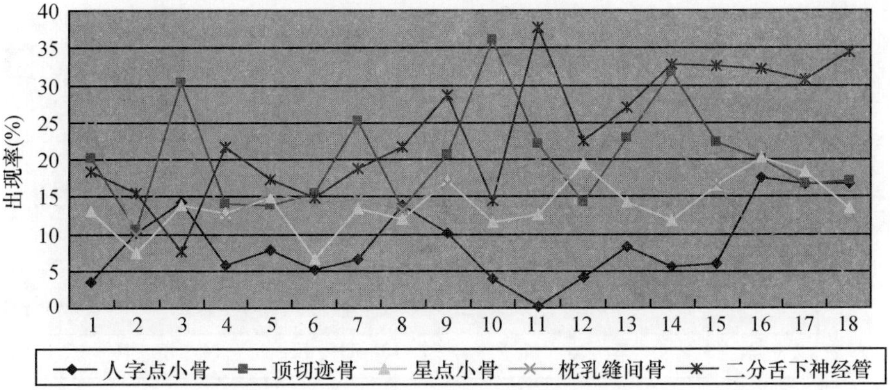

图 3.18　18 组人群出现率比较折线图 a

1. 喇嘛洞组　2. 北亚谱系古代组　3. 姜家梁组　4. 华北组　5. 太原组　6. 陶家寨组　7. 蒙古组　8. 布里亚特组　9. 贝加尔湖组　10. 现代日本组　11. 阿伊努组　12. 阿穆尔河组　13. 楚克奇组　14. 埃科文组　15. 爱斯基摩组　16. 塔加尔组　17. 哈萨克组　18. 俄罗斯组

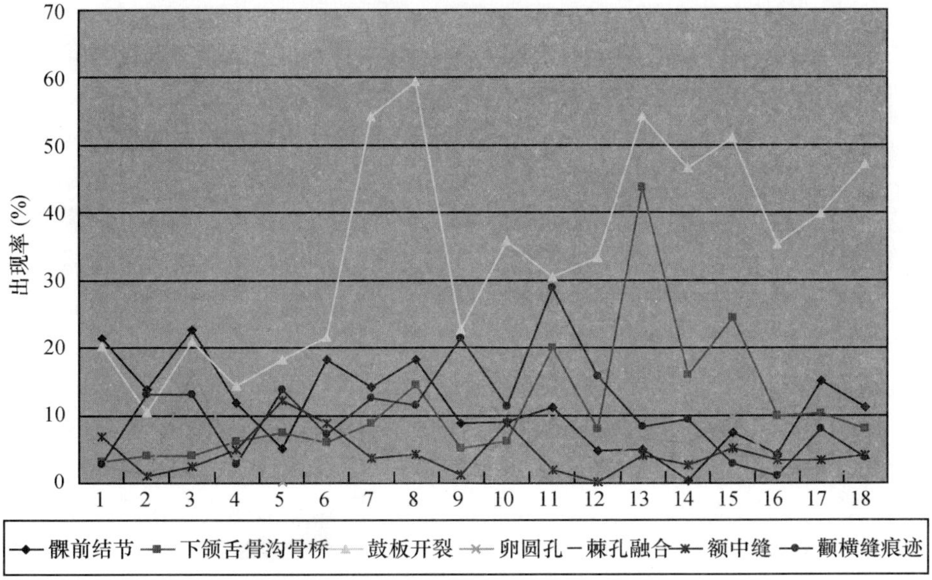

图 3.19　18 组人群出现率比较折线图 b

1. 喇嘛洞组　2. 北亚谱系古代组　3. 姜家梁组　4. 华北组　5. 太原组　6. 陶家寨组　7. 蒙古组　8. 布里亚特组　9. 贝加尔湖组　10. 现代日本组　11. 阿伊努组　12. 阿穆尔河组　13. 楚克奇组　14. 埃科文组　15. 爱斯基摩组　16. 塔加尔组　17. 哈萨克组　18. 俄罗斯组

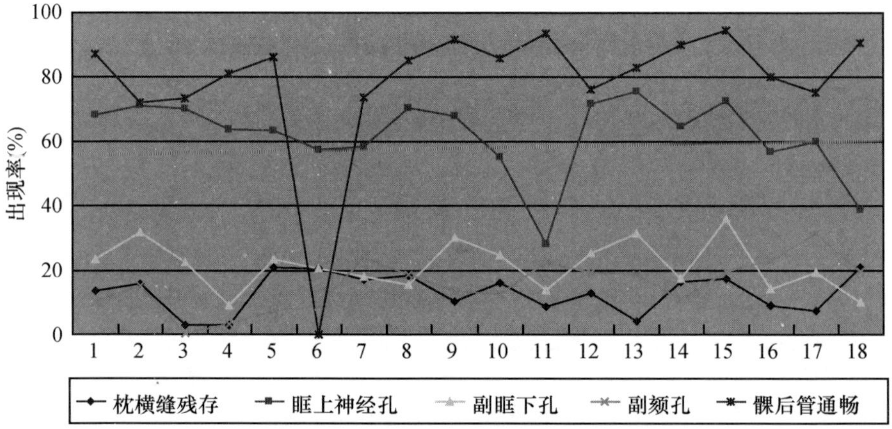

图 3.20　18 组人群出现率比较折线图 c

1. 喇嘛洞组　2. 北亚谱系古代组　3. 姜家梁组　4. 华北组　5. 太原组　6. 陶家寨组　7. 蒙古组　8. 布里亚特组　9. 贝加尔湖组　10. 现代日本组　11. 阿伊努组　12. 阿穆尔河组　13. 楚克奇组　14. 埃科文组　15. 爱斯基摩组　16. 塔加尔组　17. 哈萨克组　18. 俄罗斯组

三幅折线图可以很清楚地看出喇嘛洞三燕文化居民 18 项非连续性形态特征在所选 17 个对比组中的位置、相对出现率和相似程度。

在人字点小骨这个比较项目上，喇嘛洞三燕文化居民的出现率相对偏低，除北海道阿伊努组以外就是喇嘛洞三燕文化组了，具有相似出现率的有现代日本组、阿穆尔河组及陶家寨组，与华北组、埃科文组、爱斯基摩组、太原组、蒙古组、阿伊努组、楚克奇组的出现率也很接近，与北亚谱系组和贝加尔湖新石器组有一定的距离，距离姜家梁组、布里亚特组较远，与塔加尔组、哈萨克组和俄罗斯组差距最大。

顶切迹骨项目上，喇嘛洞三燕文化居民出现率处于所有对比组的中游，与贝加尔湖新石器组、塔加尔组较相近似，与阿伊努组、爱斯基摩组、和楚克奇组亦相去不远，与北亚谱系组、姜家梁组、现代日本组和埃科文组差距最大，与华北组、太原组、陶家寨组、蒙古组、布里亚特组、阿穆尔河组、哈萨克组和俄罗斯组具有程度不等的差距。

星点小骨在 18 组人群中的出现率差距不是很大，喇嘛洞三燕文化居民在该项目上的出现率只是与北亚谱系古代组、陶家寨组、贝加尔湖组、阿穆尔河组、塔加尔组和哈萨克组差距较大。

枕乳缝间骨在所比较的 18 个组群中出现率差距较大，喇嘛洞三燕文化居民在此项目上的出现率就很高，18 个比较组中仅次于楚奇克组，与姜家梁组的出现率最为相似，在该项目所有的对比组中，俄罗斯组出现率最低。

二分舌下神经管出现率波动较大，说明该项目在18个对比组中出现率差距较大；喇嘛洞三燕文化居民在该项目的出现率处于中游，出现率最高的是北海道阿伊努人，最低的则为姜家梁组。（是否该项目受环境的影响较大？）

髁前结节项目上喇嘛洞三燕文化居民的出现率在18组人群中出现率较高，仅略低于姜家梁组，另外陶家寨组、布里亚特组在该项目上的出现率与喇嘛洞组也很接近，在该项目上埃科文组与喇嘛洞组差距最大，埃科文组髁前结节出现率最低；其他组与喇嘛洞组的距离各不相同。北亚谱系古代组、哈萨克组、蒙古组和华北组的出现率较为接近，贝加尔湖组、现代日本组、阿伊努组和俄罗斯组较为接近，太原组、阿穆尔河组、楚奇克组、爱斯基摩组和塔加尔组之间较为接近。

下颌舌骨沟骨桥除楚奇克组具有极高的出现率之外，爱斯基摩组、阿伊努组、埃科文组也具有较高的出现率，其他各组的出现率均较低；喇嘛洞三燕文化居民在该项目上的出现率在18个比较组中是最低的。该项目是否也是因为地理位置、气候的原因造成出现率的差别，出现率高的几个组群都是在海洋性气候很浓的地域？

鼓板开裂项目上18组之间差距较大，布里亚特组、蒙古组、楚克奇组、埃科文组、爱斯基摩组和俄罗斯组具有很高的出现率，哈萨克组、塔加尔组、阿穆尔河组、现代日本组和阿伊努组也具有较高的出现率，喇嘛洞三燕文化居民与姜家梁组、太原组、陶家寨组和贝加尔湖组的出现率大致相当，北亚谱系组和华北组出现率较低。

卵圆孔-棘孔融合出现率相对比较集中，姜家梁组具有最高的出现率，陶家寨组、阿伊努组和爱斯基摩组出现率也相对较高，其他组出现率大致相当。

额中缝的出现率太原组、陶家寨组和现代日本组较高，喇嘛洞组与其他组相比较也具有较高的出现率，阿穆尔河组的出现率在18个对比组中出现率是最低的。

颧横缝痕迹出现率相比较差别较大，北海道阿伊努组出现率最高，其次为贝加尔湖组，北亚谱系古代组、姜家梁组、太原组、蒙古组、布里亚特组、现代日本组和阿穆尔河组也具有大致相当高的出现率，陶家寨组、楚克奇组、埃科文组和哈萨克组具有相对一致低的出现率，喇嘛洞组与华北组、爱斯基摩组和俄罗斯组出现率较低，塔加尔组在18组中出现率是最低的。

枕横缝残存项目18个对比组相差不大，分布比较平均。除姜家梁组、华北组和楚克奇组比较低外，其他大致相当。

眶上神经孔项目18组相比较差异较大。阿伊努组最低，其次为俄罗斯组，陶家寨组、蒙古组、现代日本组、塔加尔组和哈萨克组出现率相对较低，其余各组相对较为接近。

副眶下孔项目18组中喇嘛洞组的出现率处于中等位置，爱斯基摩组出现率最高，华北组出现率最低，喇嘛洞组的眶上神经孔出现率与姜家梁组、太原组和陶家寨组相接近。

副颏孔出现率在 18 个对比组中，喇嘛洞组出现率稍偏低。姜家梁组最低的出现率是数据的原因造成，因为姜家梁组在观察标本时没有记录这一项，按照 1/4*N* 计算所得；除了姜家梁组不准确的出现率，该项目对比的 17 组中，华北组的出现率是最低的；最高的出现率在哈萨克组中。

髁后管通畅在陶家寨组中出现的最低谷是因为在本书中我们将它作为 0 来处理的，因为在张敬雷博士的论文中没有发表这个项目的数据，一般情况是将缺项数据用 1/4*N* 来代替，就像副颏孔项目中的姜家梁组，在曲线图中确实曲线起伏不大，但同时也不醒目，在观察中可能忘记替补数据的问题，作为 0 来处理在观察曲线图时更容易剔除这个替补数据。这样，髁后管通畅项目在 17 个对比组中差异不是很大，喇嘛洞组与太原组、布里亚特组和现代日本组出现率相接近，与其余各组有不等的距离。在该项目上爱斯基摩组出现率最高，北亚谱系古代组出现率最低。

通过上述比较，我们可以看到，在 18 个对比组中，喇嘛洞三燕文化居民在人字点小骨、下颌舌骨沟骨桥、鼓板开裂和颧横缝痕迹项目中出现率较低，而在枕乳缝间骨、髁前结节和额中缝项目上具有较高的出现率。

喇嘛洞三燕文化居民在人字点小骨、髁前结节、鼓板开裂、额中缝、枕横缝残存、副眶下孔和颏孔等的项目上与陶家寨组较为相似，在颧横缝痕迹、眶上神经孔、星点小骨和人字点小骨诸项目上与华北组出现率颇为相似，反映了喇嘛洞三燕文化居民在这些非连续性观察项目上的相似趋势，与其他比较组相比，喇嘛洞三燕文化组与陶家寨组和太原组更为相似。

为了更为直接的表现本书所选各个对比组之间的相互关系，我们根据表 3.2 的数据计算 18 个对比组之间的平均差异度值（mean measure of divergence），并据此作出聚类图。

平均差异度（MMD）是目前非测量性状研究中最常用的统计学方法，用以计算人群之间亲缘关系（生物距离系数）[33]。此种方法与常用的欧氏距离系数的主要差别在于，欧氏距离系数用于计算由计算定量数据代表的人群间的亲缘关系，即颅骨测量值；而平均差异度适用于由频率数据来计算群体之间的生物学距离，即非测量性状的出现率。

平均差异度计算公式如下：

$$\text{MMD} = \frac{1}{n}\sum^{n}(\theta_1-\theta_2)^2-\frac{1}{n}\sum^{n}\left(\frac{1}{N_1}+\frac{1}{N_2}\right)$$

其中，n 为非连续性形态特征项数；θ_1 和 θ_2 是两组间每个性状出现率 p_1 和 p_2 的反正弦，$\theta=\arcsin(1-2p)$，p 为每个形状的出现率；N_1 和 N_2 是两组间对比样本的例数。当p=0时，以1/4N代替（*Bartlett's adjustment*）。MMD距离的原理是当MMD的结果等于或两倍大于它的标准差时，表示这两个人群之间具有明显差异。MMD系数从0 ~ 0.099的计数表示两个对比人群非常相似或者可能共同拥有同一个祖先，0.100 ~ 0.199表示比较相似，而超过0.200则表示它们是不同的人群。

根据表3.2计算的18个对比组相互之间的MMD值见表3.3。

根据表3.3的矩阵进行聚类分析并绘制了聚类图3.21。由聚类图我们可以很清楚地看到各对比组人群之间的亲疏关系。

18个对比组除了阿伊努组以外的17个对比组分成了2个大的群体。

在第一个群体内又分成了2个层次。在第一个层次内又分成了2个小的组群。第一组群中，贝加尔湖组首先和阿穆尔河组聚在了一起，显示了密切的组间关系，北亚谱系组又与贝加尔湖组与阿穆尔河组合并的组群相聚。第二组群中喇嘛洞组和陶家寨组、太原组和现代日本组两两相聚，分别显示了较为亲密的关系，然后两个合并的组群又相聚在一起。第一组群贝加尔湖组、阿穆尔河组与北亚谱系组与第二组群喇嘛洞组、陶家寨组、太原组及现代日本组再次相聚，这些组均在5个刻度内完成了相聚，显示了它们之间的亲密关系。第二个层次由姜家梁组和华北组组成，他们相聚以后组成一个组群与第一个层次组群（贝加尔湖组、阿穆尔河组、北亚谱系组、喇嘛洞组、陶家寨组、太原组和现代日本组）相聚，他们相聚在5 ~ 10刻度内，汇合成第一个群体。

在第二个群体内也分为2个层次。第一个层次内由楚克奇组和爱斯基摩组首先相聚，表明这两组关系最为亲密，它们的合并组再与埃科文组聚合组成第一个组群。第二个层次由2个小的组群组成；第一个组群由蒙古组和布里亚特组相聚组成；第二个组群中塔加尔组和哈萨克组首先相聚，它们二者关系亲密，俄罗斯组又和塔加尔组与哈萨克组合并的组群相聚。两个组群各组相聚都在5个刻度内完成，显示在每个层次内各组之间的亲密性；两个组群组成的第二个层次在5个刻度左右聚合。两个层次组成的群体在10 ~ 15刻度之间汇合成第二个群体，显示他们两个层次组群之间较为疏远。

阿伊努组游离在外，它是在2个大群体汇合之后组成一个组再相聚的，此时已在20刻度以外了。其显示了与各个对比组疏远的距离。

通过以上分析可以看出，代表现代亚洲蒙古人种东北亚类型的楚克奇组、爱斯基摩组和埃科文组组成一个集团，彼此之间关系紧密。代表着欧罗巴人种血统的塔加尔组、哈萨克组和俄罗斯组也聚合成一个独立的集团。与现代亚洲蒙古人种中的东亚类型体质特征有关的喇嘛洞组、陶家寨组、太原组和现代日本组聚成一类，说明4组之间在非测量性状特征上具有很多相似性。姜家梁组和华北组两者之间较为亲密，首先聚合后再和北亚和东亚组群聚合。而代表着现代亚洲蒙古

表 3.3　18 组对比人群间的 MMD 值

	1	2	3	4	5	6	7	8	9	10	11	12	13	14	15	16	17	18
1	0.0000	0.0442	0.0528	0.0350	0.0337	0.0183	0.0640	0.0772	0.0358	0.0317	0.1427	0.0576	0.1231	0.0893	0.0838	0.0759	0.0678	0.1071
2	0.0442	0.0000	0.0572	0.0582	0.0303	0.0342	0.0786	0.0931	0.0250	0.0686	0.1725	0.0309	0.1555	0.1283	0.1378	0.0860	0.0616	0.1238
3	0.0528	0.0572	0.0000	0.0552	0.0978	0.0543	0.0595	0.0984	0.0500	0.0680	0.1727	0.0710	0.1260	0.1325	0.1431	0.1049	0.0608	0.1791
4	0.0350	0.0582	0.0552	0.0000	0.0504	0.0425	0.1002	0.1066	0.0583	0.0734	0.1473	0.0726	0.1400	0.0994	0.1337	0.0602	0.0797	0.1066
5	0.0337	0.0303	0.0978	0.0504	0.0000	0.0287	0.0695	0.0725	0.0200	0.0244	0.1304	0.0396	0.1180	0.0640	0.0939	0.0682	0.0698	0.0861
6	0.0183	0.0342	0.0543	0.0425	0.0287	0.0000	0.0473	0.0663	0.0439	0.0318	0.1148	0.0639	0.1401	0.0884	0.0864	0.0844	0.0744	0.0866
7	0.0640	0.0786	0.0595	0.1002	0.0695	0.0473	0.0000	0.0082	0.0475	0.0209	0.0909	0.0254	0.0594	0.0440	0.0534	0.0431	0.0148	0.0517
8	0.0772	0.0931	0.0984	0.1066	0.0725	0.0663	0.0082	0.0000	0.0542	0.0550	0.1274	0.0446	0.0509	0.0560	0.0414	0.0521	0.0227	0.0461
9	0.0358	0.0250	0.0500	0.0583	0.0200	0.0439	0.0475	0.0542	0.0000	0.0285	0.0785	0.0070	0.0795	0.0403	0.0582	0.0551	0.0360	0.0830
10	0.0317	0.0686	0.0680	0.0734	0.0244	0.0318	0.0209	0.0550	0.0285	0.0000	0.0928	0.0433	0.0870	0.0366	0.0655	0.0623	0.0560	0.0717
11	0.1427	0.1725	0.1727	0.1473	0.1304	0.1148	0.0909	0.1274	0.0785	0.0928	0.0000	0.1037	0.1272	0.0877	0.1241	0.1363	0.1104	0.1158
12	0.0576	0.0309	0.0710	0.0726	0.0396	0.0639	0.0254	0.0446	0.0070	0.0433	0.1037	0.0000	0.0611	0.0407	0.0627	0.0466	0.0289	0.0937
13	0.1231	0.1555	0.1260	0.1400	0.1180	0.1401	0.0594	0.0509	0.0795	0.0870	0.1272	0.0611	0.0000	0.0317	0.0104	0.0786	0.0610	0.1476
14	0.0893	0.1283	0.1325	0.0994	0.0640	0.0884	0.0440	0.0560	0.0403	0.0366	0.0877	0.0407	0.0317	0.0000	0.0263	0.0490	0.0712	0.0781
15	0.0838	0.1378	0.1431	0.1337	0.0939	0.0864	0.0534	0.0414	0.0582	0.0655	0.1241	0.0627	0.0104	0.0263	0.0000	0.0612	0.0637	0.0905
16	0.0759	0.0860	0.1049	0.0602	0.0682	0.0844	0.0431	0.0521	0.0551	0.0623	0.1363	0.0466	0.0786	0.0490	0.0612	0.0000	0.0080	0.0230
17	0.0678	0.0616	0.0608	0.0797	0.0698	0.0744	0.0148	0.0227	0.0360	0.0560	0.1104	0.0289	0.0610	0.0712	0.0637	0.0080	0.0000	0.0384
18	0.1071	0.1238	0.1791	0.1066	0.0861	0.0866	0.0517	0.0461	0.0830	0.0717	0.1158	0.0937	0.1476	0.0781	0.0905	0.0230	0.0384	0.0000

注：1. 喇嘛洞组；2. 北亚谱系古代组；3. 姜家梁组；4. 华北组；5. 太原组；6. 陶家寨组；7. 蒙古组；8. 布里亚特组；9. 贝加尔湖组；10. 现代日本组；11. 阿伊努组；12. 阿穆尔河组；13. 楚克奇组；14. 埃科文组；15. 爱斯基摩组；16. 塔加尔组；17. 哈萨克组；18. 俄罗斯组。其中姜家梁组和陶家寨组与各组间的 MMD 值是根据 15 项非测量形状计算所得。

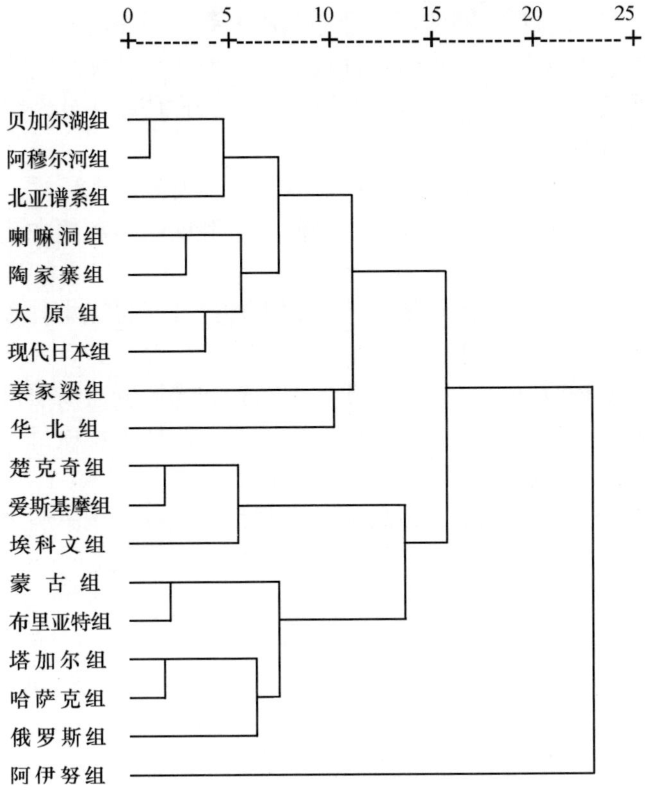

图 3.21　18 组人群的树状聚类图

人种北亚类型的蒙古组、布利亚特组、阿穆尔河组和贝加尔湖组却没有完全聚到一起，而是两两合并，恰好代表了北亚蒙古人种的两个亚型；北亚谱系组与贝加尔湖组和阿穆尔河组的混合群体相聚，说明他们之间关系更为亲密。阿伊努组在非测量性状特征上与其他组存在着一定距离，所以并未聚到上述各集团中。

第三节　小　　结

综合上述非测量性状形态特征的分析，可以得出以下结论。

（1）喇嘛洞三燕文化居民颅骨以卵圆形为主，眉弓发育中等偏弱，鼻根凹陷较浅，颅顶缝相对比较简单，眶型多为斜方形，梨状孔多为高而狭的梨型，梨状孔下缘多为锐型和钝型，鼻前棘不发达，多为稍显，犬齿窝多数为浅或无，腭型宽短，以 U 形和抛物线形为主，腭圆枕多为丘状，铲型门齿具有极高的出现率，乳突较小，枕外隆突发育较弱。下颌角区外翻，下颌圆枕发育较弱，颏形以圆形居多。

女性颅骨与男性颅骨之间的形态分布基本一致，只是眉弓的发育较弱，前额平直者较多，乳突及枕外隆突普遍发育较弱，与男性颅骨有一定的差异。

以上这些形态特征显示出比较明显的蒙古人种性质，因此，喇嘛洞三燕文化居民应归属于亚洲蒙古大人种的范畴。

（2）喇嘛洞三燕文化居民在人字点小骨、下颌舌骨沟骨桥、鼓板开裂和颧横缝痕迹项目中出现率较低，而在枕乳缝间骨、髁前结节和额中缝项目上具有较高的出现率。

喇嘛洞三燕文化居民在颧横缝痕迹、眶上神经孔、星点小骨和人字点小骨诸项目上与华北组出现率颇为相似；在眶上神经孔、星点小骨、人字点小骨、鼓板开裂、额中缝、枕横缝残存、副眶下孔、副颏孔和髁后管通畅项目上保持较相似的出现率，反映了喇嘛洞三燕文化居民在这些非连续性观察项目上的相似趋势，与其他比较组相比，喇嘛洞组与太原组更为相似。

（3）在 18 个对比组中，各组之间的亲密程度显示，喇嘛洞组与陶家寨组和太原组及现代日本组有着更为亲密的关系。

注　释

[1] Wood-Jones F. The non-metrical morphological characters of the skull as criteria for racial diagnosis. Part I. General discussion of the morphological characters employed in racial diagnosis. J Ant，1930，67：179 ~ 195.

[2] Wood-Jones F. The non-metrical morphological characters of the skull as criteria for racial diagnosis. Part Ⅳ .The non-metrical morphological characters of the northern Chinese skull. J Ant，1933，68：96 ~ 108.

[3] Berry A C，Berry R J. Epigenetic variation in the human cranium. J Ant,1967，101：361 ~ 379.

[4] 王令红：《华北人头骨非测量性状的观察》，《人类学学报》1988 年 1 期。

[5] 王令红，孙凤喈：《太原地区现代人头骨的测量》，《人类学学报》1988 年 3 期。

[6] 郑靖中，张怀瑶，杨玉田，党汝霖：《西安地区现代人颅骨非测量性研究》，《人类学学报》1988 年 3 期。

[7] 魏东，张全超，陈山：《魏晋十六国时期鲜卑人头骨非测量形状的观察》，《边疆考古研究》第 2 辑，科学出版社，2004 年。

[8] 李法军：《河北阳原姜家梁新石器时代遗址头骨非测量性状的观察与研究》，《人类学学报》2003 年 3 期；李法军：《河北阳原姜家梁新石器时代人骨研究》，科学出版社，2004 年。

[9] 张桦：《中国北方古代居民颅骨非测量形状研究》，吉林大学硕士学位论文，2006年。

[10] 张敬雷：《青海省西宁市陶家寨汉晋时期墓地人骨研究》，吉林大学博士学位论文，2008年。

[11] a. 吴汝康，吴新智，张振标：《人体骨骼测量手册》，科学出版社，1984年。
b. 邵象清：《人体测量手册》，上海辞书出版社，1985年。

[12] a. 张银运：《人类头骨非连续性形态特征述评》，《人类学学报》1993年4期，394～397页。
b. Dodo Y. A population study of the jugjuar foramen bridging of the human cranium. Am. J. phys. Anthropol.，1986，69：15～19.
c. Dodo Y， Ishida H. Population history of Japan as viewed from cranial nonmetric variation. Anthrop. Soc. Nippon，1990，98（3）：269～287.
d. Hauser Vienna G, De Stefano Rome G F. Epigenetic Variants of the Human Skull，Schweizerbart .Stuttgart，printed in Germany，1989.

[13] Torgersen J H. Hereditary factors in the sutural pattern of the skull. Acta Radiol. 1951，36：374～382.

[14] Sjøvold. A report on the heritability of some cranial measurements and non-metric trait.-in：van vark，G. N. &Howells，W. W.（Eds.）：Multivariate Statistics in physical anthropology：223～246，D. Reidel，Dordrecht，The Netherlands.

[15] Pritchard J J，Scott J H，Girgis F G. The structure and development of cranial and facial sutures. J. Anat. 1956，90：873～886.

[16] 张桦：《中国北方古代居民颅骨非测量形状研究》，吉林大学硕士学位论文，2006年。

[17] 李法军：《河北阳原姜家梁新石器时代遗址头骨非测量性状的观察与研究》，《人类学报》2003年3期；李法军：《河北阳原姜家梁新石器时代人骨研究》，科学出版社，2004年。

[18] 王令红：《华北人头骨非测量性状的观察》，《人类学学报》1988年1期。

[19] 王令红，孙凤喈：《太原地区现代人头骨的测量》，《人类学学报》1988年3期。

[20] 张敬雷：《青海省西宁市陶家寨汉晋时期墓地人骨研究》，吉林大学博士学位论文，2008年。

[21] Ishida H，Dodo Y. Differentiation of the northern mongoloid：The evidence of cranial nonmetric traits. In Japan in the World IV：Japanese as a Member of the Asian and Pacific Populations（Hanihara K. ed.），In ternational Research Center for Japanese Studies Press，Kyoto. 1992：79～94.

[22][23][26][27][29][30][31][32] a. Ishida H，Dodo Y. Cranial morphology of the Siberians and East Asians. In prehistoric Mongoloid Dispersals （Akazawa T. and Szathmary E. J. E. ed），Oxford Univ. Press，Oxford，1995：113～124.

b. Ishida H. Nometric cranial variation of northeast Asians and their population affinities. Anthropol. Sci., 1995, 103（4）：385 ~ 440.

[24] [25]　a.Ishida H. Populational affinities of the Peruvian with Siberians and North Americans：A nonmetric cranial approach. Anthropol. Sci. 1993, 101：47 ~ 63.

b. Dodo Y. Non-metrical cranial traits in the Hokkaido Ainu and the Northern Japanese of recent times. Anthrop. Soc Nippon, 1974, 82（1）：31 ~ 51.

c. Ishida H, Kida M. An anthropological investigation of the Sakhalin Ainu with special reference to nonmetric cranial traits. Anthrop. Soc Nippon, 1991, 99（1）：23 ~ 32.

d. Dodo Y, Doi N, Kondo O. Ainu and Ryukyuan cranial nonmetric variation：evidence which disputes the Ainu-Ryukyuan common origin theory. Anthrop. Soc Nippon, 1998, 106（2）：99 ~ 120.

[28]　Hanihara T, Ishida H, Dodo Y. Characterization of biological diversity through analysis of discrete cranial traits. American Journal of Physical Anthropology, 2003, 121：241 ~ 251.

[33]　Berry A C, Berry R J. Epigenetic variation in the human cranium. Journal of Anatomy, 1967, 101：361 ~ 379.

第四章　颅骨测量性状的研究

第一节　颅骨测量数据统计及形态特征分析

在全部鉴定的426例标本中，性别明确者404例，其中鉴定男性标本214例，女性标本190例。因为个体保存完整程度不同，在每项测量项目上所能够测量的个体不尽相同。男性实际用于统计测量值的个体88例，女性个体67例。

对男、女两性155例颅骨标本的主要颅面部线性、指数和角度值等测量性特征进行统计分析，各项的平均值、例数、最大值、最小值及标准差详见表4.1和表4.2，主要颅面部测量性特征及出现率详见表4.3。男、女两性成年个体测量值分别列于附表二和附表三。

表4.1　喇嘛洞三燕文化居民男性颅骨测量值及指数

马丁号	测量项目	平均值	例数	最大值	最小值	标准差	变异系数
1	颅骨最大长（g-op）	177.94	55	194.00	161.50	6.86	3.85
8	颅骨最大宽（eu-eu）	144.43	58	162.00	134.50	5.49	3.80
17	颅高（b-ba）	136.30	50	147.30	122.00	4.91	3.61
21	耳上颅高	116.51	51	125.00	105.50	4.50	3.87
9	最小额宽（ft-ft）	92.53	70	105.20	77.30	4.92	5.32
7	枕大孔长（enba-o）	36.57	48	41.70	31.60	2.28	6.22
16	枕大孔宽	29.54	49	36.40	25.20	2.42	8.18
23	颅周长（g-po-g）	525.70	40	623.00	475	32.60	6.20
24	颅横弧（po-b-po）	315.72	60	412.00	293	16.35	5.18
25	颅矢状弧（n-o）	364.84	47	391.00	342.00	11.64	3.19
26	额骨矢状弧（n-b）	125.90	72	148.00	112.00	6.65	5.29
27	顶骨矢状弧（b-l）	121.75	69	146.00	102.00	8.72	7.16
28	枕骨矢状弧（l-o）	118.75	59	148.00	97.00	9.30	7.83
29	额骨矢状弦（n-b）	113.24	73	128.70	103.00	5.27	4.65

续表

马丁号	测量项目	平均值	例数	最大值	最小值	标准差	变异系数
30	顶骨矢状弦（b-l）	109.17	71	124.40	94.40	6.42	5.88
31	枕骨矢状弦（l-o）	99.34	59	116.20	84.40	6.53	6.57
5	颅基底长（n-enba）	100.24	41	115.50	90.70	4.99	4.98
40	面基底长（pr-enba）	95.65	42	104.00	85.30	3.95	4.13
48	上面高（n-pr）	71.57	66	84.80	62.10	4.28	5.98
	上面高（n-sd）	75.15	64	87.00	65.70	4.34	5.78
47	全面高（n-gn）	120.06	37	132.50	105.30	6.40	5.33
45	面宽或颧点间宽（zy-zy）	136.96	27	150.00	125.70	4.54	3.32
46	中面宽（zm-zm）	101.52	54	111.00	90.00	5.10	5.03
50	前眶间宽（mf-mf）	17.39	58	27.70	12.00	2.48	14.29
51	眶宽（mf-ec）L	43.46	53	48.60	38.10	2.20	5.07
	眶宽（mf-ec）R	44.02	56	52.70	39.60	2.28	5.18
51a	眶宽（d-ec）L	39.60	41	45.10	36.20	1.87	4.73
	眶宽（d-ec）R	39.90	47	45.10	37.00	1.88	4.72
52	眶高 L	33.57	52	39.20	29.40	1.96	5.84
	眶高 R	33.80	53	38.60	29.30	1.99	5.89
MH	颧骨高（fmo-zm）L	45.69	59	53.70	37.30	2.90	6.34
	颧骨高（fmo-zm）R	45.55	59	52.00	38.70	3.01	6.61
MB	颧骨宽（zm-rim.Orb.）L	26.34	64	33.50	19.60	2.72	10.33
	颧骨宽（zm-rim.Orb.）R	26.37	60	32.50	21.00	2.71	10.26
54	鼻宽	26.71	67	31.50	23.20	1.69	6.31
55	鼻高（n-ns）	54.15	69	64.10	47.80	3.38	6.25
SC	鼻骨最小宽	6.83	56	10.20	2.50	1.75	25.67
SS	鼻骨最小高	2.53	53	4.60	0.6	0.88	34.91
60	上颌齿槽弓长（pr-alv）	50.87	60	59.70	42.70	3.46	6.81
61	上颌齿槽弓宽（ecm-ecm）	64.16	68	74.00	51.40	4.15	6.46
62	腭长（ol-sta）	45.11	53	58.00	38.30	3.48	7.71
63	腭宽（enm-enm）	41.83	71	50.50	36.30	3.07	7.34
11	耳点间宽（au-au）	130.80	73	151.80	116.80	6.14	4.69
FC	两眶内宽（fmo-fmo）	98.12	62	108.40	89.50	3.85	3.93

续表

马丁号	测量项目	平均值	例数	最大值	最小值	标准差	变异系数
FS	鼻根点至两眶内宽矢高	16.35	57	23.00	11.70	2.47	15.13
DC	眶间宽（d-d）	21.43	44	27.00	16.60	2.14	10.00
32 Ⅰ	额侧角Ⅰ（∠ n-m FH）	83.11	51	91.00	76.00	3.69	4.44
32 Ⅱ	额侧角Ⅱ（∠ g-m FH）	77.16	51	87.00	70.00	4.15	5.37
	前囟角Ⅰ（∠ g-b FH）	46.75	51	57.50	40.00	3.31	7.08
72	总面角（∠ n-pr FH）	85.83	51	93.00	78.00	3.55	4.14
73	中面角（∠ n-ns FH）	88.73	49	96.00	74.00	4.29	4.84
74	齿槽面角（∠ ns-pr FH）	74.90	50	87.50	62.00	6.10	8.14
75	鼻梁侧角（∠ n-rhi FH）	67.31	35	78.00	57.50	5.11	7.60
	鼻梁角（∠ 72-75）	18.73	35	29.00	11.50	4.70	25.11
77	鼻颧角（∠ fmo-n-fmo）	143.77	57	153.00	135.00	4.47	3.11
SSA	颧上颌角（∠ zm-ss-zm）	127.44	50	141.00	108.00	5.71	4.48
A ∠	面三角Ⅰ（∠ n-pr-ba）	73.11	34	88.50	61.00	5.63	7.70
N ∠	面三角Ⅱ（∠ pr-n-ba）	64.46	34	74.00	42.00	5.95	9.23
B ∠	面三角Ⅲ（∠ n-ba-pr）	43.82	34	63.00	38.50	4.22	9.62
	∠ pr-n and rhi	18.85	34	29.00	11.50	4.70	24.93
8 : 1	颅长宽指数	80.96	43	88.78	70.36	4.20	5.19
17 : 1	颅长高指数	77.28	39	87.80	68.54	4.01	5.19
17 : 8	颅宽高指数	94.42	42	103.50	84.31	4.26	4.51
9 : 8	额顶宽指数	63.49	51	70.07	54.06	3.59	5.66
16 : 7	枕骨大孔指数	81.03	44	98.75	69.23	6.45	7.96
40 : 5	面突指数	95.97	39	104.76	85.34	4.71	4.91
48 : 17	垂直颅面指数 pr	52.14	45	58.70	44.76	2.89	5.54
	垂直颅面指数 sd	54.58	44	61.81	47.62	3.01	5.51
48 : 45	上面指数（K） pr	52.18	26	58.48	47.12	2.83	5.43
	上面指数（K） sd	54.76	24	61.59	50.42	3.08	5.63
48 : 46	上面指数（V） pr	70.55	48	84.83	61.80	4.74	6.72
	上面指数（V） sd	73.93	46	87.93	64.86	4.92	6.66
47 : 45	全面指数	87.31	19	95.67	75.76	4.71	5.39
54 : 55	鼻指数	49.09	60	57.48	38.07	3.58	7.29

续表

马丁号	测量项目	平均值	例数	最大值	最小值	标准差	变异系数
52:51	眶指数Ⅰ L	77.23	51	89.30	65.33	5.03	6.51
	眶指数Ⅰ R	76.92	53	88.29	67.20	4.77	6.20
52:51a	眶指数Ⅱ L	84.69	41	95.11	72.06	5.03	5.94
	眶指数Ⅱ R	84.16	47	95.85	73.68	4.78	5.68
54:51	鼻眶指数Ⅰ L	61.29	48	70.59	52.25	4.10	6.69
	鼻眶指数Ⅰ R	60.86	50	71.43	48.39	4.54	7.46
54:51a	鼻眶指数Ⅱ L	67.33	40	77.25	58.24	4.81	7.15
	鼻眶指数Ⅱ R	66.98	44	78.53	57.05	4.63	6.92
SS:SC	鼻根指数	37.05	53	64.18	13.70	10.97	29.62
61:60	上颌齿槽指数	125.35	55	140.05	108.88	7.97	6.36
63:62	腭指数	92.30	50	111.62	68.97	8.41	9.11
45:（1+8）/2	横颅面指数	86.32	26	96.86	78.49	4.32	5.01
17:（1+8）/2	高平均指数	85.48	48	101.08	73.37	5.57	6.52
65	下颌髁突间宽（cdl-cdl）	127.08	41	140.50	116.70	6.08	4.79
66	下颌角间宽（go-go）	106.99	42	119.60	93.20	5.18	4.84
67	颏孔间宽	49.76	72	57.50	43.70	2.65	5.32
68（1）	下颌体最大投影长	110.07	61	125.00	101.20	4.96	4.50
69	下颌联合高（id-gn）	34.26	62	39.60	28.00	3.01	8.79
MBH	下颌体高Ⅰ L	29.81	60	36.20	24.10	2.94	9.87
	下颌体高Ⅰ R	29.70	61	37.70	24.00	2.67	9.00
MBT	下颌体厚Ⅰ L	18.04	62	21.60	13.90	1.75	9.69
	下颌体厚Ⅰ R	18.09	63	22.00	14.00	1.86	10.27
70	下颌枝高 L	53.00	53	65.60	37.20	7.19	13.56
	下颌枝高 R	54.13	60	67.00	39.80	6.58	12.16
71a	下颌枝最小宽 L	33.98	65	41.50	28.10	2.68	7.87
	下颌枝最小宽 R	34.10	67	41.40	28.00	2.55	7.47
79	下颌角	127.06	53	140.00	112.00	6.83	5.37
	颏孔间弧	57.09	72	67.00	49.00	3.42	6.00

表 4.2　喇嘛洞三燕文化居民女性颅骨测量值及指数

马丁号	测量项目	平均值	例数	最大值	最小值	标准差	变异系数
1	颅骨最大长（g-op）	173.24	46	188.00	159.00	6.95	4.01
8	颅骨最大宽（eu-eu）	140.78	54	154.00	130.40	5.09	3.61
17	颅高（b-ba）	131.73	32	143.00	122.50	5.55	4.22
21	耳上颅高	111.66	42	123.00	100.50	4.97	4.45
9	最小额宽（ft-ft）	90.48	52	99	83.50	4.35	4.81
7	枕大孔长（enba-o）	34.98	31	39.70	29.80	2.23	6.37
16	枕大孔宽	29.20	33	34.80	24.30	2.40	8.20
23	颅周长（g-po-g）	512.04	34	596.00	482.00	27.91	5.45
24	颅横弧（po-b-po）	308.69	51	412.00	280.00	23.48	7.61
25	颅矢状弧（n-o）	355.74	39	392.00	310.00	14.26	4.01
26	额骨矢状弧（n-b）	121.12	56	141.00	109.00	6.31	5.21
27	顶骨矢状弧（b-l）	118.95	54	135.00	93.00	8.04	6.76
28	枕骨矢状弧（l-o）	114.64	44	131.00	94.00	7.72	6.74
29	额骨矢状弦（n-b）	108.50	55	122.70	99.80	4.60	4.24
30	顶骨矢状弦（b-l）	107.22	54	121.40	91.00	5.74	5.35
31	枕骨矢状弦（l-o）	96.93	44	112.60	82.60	6.52	6.73
5	颅基底长（n-enba）	95.38	28	108.50	80.00	6.10	6.39
40	面基底长（pr-enba）	92.71	22	100.30	81.60	5.34	5.76
48	上面高（n-pr）	69.92	42	78.70	59.60	3.99	5.70
	上面高（n-sd）	72.69	39	80.00	62.50	3.83	5.28
47	全面高（n-gn）	115.89	38	128.60	94.80	6.33	5.46
45	面宽或颧点间宽（zy-zy）	129.96	20	142.90	105.70	7.60	5.85
46	中面宽（zm-zm）	99.03	41	110.20	91.80	4.20	4.24
50	前眶间宽（mf-mf）	16.47	43	21.10	8.20	2.32	14.09
51	眶宽（mf-ec）L	42.60	39	46.00	39.70	1.48	3.47
	眶宽（mf-ec）R	43.43	44	46.70	40.70	1.43	3.30
51a	眶宽（d-ec）L	38.65	33	42.50	36.20	1.60	4.13
	眶宽（d-ec）R	39.06	35	42.70	36.00	1.42	3.64
52	眶高 L	33.70	39	36.20	29.20	1.55	4.59
	眶高 R	33.72	43	38.30	30.10	1.88	5.57
MH	颧骨高（fmo-zm）L	44.01	42	49.00	39.20	2.43	5.52

续表

马丁号	测量项目	平均值	例数	最大值	最小值	标准差	变异系数
	颧骨高（fmo-zm）R	43.10	42	48.30	38.00	2.29	5.32
MB	颧骨宽（zm-rim.Orb.）L	24.54	43	30.40	20.10	2.24	9.15
	颧骨宽（zm-rim.Orb.）R	23.98	45	29.10	18.20	2.31	9.65
54	鼻宽	25.99	53	34.30	22.50	2.04	7.85
55	鼻高（n-ns）	52.34	50	57.86	46.90	2.50	4.77
SC	鼻骨最小宽	7.64	41	12.00	3.80	1.98	25.95
SS	鼻骨最小高	2.16	41	3.40	1.00	0.65	29.97
60	上颌齿槽弓长（pr-alv）	50.34	42	57.00	42.10	3.42	6.78
61	上颌齿槽弓宽（ecm-ecm）	61.70	45	68.80	52.30	3.31	5.37
62	腭长（ol-sta）	43.62	34	50.30	39.00	2.87	6.57
63	腭宽（enm-enm）	40.13	45	45.40	33.10	2.59	6.45
11	耳点间宽（au-au）	127.29	50	138.20	117.50	4.37	3.44
FC	两眶内宽（fmo-fmo）	95.28	44	102.40	89.70	3.23	3.39
FS	鼻根点至两眶内宽矢高	15.61	42	23.50	11.50	2.52	16.12
DC	眶间宽（d-d）	21.96	33	29.70	16.20	2.77	13.23
32 Ⅰ	额侧角Ⅰ（∠n-m FH）	82.91	41	89.5	75.0	3.62	4.36
32 Ⅱ	额侧角Ⅱ（∠g-m FH）	78.11	42	86.0	68.0	4.48	5.74
	前囟角Ⅰ（∠g-b FH）	45.60	42	55.0	40.0	2.87	6.29
72	总面角（∠n-pr FH）	85.17	35	90.50	77.0	3.25	3.82
73	中面角（∠n-ns FH）	88.28	41	94.00	82.0	3.19	3.61
74	齿槽面角（∠ns-pr FH）	75.29	36	85.00	61.0	4.94	6.56
75	鼻梁侧角（∠n-rhi FH）	69.52	28	77.5	62.0	4.57	6.58
	鼻梁角（∠72-75）	15.40	26	22.0	6.50	4.09	26.55
77	鼻颧角（∠fmo-n-fmo）	144.46	41	153.0	130.00	4.59	3.18
SSA	颧上颌角（∠zm-ss-zm）	127.84	37	141.5	111.0	6.90	5.40
A∠	面三角Ⅰ（∠n-pr-ba）	72.01	21	88.5	61.5	5.80	8.06
N∠	面三角Ⅱ（∠pr-n-ba）	64.70	21	74.5	48.0	5.64	8.72
B∠	面三角Ⅲ（∠n-ba-pr）	43.76	21	50.0	38.5	2.46	5.62
	∠pr-n and rhi	15.58	25	22.0	7.5	4.03	25.84
8:1	颅长宽指数	81.06	21	90.43	73.16	4.17	5.15
17:1	颅长高指数	75.77	18	80.00	69.76	2.83	3.73
17:8	颅宽高指数	94.32	18	98.94	88.89	3.30	3.50

续表

马丁号	测量项目	平均值	例数	最大值	最小值	标准差	变异系数
9:8	额顶宽指数	65.10	30	71.03	58.02	3.42	5.25
16:7	枕骨大孔指数	82.16	16	95.21	72.67	5.82	7.09
40:5	面突指数	95.33	13	107.74	89.19	5.73	6.01
48:17	垂直颅面指数 pr	53.12	16	58.08	46.20	3.68	6.93
	垂直颅面指数 sd	55.22	17	60.28	48.45	3.50	6.34
48:45	上面指数（K）pr	52.78	6	57.63	44.91	4.90	9.28
	上面指数（K）sd	55.48	7	59.81	47.10	4.73	8.52
48:46	上面指数（V）pr	71.37	20	79.83	61.19	4.34	6.08
	上面指数（V）sd	74.37	21	82.85	64.17	4.55	6.12
47:45	全面指数	83.13	5	91.24	71.44	7.90	9.50
54:55	鼻指数	50.26	37	59.28	43.80	3.98	7.91
52:51	眶指数Ⅰ L	79.61	28	87.86	70.87	3.73	4.69
	眶指数Ⅰ R	78.00	27	90.76	70.72	4.28	5.48
52:51a	眶指数Ⅱ L	86.95	19	96.19	75.65	4.67	5.37
	眶指数Ⅱ R	86.41	21	96.96	77.92	4.98	5.76
54:51	鼻眶指数Ⅰ L	62.06	25	77.43	52.08	5.36	8.63
	鼻眶指数Ⅰ R	61.74	25	77.43	51.21	5.02	8.13
54:51a	鼻眶指数Ⅱ L	69.39	19	86.40	60.30	6.03	8.68
	鼻眶指数Ⅱ R	69.12	19	89.79	60.00	6.18	8.95
SS:SC	鼻根指数	29.10	28	47.37	11.36	8.55	29.39
61:60	上颌齿槽指数	120.63	26	133.47	103.40	7.34	6.10
63:62	腭指数	90.48	18	99.28	75.35	6.09	6.73
45:（1+8）/2	横颅面指数	83.40	6	85.61	79.22	2.30	2.76
17:（1+8）/2	高平均指数	84.60	22	96.64	78.70	3.66	4.32
65	下颌髁突间宽（cdl-cdl）	119.98	32	130.20	110.60	5.11	4.26
66	下颌角间宽（go-go）	99.95	34	111.40	86.90	5.83	5.84
67	颏孔间宽	48.47	58	55.30	42.00	2.54	5.23
68（1）	下颌体最大投影长	107.78	46	118.50	98.50	4.79	4.44
69	下颌联合高（id-gn）	32.21	49	39.50	27.00	2.94	9.13
MBH	下颌体高Ⅰ L	28.63	42	34.80	21.40	2.57	8.98
	下颌体高Ⅰ R	28.65	44	34.90	22.70	2.41	8.41
MBT	下颌体厚Ⅰ L	16.26	44	20.50	10.10	2.27	13.99

续表

马丁号	测量项目	平均值	例数	最大值	最小值	标准差	变异系数
	下颌体厚Ⅰ R	16.33	47	20.00	10.20	1.90	11.67
70	下颌枝高 L	50.14	36	62.20	38.80	5.77	11.51
	下颌枝高 R	49.88	43	60.30	38.50	5.53	11.08
71a	下颌枝最小宽 L	32.67	47	38.20	27.00	2.61	8.00
	下颌枝最小宽 R	32.47	53	38.80	27.00	2.83	8.70
79	下颌角	128.76	44	141.50	112.50	6.58	5.11
	颏孔间弧	56.63	57	65.50	49.00	3.08	5.45

表 4.3　喇嘛洞三燕文化居民主要颅面部测量性特征出现率统计表

项目	性别	例数	形态类型及出现率				
颅长宽指数（8:1）			长 颅 型	中 颅 型	圆 颅 型	特圆颅型	超圆颅型
	♂	43	4（9.30）	14（32.56）	18（41.86）	7（16.28）	0（0.00）
	♀	21	1（4.76）	9（42.86）	8（38.10）	2（9.52）	1（4.76）
颅长高指数（17:1）			低 颅 型	正 颅 型	高 颅 型		
	♂	39	1（2.56）	9（23.08）	29（74.36）		
	♀	18	1（5.56）	7（38.89）	10（55.56）		
颅宽高指数（17:8）			阔 颅 型	中 颅 型	狭 颅 型		
	♂	42	13（30.95）	18（42.86）	11（26.19）		
	♀	18	5（27.78）	10（55.56）	3（16.67）		
额顶宽指数（9:8）			狭 额 型	中 额 型	阔 额 型		
	♂	51	35（68.63）	12（23.53）	4（7.84）		
	♀	30	17（56.67）	11（36.67）	2（6.67）		
全面指数（47:45）			特阔面型	阔 面 型	中 面 型	狭 面 型	特狭面型
	♂	19	1（5.26）	5（26.32）	8（42.11）	4（21.05）	1（5.26）
	♀	5	1（20.00）	2（40.00）	1（20.00）	1（20.00）	0（0.00）
上面指数 pr（48:45）			特阔上面型	阔上面型	中上面型	狭上面型	
	♂	25	0（0.00）	5（20.00）	16（64.00）	4（16.00）	
	♀	6	1（16.67）	1（16.67）	1（16.67）	3（50.00）	
鼻指数（54:55）			狭 鼻 型	中 鼻 型	阔 鼻 型	特阔鼻型	
	♂	60	15（25.00）	28（46.67）	17（28.33）	0（0.00）	
	♀	37	10（27.03）	8（21.62）	17（45.95）	2（5.41）	

续表

项目	性别	例数	形态类型及出现率				
眶指数 R（52∶51）			低 眶 型	中 眶 型	高 眶 型		
	♂	53	24（45.28）	26（49.06）	3（5.66）		
	♀	27	9（33.33）	17（62.96）	1（3.70）		
腭指数（63∶62）			狭 腭 型	中 腭 型	阔 腭 型		
	♂	50	3（6.00）	6（12.00）	41（82.00）		
	♀	18	1（5.56）	4（22.22）	13（72.22）		
面突指数（40∶5）			正 颌 型	中 颌 型	突 颌 型		
	♂	39	25（64.10）	12（30.77）	2（5.13）		
	♀	13	9（69.23）	3（23.08）	1（7.69）		
上颌齿槽指数（60∶61）			长 颌 型	中 颌 型	短 颌 型		
	♂	55	1（1.82）	3（5.45）	51（92.73）		
	♀	26	3（11.54）	1（3.85）	22（84.62）		
总面角（72）			突 颌 型	中 颌 型	平 颌 型	特平颌型	
	♂	51	1（1.96）	20（39.22）	29（56.86）	1（1.96）	
	♀	35	1（2.86）	13（37.14）	21（60.00）	0（0.00）	
中面角（73）			突 颌 型	中 颌 型	平 颌 型		
	♂	49	1（2.04）	7（14.29）	41（83.67）		
	♀	41	0（0.00）	6（14.63）	35（85.37）		
齿槽面角（74）			特突颌型	突 颌 型	中 颌 型	平 颌 型	
	♂	50	7（14.00）	32（64.00）	8（16.00）	3（6.00）	
	♀	36	4（11.11）	25（69.44）	6（16.67）	1（2.78）	

测量性形态特征的观测依据《人体测量方法》[1]、《人体测量手册》[2]及《体质人类学》[3]中关于指数和面角的相关描述。

依据男女两性成年个体测量表中的主要颅面部指数和角度（详见附表二、三），归纳出喇嘛洞三燕文化居民颅面部的测量性特征，将其形态类型分布以及各形态类型的出现率详细列于表 4.3。

据表 4.3 归纳喇嘛洞三燕文化居民颅骨角度和指数的形态类型分布，显示喇嘛洞三燕文化居民具有如下特征。

男性平均颅指数为 80.96，女性平均颅指数为 81.06，均显示为圆颅型；能够观测的男性颅骨以圆颅型为主，其次为中颅型，在全部女性颅骨中以中颅型占优，其次为圆颅形；女性颅骨标本中发现一例超圆颅型，占 4.76%，男性标本不见超圆颅型标本；特圆颅型和长颅型也占有一定的比例。

男性平均颅长高指数为 77.28，女性平均颅长高指数为 75.77，均为高颅型；以出现率观察,男女两性也是以高颅型为主,其次为正颅型,低颅型所占比例极小。

男性平均颅宽高指数为 94.42，女性平均颅宽高指数为 94.32，同属中颅型；以出现率统计，男女两性均以中颅型为主，其次为阔颅型，狭颅型相比所占比例较小。

额顶宽指数男女两性平均数均显示为狭额型；在出现率上男女两性也是以狭额型为主，其次为中额型，阔额型所占比例较少。

男性全面指数平均数为 87.31，为中面型，女性平均全面指数为 83.13，属阔面型。各种面型的出现率显示男性以中面型为主，阔面型和狭面型占有一定的比例，特阔面型和特狭面型所占比例极小；女性以阔面型为主，其次中面型、狭面型和特阔面型所占比例相同，不见特狭面型。

男性平均上面指数为 52.18，女性平均上面指数为 52.78，均属于中上面型；出现率显示男性以中上面型为主，阔上面型和狭上面型占有一定的比例，不见特阔上面型；女性以狭上面型为主，中上面型、阔上面型和特阔上面型各占 16.67%。

男性平均鼻指数为 49.09，女性平均鼻指数为 50.26，均属于中鼻型。男性以中鼻型为主，其次为阔鼻型，狭鼻型也占相当的比例，不见特阔鼻形；女性以阔鼻型为主，狭鼻型和中鼻型占有较高的比例，特阔鼻型很少。

平均眶指数男性为 76.92，女性为 78.00，均为中眶型。出现率男女两性均以中眶型为主，其次为低眶型，高眶型出现率很少。

腭指数绝大多数集中于阔腭型，仅有少量的中腭型和个别的狭腭型。

面突指数男性平均值为 95.97，女性平均值为 95.33，均属正颌型；出现率也反映了这种情况，男女两性均以正颌型为主，有部分中颌型，突颌型极少。

上颌齿槽指数男性平均数为 125.35，女性平均数为 120.63，均属短颌型；男女两性相较而言男性短颌更为强烈。就两性出现率而言，男性绝大多数为短颌型，很少中颌型，只有极个别的长颌型；女性短颌型占主导地位，有部分长颌型，中颌型所占比例极少。

面角男性平均值为 85.83，女性平均值为 85.17，属于接近平颌型的中颌型。就出现率而言，男性以平颌型和中颌型为主，两者总和超过了 96%，其中平颌者又较中颌型为多，极少特平颌型和突颌型；女性也以平颌型为主，中颌型占有相当的比例，突颌型很少，不见特平颌型。

中面角平均数男性 88.73、女性 88.28，显示均为平颌型。出现率男女两性平颌型者占绝大多数，中颌型者占有部分比例，男性极少突颌型，女性不见突颌型。

齿槽面角男性 74.90，女性 75.29，均属突颌型。出现率显示男女两性都以突颌型为主，部分为中颌型和特突颌型，平颌型者极少。

反映上面部扁平度的鼻颧角变异范围较大，男性鼻颧角平均值为143.77°，其变异范围在135°～153°，其中介于140°～144.9°之间的个体有23例，占40.35%；在145°～148°之间的个体有14例，占24.56%；超过149°的有9例，占15.79%；不足140°的有11例，占19.30%。女性鼻颧角的平均值为144.46°，变异范围在130°～153°，其中介于140°～144.9°之间的个体有17例，占41.46%；在145°～148.9°之间的个体有11例，占26.83%；超过149°的有7例，占17.07%；不足140°的有6例，占14.63%。男女两性从平均值来看，喇嘛洞三燕文化居民面部扁平度属于中等，变异范围较大。

综合喇嘛洞三燕文化居民颅骨的形态特征，可以将其体质特征概括为：颅型方面以圆颅型、高颅型和中颅型相结合，额顶宽指数显示为狭额型；面部特征为中面型和中上面型结合正颌型、中鼻型、中眶型、阔腭型，总面角为接近中颌型的平颌型，中面角反映两性均为平颌型，齿槽部分两性均为突颌型；面部水平方向具有中等的上面部扁平度。

女性个体的绝大多数测量性特征与男性接近，只是在面型方面阔面型与男性有所区别，男女两性相较而言男性短颌更为强烈，面部水平方向男性有更大面部扁平度。

第二节　种系关系讨论和种系纯度检验

考察一组颅骨是同种系（Homogeneous）或是异种系（Heterogeneous），除使用传统形态观察的方法外，还可以借助生物统计学的方法来估计。

较为常用的方法是颅长、颅宽和颅指数变异度的估计方法，即用同种系组的标准差与待测组的标准差进行比较，来估计被测组可能是同种系或异种系。据皮尔逊（Karl Pearson）研究，若颅长和颅宽的标准差均大于6.5，则该组头骨可能是异种系的族群（a heterogeneous ethnic group or population）；若颅骨长度的标准差小于5.5，宽度的标准差小于3.3，则该组头骨可能是同种系的族群（a homogeneous ethnic group or population）[4]。

喇嘛洞三燕文化居民男性颅长的标准差是6.86，颅宽的标准差是5.49，女性颅长的标准差是6.95，颅宽的标准差是5.09。在颅长的标准差方面，男女两性均大于可能是异种系的6.5标准差的界限；男女两性在颅宽标准差上虽然小于6.5，但是却大于同种系可能的3.3，这似乎表明，喇嘛洞三燕文化居民为异种系的可能性很大。

将皮尔逊和莫兰特（G. W. Morant）所举可能为同种系的若干组颅骨与喇嘛

洞三燕文化居民颅骨的颅长、颅宽及颅指数的标准差值列于表 4.4。同时，表中还加入了可能为异种系的殷代祭祀坑组和可能为同种系的殷代中小墓组[5、6]，以进行多方位比较。

表 4.4　喇嘛洞三燕文化组颅长、颅宽和颅指数标准差与其他组的比较

	组别	颅长标准差	颅宽标准差	颅指数标准差
皮尔逊	Ainos 阿伊努组	5.94 (76)	3.90 (76)	
	Bavarians 巴伐利亚组	6.09 (100)	5.85 (100)	
	Parisians 帕里西安组	5.94 (77)	5.21 (77)	
	Naqadas 纳夸达组	5.72 (139)	4.62 (139)	
	English 英国组	6.09 (136)	4.80 (136)	
莫兰特	Egyptians (E) 埃及 E 组	5.73	4.76	2.67
	Naqadas 纳夸达组	6.03	4.60	2.88
	Whitechapel English 维特卡普组	6.17	5.28	2.97
	Moorfields English 莫菲尔德组	5.90	5.31	3.27
	Congo Negroes 刚果尼格鲁组	6.55	5.00	2.88
国内	殷代中小墓组	5.79 (42)	4.44 (39)	2.85
	殷代祭祀坑组	6.20 (139)	5.90 (139)	3.98
	喇嘛洞三燕文化组（男）	6.86 (54)	5.49 (57)	4.20 (42)
	喇嘛洞三燕文化组（女）	6.95 (46)	5.09 (54)	4.17 (21)

从表 4.4 可以看出与喇嘛洞三燕文化居民与皮尔逊推测可能是同种系的 5 个组相比较，男性和女性的颅长标准差均大于皮尔逊 5 个组。颅宽标准差男性除小于巴伐利亚组的 5.85 以外，均大于其他组；与帕里西安组较为接近，相距其他组较远。女性颅宽标准差小于巴伐利亚组和帕里西安组，大于纳夸达组、英国组和阿伊努组。

喇嘛洞三燕文化居民与莫兰特认为可能是同种系的 5 个组相比较，男性与女性的颅长标准差均大于 5 个对比组。颅宽标准差项目上喇嘛洞三燕文化男性居民均大于莫兰特 5 组，只是与莫菲尔德组较为接近；女性标准差小于莫菲尔德组和维特卡普组，稍大于刚果尼格鲁组，与埃及 E 组和纳夸达组相差稍大。男女两性颅指数均大于莫兰特 5 个组，且相差较大。

与殷代中小墓组的比较中，喇嘛洞三燕文化居民男女两性颅骨的颅长标准差、颅宽标准差和颅指数标准差均远大于中小墓组的相应数值。在与殷代祭祀坑组的比较中可以看出，喇嘛洞三燕文化居民在颅长标准差和颅指数标准差上均大于可能是异种系的殷代祭祀坑组，在颅宽标准差项目上小于可能是异种系的殷代祭祀坑组。

依据上述比较可以得出，喇嘛洞三燕文化居民的组内变异属于异种系的可能性更大。这和我们对于喇嘛洞三燕文化的居民组成背景的认识倒是比较符合。

仅用少量测量特征的变异量度去估计种族的同质或异源性是否合理，研究者有不同的看法。因此有的研究者建议用更大量测量项目的平均标准差百分比方法。在本书中我们选择了 19 项绝对值测量和 8 项指数的标准差，用于比较的同种系标准差 σ_0 是 W.W.Howells 利用 15~20 组欧洲民族同种系头骨的各项测量计算获得的[7]。异种系标准差是韩康信等将 D.Black 的“非亚洲组”（即 26 例欧洲人种头骨）、现代华北组（86 例中国华北人头骨）、G.M.Morant 的澳大利亚 A 组（75~162 例头骨）和 M.G.Bonin 的 New Britain（63 例头骨）等 200~237 例不同人骨组成的[8]。殷墟祭祀坑作为一个对比组参与了其中的比较和讨论。具体的比较项目和结果详见表 4.5。

表 4.5　颅骨测量和指数标准差与欧洲同种系标准差百分率的比较

项目＼标准差	喇嘛洞三燕文化组 σ_1	殷墟祭祀坑组 σ_2	异种系 σ_3	同种系 σ_0	σ_1/σ_0	σ_2/σ_0	σ_3/σ_0
颅　长	6.86	6.2	6.15	6.09	112.64	101.81	100.99
颅　宽	5.49	5.9	4.91	5.03	109.15	117.30	97.61
颅　高	4.91	5.38	5.08	5.12	95.90	105.08	99.22
耳上颅高	4.5	4.26	4.11	4.24	106.13	100.47	96.93
最小额宽	4.92	4.9	5	4.32	113.89	113.43	115.74
颅基底长	4.99	5.16	4.27	4.22	118.25	122.27	101.18
面基底长	3.95	6	5.41	4.88	80.94	122.95	110.86
颅 周 长	32.6	13.6	14.95	14.14	230.55	96.18	105.73
颅 横 弧	16.35	9.72	10.78	10.02	163.17	97.01	107.58
颅矢状弧	11.64	12.64	13.23	12.71	91.58	99.45	104.09
面　宽	4.54	5.68	5.45	5.1	89.02	111.37	106.86
上 面 高	4.34	3.74	4.17	4.28	101.40	87.38	97.43
全 面 高	6.4	5.66	5.54	6.33	101.11	89.42	87.52
眶　高	1.99	1.9	1.94	2.01	99.00	94.53	96.52
眶　宽	2.28	1.9	2.34	1.82	125.27	104.40	128.57
鼻　高	3.38	3.12	3.1	3.03	111.55	102.97	102.31
鼻　宽	1.69	1.96	1.9	1.81	93.37	108.29	104.97

续表

项目 \ 标准差	喇嘛洞三燕文化组 σ_1	殷墟祭祀坑组 σ_2	异种系 σ_3	同种系 σ_0	σ_1/σ_0	σ_2/σ_0	σ_3/σ_0
腭　长	3.48	3.04	2.94	2.93	118.77	103.75	100.34
腭　宽	3.07	2.94	2.76	3.19	96.24	92.16	86.52
线性项目平均标准差百分比 →					113.58	103.70	102.68
颅长宽指数	4.2	3.98	3.71	3.22	130.43	123.60	115.22
颅长高指数	4.01	3.12	3.21	3.05	131.48	102.30	105.25
颅宽高指数	4.26	6	5.12	4.61	92.41	130.15	111.06
额顶宽指数	3.59	3.82	3.49	3.23	111.15	118.27	108.05
上面指数	3.08	3.28	3.37	3.3	93.33	99.39	102.12
眶指数	4.77	5.42	4.35	5.33	89.49	101.69	81.61
鼻指数	3.58	4.44	4.45	4.49	79.73	98.89	99.11
腭指数	8.41	8.72	6.89	6.61	127.23	131.92	104.24
指数项目平均标准差百分比 →					106.91	113.28	103.33
全部项目平均标准差百分比 →					111.60	106.53	102.88

具体计算公式为：$\text{平均标准差百分比} = \dfrac{\sum \dfrac{\sigma_n}{\sigma_0} \times 100}{m}$

式中 σ_n 代表被测组各项的标准差，σ_0 代表欧洲同种系的各项标准差。m 代表测量特征的项目数。理论上，被测组的平均标准差百分比值越接近 100，则其同种系的可能性就越大，组别种系越纯正。

从 19 项线性测量平均值标准差和 8 项指数平均值标准差来看，喇嘛洞三燕文化居民共有 16 项大于欧洲同种系居民的标准差，殷墟祭祀坑居民及异种系居民各有 18 项大于欧洲同种系居民的标准差。

从线性项目对比上看，喇嘛洞三燕文化居民与欧洲同种系组的 19 个项目的平均标准差百分比值为 113.58，远大于殷墟祭祀坑组和异种系组与欧洲同种系组的平均标准差的百分比。

从指数项目对比上看，喇嘛洞三燕文化居民与欧洲同种系组的 8 个项目的平均标准差百分比值为 106.91，这比殷墟祭祀坑组与欧洲同种系的平均标准差百分比值小，但是大于异种系组与欧洲同种系组的平均标准差百分比值。

上述对比分析说明，喇嘛洞三燕文化居民有可能是异种系。

为了进一步的检验，本书又使用了平均变异系数的方法，即将标准差转化为平均数的百分率，进行群体间变异度大小的估计。虽然目前还无法用平均变异系数规定同种系和异种系的界值标准，但是利用此种方法可以检验被测组所含特质成分的复杂程度[9]，通过选取的对比组来界定被测标本的相对位置，为被测组的种系纯度研究提供一个参考和补充。对比数据详见表 4.6。

表 4.6　平均变异系数的比较

项目＼标准差	喇嘛洞三燕文化组 σ_1	殷墟祭祀坑组 σ_2	异种系 σ_3
颅　长	3.85	3.41	3.36
颅　宽	3.8	4.16	3.65
颅　高	3.61	3.87	3.78
耳上颅高	3.87	3.65	3.57
最小额宽	5.32	3.54	5.34
颅基底长	4.98	5.08	4.24
面基底长	4.13	6.12	5.4
颅周长	6.2	2.65	2.93
颅横弧	5.18	3.03	3.45
颅矢状弧	3.19	3.38	3.56
面　宽	3.32	4.17	4.09
上面高	5.78	5.17	5.94
全面高	5.33	4.75	4.48
眶　高	5.89	5.76	5.74
眶　宽	5.18	4.6	5.28
鼻　高	6.25	5.9	5.83
鼻　宽	6.31	7.25	7.26
腭　长	7.71	6.82	6.23
腭　宽	7.34	7.06	6.79
线性项目平均变异系数	5.12	4.76	4.79
颅长宽指数	5.19	5.19	5.02
颅长高指数	5.19	4.09	4.34
颅宽高指数	4.51	6	5.11
额顶宽指数	5.66	5.79	5.17
上面指数	5.63	6.16	6.39

续表

项目＼标准差	喇嘛洞三燕文化组 σ_1	殷墟祭祀坑组 σ_2	异种系 σ_3
眶指数	6.2	7.12	5.66
鼻指数	7.29	8.63	9.15
腭指数	9.11	9.29	8.01
指数项目平均变异系数	6.10	6.53	6.11
全部项目平均变异系数	5.41	5.28	5.18

从表中的变异系数来看，喇嘛洞三燕文化居民在线性项目上的平均变异系数大于其他2组。指数项目的平均变异系数稍小于殷墟中小墓组和异种系组。全部项目的平均变异系数大于殷墟祭祀坑组和异种系组。根据平均变异系数所得的结果是，喇嘛洞三燕文化居民似乎具有不同的种系来源的可能性。

综合以上三种方法的分析和比较，我们可以认为喇嘛洞三燕文化居民的种系来源是复杂的，统计分析不小于我们已经确切知道具有不同种系来源的异种系组。尽管如此，由于在前面的颅骨观测研究中还没有发现非蒙古人种的迹象和证据，因此我们认为将喇嘛洞三燕文化居民判断为是在蒙古大人种前提下的一个多源性同种系群体似乎更为恰当。

第三节　小　　结

根据喇嘛洞三燕文化居民颅骨的测量数据和形态特征的出现率，我们可以将其体质特征概括为：长宽颅型方面以圆颅型为主、长高颅型方面以高颅型为主、宽高颅型方面以中颅型为主的颅型特点，前额形态为狭额型；面部特征为中面型和中上面型结合正颌型、中鼻型、中眶型、阔腭型相结合的特点，总面角为接近中颌型的平颌型，中面角反映两性均为平颌型，齿槽部分两性均为突颌型；面部水平方向具有中等的上面部扁平度。

女性个体的绝大多数测量性特征与男性接近，女性只是在颅型方面以中颅型占优，其次为圆颅形，面型方面阔面型与男性有所区别，男女两性相较而言男性短颌更为强烈，面部水平方向女性较男性有更大面部扁平度等，但是这些区别应该是次要的，没有超出大的人种范畴，其共性还是一致的。

根据皮尔逊（Karl Pearson）研究结果我们对比了喇嘛洞三燕文化居民的标准差和其他组的标准差，对比组我们选了皮尔逊的阿伊努组、巴伐利亚组、帕里西安组、纳夸达组和英国组，莫兰特的埃及E组、纳夸达组、维特卡普组、莫菲尔德组和刚果尼格鲁组，殷墟中小墓组及殷墟祭祀坑组，结果显示该组居民的种系来源比较复杂，但基本上还没有超出亚洲蒙古人种的范畴，因此我们认为喇嘛洞三燕文化居民是多源性同种系的一群人。

我们又分别采取计算标准差百分比和平均变异系数的方法来进一步分析喇嘛洞三燕文化居民的种系问题，喇嘛洞三燕文化组似乎应该是一个异种系的组群。但是通过对比数据我们又无法把喇嘛洞三燕文化居民划分为不同的亚组。这倒是很符合喇嘛洞三燕文化的历史背景。

注　　释

[1] 吴汝康，吴新智，张振标：《人体测量方法》，科学出版社，1984年。

[2] 邵象清：《人体测量手册》，上海辞书出版社，1985年，99~110页。

[3] 朱泓：《体质人类学》，高等教育出报社，2004年，120~123页。

[4] Pearson K. Homogeneity and Heterogeneity in collections of crania. Biometrika，1903，Vol. 2，No.3：345 ~ 347.

[5] 韩康信，潘其风：《安阳殷墟中小墓人骨的研究》，《安阳殷墟头骨研究》，文物出版社，1985年，50 ~ 81页。

[6][8] 韩康信，谭婧泽，张帆：《青海大通上孙家寨古墓地人骨的研究》，《中国西北地区古代居民种族研究》，复旦大学出版社，2005年，1~68页。

[7] Howells W W. The earl Christian Irish：The skeletons at Gallen Priory. Proceedings of the Royal Irish Academy，C. No. 3，1941：103~129.

[9] 韩康信，谭婧泽，张帆：《甘肃玉门火烧沟古墓地人骨的研究》，《中国西北地区古代居民种族研究》，复旦大学出版社，2005年，191~251页。

第五章　种族类型的研究

第一节　种族类型的初步分析

一、与现代主要人种支干的比较

在上一章中通过标准差和平均标准差百分比的比较可知喇嘛洞三燕文化居民的指标不小于异种系，判定其应该为多源性同种系的群体。下面我们先比较喇嘛洞三燕文化居民与三大人种的关系。

在比较时我们选择了三大人种中变异重叠较小的 9 项测量项目和 1 项形态特征与喇嘛洞三燕文化居民的相关数据进行比较分析，比较项目主要集中在面颅上最具鉴别东西方人种的一些测量特征，即面宽、上面高、眶高、齿槽面角、鼻颧角、鼻指数、鼻根指数、上颌齿槽指数和垂直颅面指数。对比数据[1]详见表 5.1。

表 5.1　喇嘛洞三燕文化居民与三大人种支干测量特征的比较

No.	项目↓组别→	喇嘛洞三燕文化居民	赤道人种	欧亚人种	亚美人种
54∶55	鼻 指 数	49.09	51 ~ 60	43 ~ 49	43 ~ 53
SS∶SC	鼻根指数	37.05	20 ~ 45	46 ~ 53	31 ~ 49
74	齿槽面角	74.90	61 ~ 72	82 ~ 86	73 ~ 81
77	鼻 颧 角	143.77	140 ~ 142	约 135	145 ~ 149
48	上 面 高 n-sd	75.15	62 ~ 71	66 ~ 74	70 ~ 80
45	面　宽	136.96	121 ~ 138	124 ~ 139	131 ~ 145
52	眶　高 L	33.57	30 ~ 34	33 ~ 34	34 ~ 37
61∶60	上颌齿槽指数	125.35	109 ~ 116	116 ~ 118	115 ~ 126
48∶17	垂直颅面指数	54.58	47 ~ 53	50 ~ 54	50 ~ 60
	犬齿窝	浅	深	深	浅

在全部比较项目上，喇嘛洞三燕文化居民除眶高一项超出亚美人种变异范围外，其余项目均在变异范围内，超出的一项也接近亚美人种的下限。

在与赤道人种相比较时，10 个项目中有 7 项超出了赤道人种的变异范围。

与欧亚人种相比较，8 项超出了欧亚人种的变异范围和程度，尤其在面部扁平等方面与欧亚人种有显著的差别。

为了更加直观地显示这种分析结果，我们绘制了比较图 5.1。

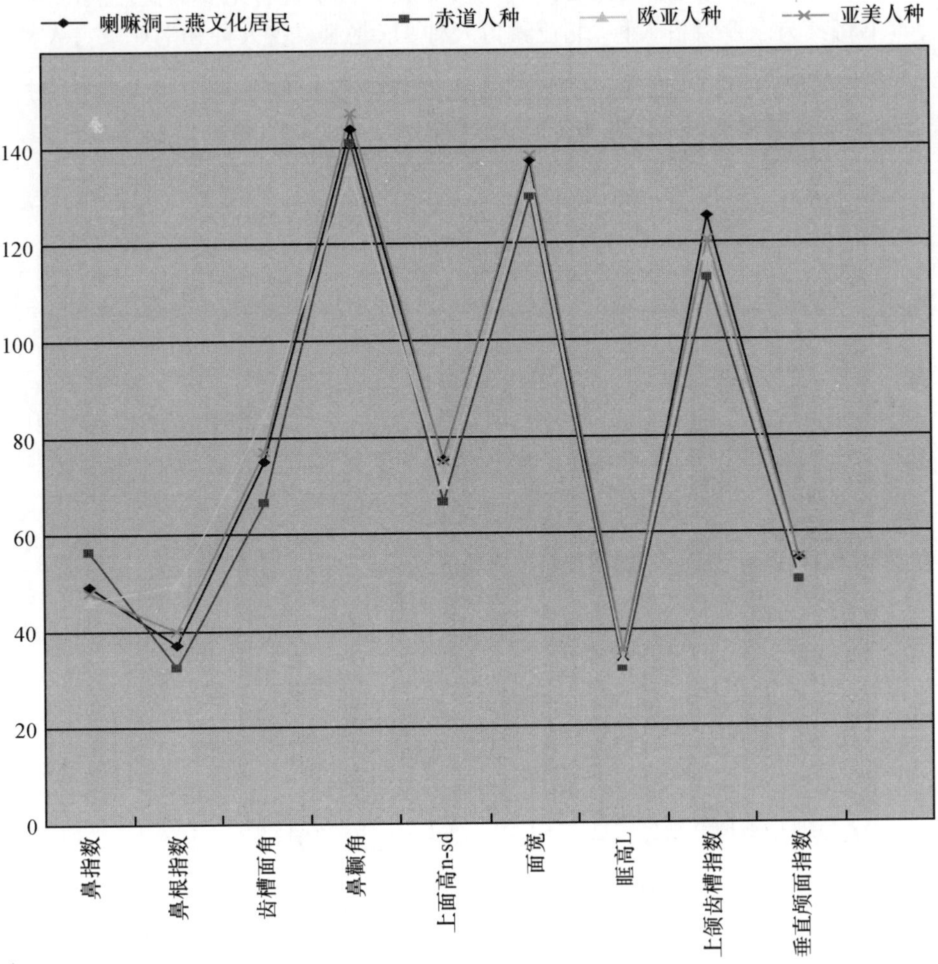

图 5.1　喇嘛洞三燕文化居民与三大人种支干测量特征的比较

在曲线图上我们很清楚地看到喇嘛洞三燕文化居民的曲线与亚美人种的曲线最为接近。

通过比较，我们认为喇嘛洞三燕文化居民应归属亚美人种支干，这个结果与前一章的形态观察结果相吻合。

二、与亚洲蒙古人种及其各区域类型的比较

为了确定喇嘛洞三燕文化居民与现代亚洲蒙古人种各主要分支之间的接近程度，本书将其与东亚蒙古人种、北亚蒙古人种、东北亚蒙古人种和南亚蒙古人种（表

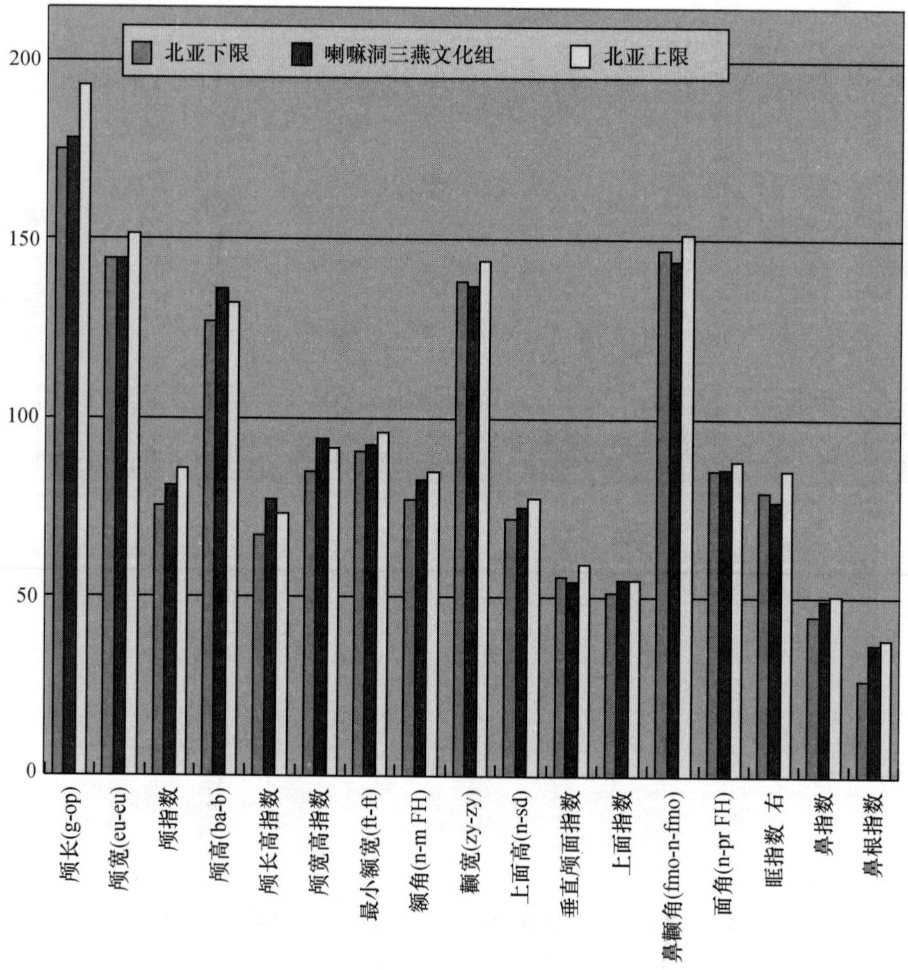

图 5.2　喇嘛洞三燕文化居民与亚洲蒙古人种北亚类型的比较

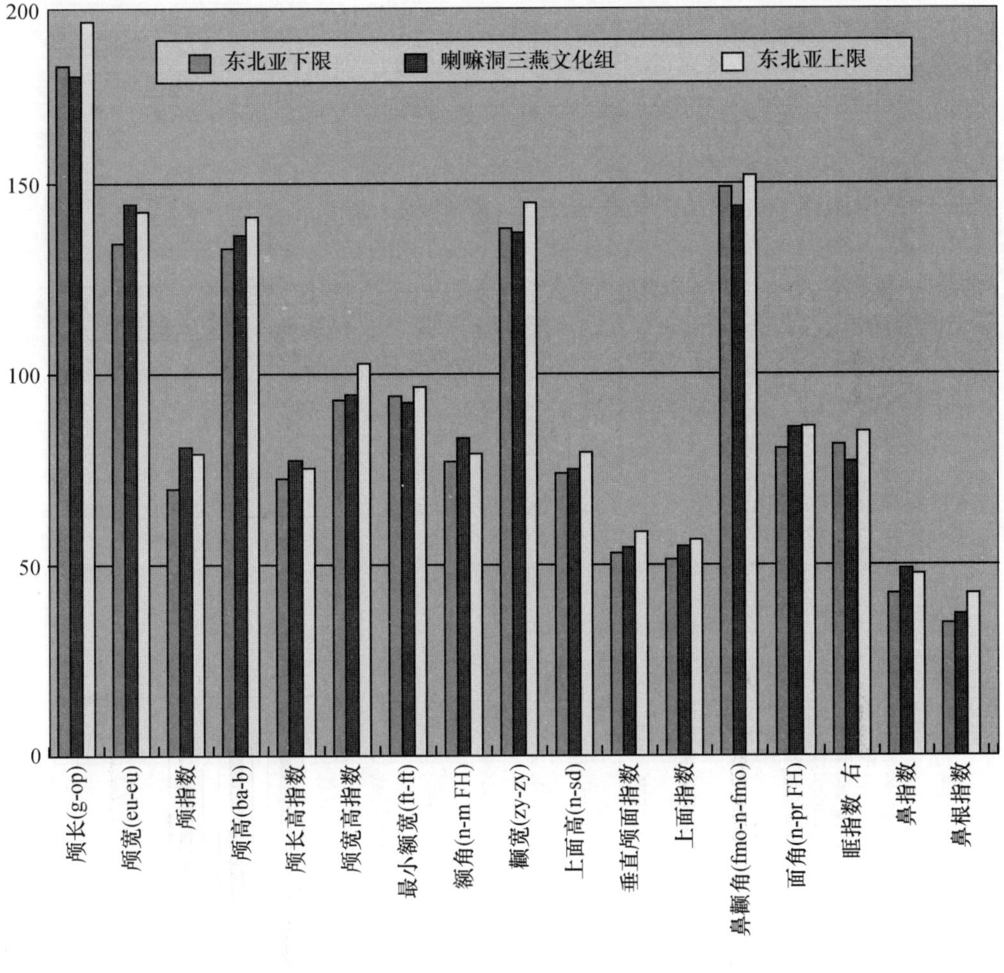

图 5.3　喇嘛洞三燕文化居民与亚洲蒙古人种东北亚类型的比较

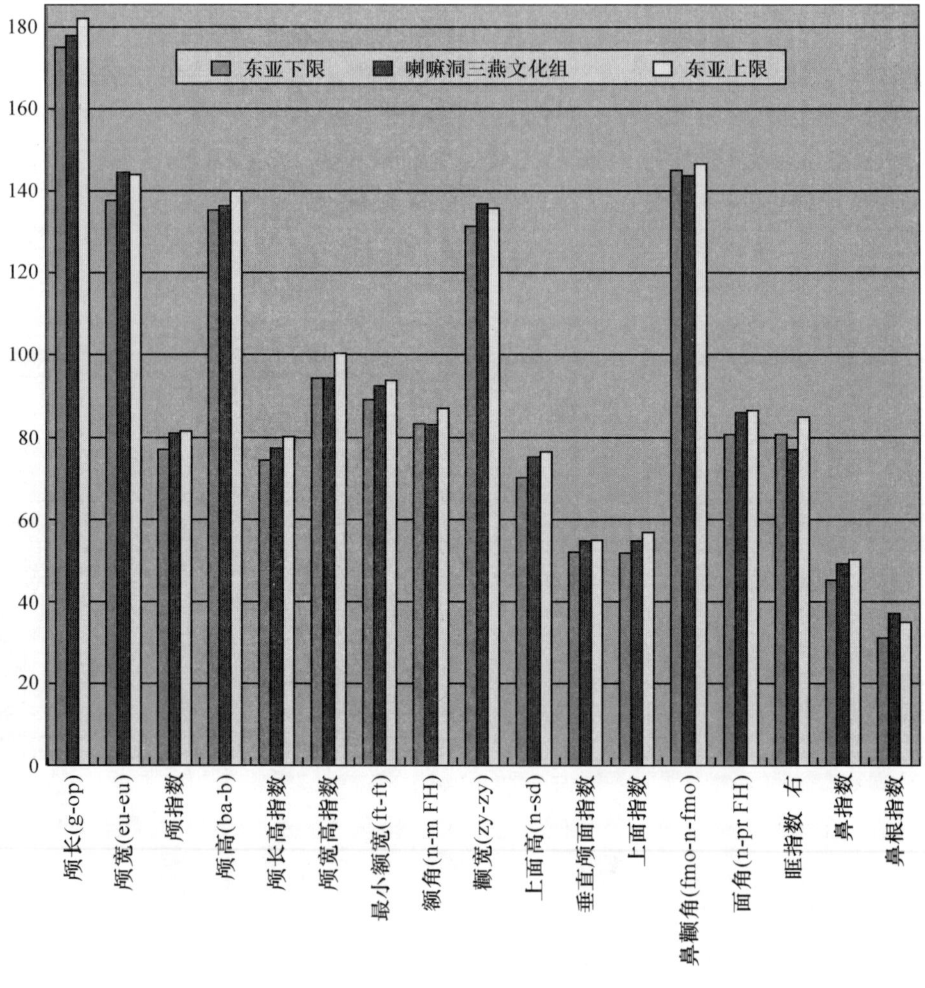

图 5.4　喇嘛洞三燕文化居民与亚洲蒙古人种东亚类型的比较

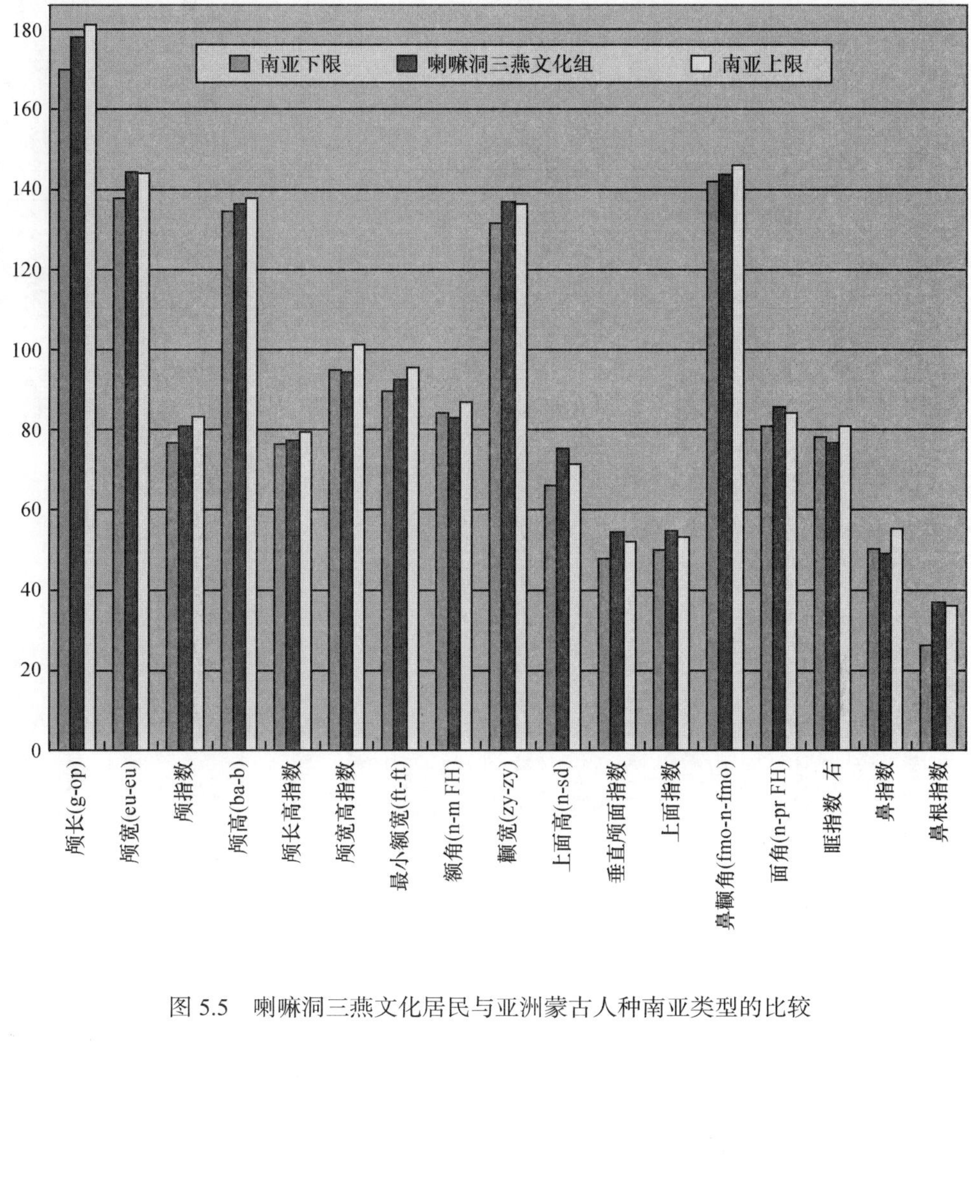

图 5.5　喇嘛洞三燕文化居民与亚洲蒙古人种南亚类型的比较

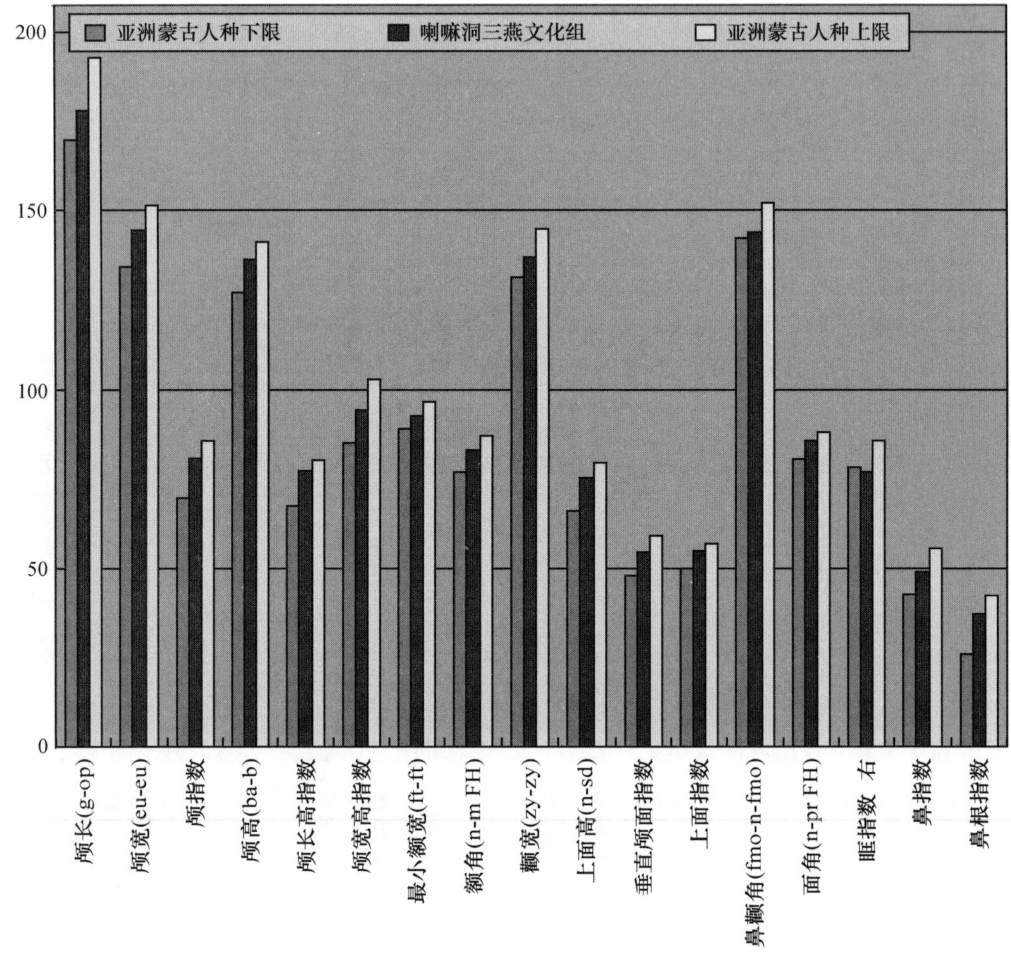

图 5.6　喇嘛洞三燕文化居民与亚洲蒙古人种的比较

表 5.2　喇嘛洞三燕文化居民颅骨与亚洲蒙古人种各类型的比较（男性）（长度：毫米；角度：度；指数：%）

马丁号	项目 \ 组别	喇嘛洞三燕文化居民	亚洲蒙古人种				
			北亚	东北亚	东亚	南亚	变异范围（平均值）
1	颅长（g-op）	177.94（55）	174.9 ~ 192.7	180.7 ~ 192.4	175.0 ~ 182.2	169.9 ~ 181.3	169.9 ~ 192.7
8	颅宽（eu-eu）	144.43（58）	144.4 ~ 151.5	134.3 ~ 142.6	137.6 ~ 143.9	137.9 ~ 143.9	134.3 ~ 151.5
8:1	颅指数	80.96（43）	75.4 ~ 85.9	69.8 ~ 79.0	76.9 ~ 81.5	76.9 ~ 83.3	69.8 ~ 85.9
17	颅高（ba-b）	136.30（50）	127.1 ~ 132.4	132.9 ~ 141.1	135.3 ~ 140.2	134.4 ~ 137.8	127.1 ~ 141.1
17:1	颅长高指数	77.28（39）	67.4 ~ 73.5	72.6 ~ 75.2	74.3 ~ 80.1	76.5 ~ 79.5	67.4 ~ 80.1
17:8	颅宽高指数	94.42（42）	85.2 ~ 91.7	93.3 ~ 102.8	94.4 ~ 100.3	95.0 ~ 101.3	85.2 ~ 102.8
9	最小额宽（ft-ft）	92.53（70）	90.6 ~ 95.8	94.2 ~ 96.6	89.0 ~ 93.7	89.7 ~ 95.4	89.0 ~ 96.6
32	额角（n-m FH）	83.11（51）	77.3 ~ 85.1	77.0 ~ 79.0	83.3 ~ 86.9	84.2 ~ 87.0	77.0 ~ 87.0
45	颧宽（zy-zy）	136.96（27）	138.2 ~ 144.0	137.9 ~ 144.8	131.3 ~ 136.0	131.5 ~ 136.3	131.3 ~ 144.8
48	上面高（n-sd）	75.15（64）	72.1 ~ 77.6	74.0 ~ 79.4	70.2 ~ 76.6	66.1 ~ 71.5	66.1 ~ 79.4
48:17	垂直颅面指数	54.58（44）	55.8 ~ 59.2	53.0 ~ 58.4	52.0 ~ 54.9	48.0 ~ 52.2	48.0 ~ 59.2
48:45	上面指数	54.76（24）	51.4 ~ 55.0	51.3 ~ 56.6	51.7 ~ 56.8	49.9 ~ 53.3	49.9 ~ 56.8
77	鼻颧角（fmo-n-fmo）	143.77（57）	147.0 ~ 151.4	149.0 ~ 152.0	145.0 ~ 146.6	142.1 ~ 146.0	142.1 ~ 152.0
72	面角（n-pr FH）	85.83（51）	85.3 ~ 88.1	80.5 ~ 86.3	80.6 ~ 86.5	81.1 ~ 84.2	80.5 ~ 88.1
52:51	眶指数 右	76.92（53）	79.3 ~ 85.7	81.4 ~ 84.9	80.7 ~ 85.0	78.2 ~ 81.0	78.2 ~ 85.7
54:55	鼻指数	49.09（60）	45.0 ~ 50.7	42.6 ~ 47.6	45.2 ~ 50.2	50.3 ~ 55.5	42.6 ~ 55.5
Ss:sc	鼻根指数	37.05（53）	26.9 ~ 38.5	34.7 ~ 42.5	31.0 ~ 35.0	26.1 ~ 36.1	26.1 ~ 42.5

5.2），在颅长、颅宽、颅高、颅指数、颅长高指数、颅宽高指数、最小额宽、额角、颧宽、上面高、垂直颅面指数、上面指数、鼻颧角、面角、眶指数、鼻指数和鼻根指数等 17 项颅骨测量和指数的平均值上相比较（图 5.2 ~ 图 5.6）。数据参见潘其风等[2]。

与北亚蒙古人种相比较，喇嘛洞三燕文化居民的颅长、颅宽、颅指数、最小额宽、额角、上面高、上面指数、面角、鼻指数和鼻根指数 10 个项目上落入北亚蒙古人种变异范围；与东北亚蒙古人种相比较，在颅高、颅宽高指数、上面高、垂直颅面指数、上面指数、面角和鼻根指数 7 个项目上落入东北亚蒙古人种变异范围；与东亚蒙古人种相比较，在颅长、颅高、颅指数、颅长高指数、颅宽高指数、最小额宽、上面高、垂直颅面指数、上面指数、面角、鼻指数和鼻根指数 12 个项

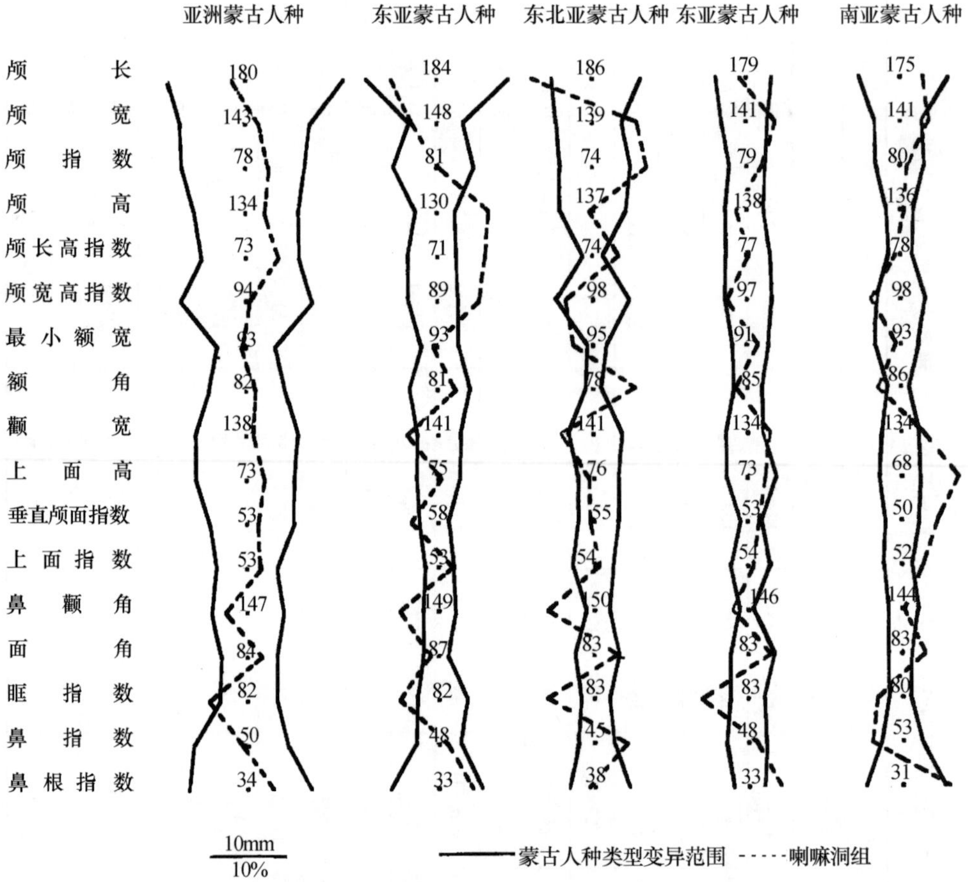

图 5.7　喇嘛洞三燕文化居民各比较项目平均值折线图

目上落入东亚蒙古人种变异范围；与南亚蒙古人种相比较，在颅长、颅高、颅指数、颅长高指数、最小额宽和鼻颧角 6 项落入南亚蒙古人种变异范围之内（图 5.7）。

在全部的比较项目上，喇嘛洞三燕文化居民的眶指数和颧宽都超出了蒙古人种 4 个亚型的变异范围。其中颧宽一项在蒙古人种变异范围之内，只是与东亚、南亚蒙古人种相比较，喇嘛洞三燕文化居民显得面部稍宽，但是又低于北亚和东北亚蒙古人种，均值正好处于两者之间。眶指数已经超出亚洲蒙古人种的变异范围，这种低眶倾向在我国柳江人就已经有所发现，也许是一种延续。

单纯从落入变异范围的比较项目数量来看，喇嘛洞三燕文化的居民应该与东亚蒙古人种的关系更为密切，其次为北亚蒙古人种，而与东北亚和南亚蒙古人种有着较远的距离。仔细分析，喇嘛洞三燕文化居民比东亚蒙古人种具有更大的颅宽和面宽，前额更加倾斜，与北亚蒙古人种较宽的颅形和面形及倾斜的前额很相符合；但是与北亚蒙古人种的低颅、宽面和较大的面部扁平度又有非常明显的区别，尤其喇嘛洞三燕文化居民的高颅特征更接近东亚和东北亚蒙古人种；在面部扁平程度上，喇嘛洞三燕文化居民又与南亚蒙古人种可相比较。这种现象再一次提醒我们喇嘛洞三燕文化居民的种系来源的复杂性。

结合东北地区古代居民的体质特征考察，在这里早期曾经生活着“古东北类型”、“古华北类型”和“古中原类型”[3] 3 种体质类型的居民。这几种类型居民的体质特征似乎在喇嘛洞三燕文化居民身上都能够看到影子。在喇嘛洞三燕文化居民之中我们甚至可以看到与“古蒙古高原类型”[4]相似的体质特征。

比如，98BLⅢM058（图版一）标本显示颅型为长颅型结合偏低的正颅型和偏低的中颅型，面型为阔面型，中面部为平颌型，面部较宽且扁平；98BLⅢM167（图版二）标本显示为强烈的低颅、阔颅型结合接近阔上面型的中上面型，面部较为扁平。这些体质特征可以与古西伯利亚人种相比较。

98BLⅢM369（图版三）、98BLⅡM051（图版四）的体质特征为圆颅、高颅和阔颅相结合，阔面，中面部为平颌型，面宽较宽且扁平度较大，可以与古东北类型的居民相比较。

98BLⅡM3 的体质特征表现为中颅型、高颅型和狭颅型相结合，狭面型和较窄的面宽，面部垂直方向中等但是水平方向较为突出，似乎又可以和古华北类型相比较。

98BLⅡ253（图版五）圆颅型、正颅型和阔颅型相结合的颅型可以和古蒙古高原类型相比较，但是面形相差较大。

98BLⅢM090（图版六）的体质特征表现为中颅型、高颅型和狭颅型相结合，狭面型和偏窄的面宽，面部扁平度较小，似乎又可以和古中原类型相比较。

就喇嘛洞三燕文化居民的总体特征来看，各种类型的因素都有所表现。总体而言，喇嘛洞三燕文化居民与东亚蒙古人种和北亚蒙古人种较为接近，与东北亚蒙古人种有所区别，与南亚蒙古人种距离较远。

第二节　与亚洲蒙古人种各近代组之间的比较

在将喇嘛洞三燕文化居民与亚洲蒙古人种近代各组居民进行比较时，在12项主要颅面部测量绝对值（颅长、颅宽、颅高、最小额宽、上面高、颧宽、眶宽、眶高、鼻宽、鼻高、面角和鼻颧角）和7项指数项目（颅指数、颅长高指数、颅宽高指数、额宽指数、上面指数、眶指数、鼻指数）上，本书选用了步达生的华北组、岛五郎的朝鲜组、杰别茨的蒙古组、爱斯基摩组和通古斯组以及那乃组6个近代组[5]。各组数据见表5.3。

表5.3　喇嘛洞三燕文化居民颅骨与各近代组颅骨的比较（男性）（长度：毫米；角度：度；指数：%）

马丁号	项目＼组别	喇嘛洞组	华北组（步达生）	朝鲜组（岛五郎）	蒙古组（杰别茨）	爱斯基摩组（杰别茨）	通古斯组（杰别茨）	那乃组	同种系标准差
1	颅长（g-op）	177.99（54）	178.50	175.00	182.20	181.80	185.50	184.6	5.73
8	颅宽（eu-eu）	144.55（57）	138.20	142.40	149.00	140.70	145.70	142.3	4.76
17	颅高（ba-b）	136.46（49）	137.20	140.00	131.40	135.00	126.30	137.8	5.69*
9	最小额宽（ft-ft）	91.6（65）	89.40	92.40	94.30	94.90	90.60	91.4	4.05
48	上面高（n-sd）	75.16（63）	75.30	73.90	78.00	77.50	75.40	78.3	4.15
45	颧宽（zy-zy）	136.96（27）	132.70	—	141.80	137.50	141.60	139.7	4.57
51	眶宽（mf-ek）R	44.02（56）	44.00	43.30	43.20	43.40	43.00	43.37	1.67
52	眶高 R	33.80（53）	35.50	34.90	35.80	35.90	35.00（左）	35.3	1.91
54	鼻宽	26.71（67）	25.00	25.70	27.40	24.40	27.10	27.1	1.77
55	鼻高（n-ns）	54.18（68）	55.30	53.60	56.50	54.60	55.30	55.19	2.92
72	面角（n-pr FH）	85.99（50）	83.39	83.70	87.50	83.80	86.60	85.9	3.24
77	鼻颧角（fmo-n-fmo）	143.77（57）	145.80	—	146.40	—	149.10	147.70	—
8:1	颅指数	81.02（42）	77.56	81.50	82.00	77.60	78.70	77.1	2.67
17:1	颅长高指数	77.38（39）	77.02	80.10	[72.12]	74.26	68.09	74.65	2.94

续表

马丁号	项目＼组别	喇嘛洞组	华北组（步达生）	朝鲜组（岛五郎）	蒙古组（杰别茨）	爱斯基摩组（杰别茨）	通古斯组（杰别茨）	那乃组	同种系标准差
17:8	颅宽高指数	94.45（41）	99.53	98.50	[88.19]	95.95	86.68	96.84	4.30
9:8	额宽指数	63.51（50）	64.49	[64.89]	[63.29]	67.45	62.25	64.23	3.29*
48:45	上面指数	54.76（24）	56.80	—	55.01	56.07	53.25	56	3.30**
52:51	眶指数 R	76.92（53）	80.66	80.80	82.90	83.00	81.50（左）	81.4	5.05
54:55	鼻指数	49.09（60）	45.23	48.20	48.60	44.80	49.40	49.1	3.82

注：1. 方括号内的数值系根据平均数求出的近似值。2. 标有 * 的取用挪威组同种系标准差，标有 ** 取用欧洲同种系标准差，其余选自埃及 E 组同种系标准差。

在颅长项目上，与喇嘛洞三燕文化居民最为接近的是华北组，而最远的是通古斯组，与那乃组也有较大的距离，说明喇嘛洞组的短颅与通古斯和那乃组的差别明显。

在颅宽项目上，喇嘛洞组与通古斯组最为接近，与朝鲜组和那乃组也很相似，相距华北组的窄颅差别较大。

喇嘛洞组的颅高与华北组、那乃组和爱斯基摩组较为接近，明显区别于低颅的蒙古组。

喇嘛洞组的最小额宽与那乃组最为接近；与蒙古组最远。上面高项目上最为接近的是华北组。

颧宽项目上与爱斯基摩组最接近；眶宽项目上最接近的是华北组；眶高与朝鲜组最接近；鼻宽与通古斯组和那乃祖最相似；鼻高项目上与爱斯基摩组和朝鲜组最接近；面部垂直方向上与那乃组距离最近；面部扁平度上最相近的是华北组，而与面部扁平的通古斯组差别明显。

颅型方面在长宽之比上与朝鲜组最接近，均为圆颅型；长高之比与华北组最相近，均为高颅型，明显区别于低颅的通古斯组；颅宽高之比与爱斯基摩组和那乃组最接近，均为中颅型，明显区别于通古斯组和蒙古组的阔颅型。

额宽指数最接近朝鲜组；上面指数最接近蒙古组；偏低的中眶型与华北组和朝鲜组较相近；与那乃组相似的中鼻型明显区别于爱斯基摩组和华北组的狭鼻型。

通过比较，我们发现与喇嘛洞三燕文化居民较为相似的是朝鲜组和那乃组，而与通古斯组差别最大。

为了验证我们的分析，我们采取比较喇嘛洞三燕文化居民与 6 个近代组之间的平均数组间差异均方根的方法来说明它们之间的关系和距离。

平均数组间差异均方根函数：

$$\alpha = \sqrt{\frac{1}{n}\sum_{k=1}^{n}\frac{(x_{ik}-x_{jk})^2}{\delta^2}}$$

该式中，i 和 j 代表颅骨组，k 代表比较项目，n 代表比较项目数，δ 为同种系标准差。按照人种学研究的惯例，借用莫兰特（G. M. Morant）的埃及 E 组的各项标准差，为了增加比较项，还借用了个别挪威组和欧洲同种系标准差。

应用此方法所得的函数值越小，则说明该两对照组之间的关系可能越接近[6]。

在 11 项主要颅面部测量绝对值（颅长、颅宽、颅高、最小额宽、上面高、颧宽、眶宽、眶高、鼻宽、鼻高、面角）和 7 项指数项目（颅指数、颅长高指数、颅宽高指数、额宽指数、上面指数、眶指数、鼻指数）上，喇嘛洞三燕文化男性与各个近代组的比较结果见表 5.4。

表 5.4　喇嘛洞三燕文化组与亚洲蒙古人种各近代组之均方根值比较

项目 \ 组别	华北组	朝鲜组	蒙古组	爱斯基摩组	通古斯组	那乃组
全部项目	0.768	0.557	0.865	0.846	1.112	0.658
角度、指数	0.722	0.442	0.888	0.956	1.903	0.538

不论从全部项目上还是角度和指数项目上，我们均看到与喇嘛洞三燕文化居民在组差均方根方法比较时，最小的数值均出现在朝鲜组和那乃组上，其次是华北组，最大的数值出现在与通古斯组比较上。

在全部项目上和只有角度和指数项目上，蒙古组和爱斯基摩组的位置正好颠倒，这说明在绝对值项目的测量值上，蒙古组的距离较爱斯基摩组差距较大，在角度和指数上面爱斯基摩组又较蒙古组差距更大。

虽然在组差均方根的数字上喇嘛洞组与朝鲜组最小，但这是在朝鲜组缺少颧宽和上面指数两个项目前提下的结果；另外朝鲜组的鼻颧角具体多少我们也不得而知；那乃组也与喇嘛洞三燕文化居民颇为接近，不过那乃组的颇为扁平的面部明显区别于喇嘛洞三燕文化的居民。

我们再使用聚类分析（Cluster Analysis）来比较喇嘛洞三燕文化居民与各近代组之间的关系。

聚类分析又称群分析，它是研究样本或变量分类问题的一种统计分析方法。此方法能够将一批样本或变量根据诸多特征，按照在性质上的亲疏关系在“没有先验知识”的情况下进行自动分类，聚类内部之各组在特征上具有更多的相似性，不同类别的各组之间差异性较大[7]。

所谓“先验知识”是指没有事先指定分类标准，“亲疏关系”是指在各变量取值上的总体差异程度。从统计学的观点看，聚类分析方法就是通过数据建模简化数据的一种方法。

聚类分析方法的基本原理是根据样本或变量之间的相似程度或差异程度，把他们按照关系的远近逐步聚合成为一类，以此来推断各样本或变量之间的相互关系。通常是将所有的样本或变量看成是不同的 n 个类，然后按照某种方法量度样本或变量间的亲缘程度，将其中亲缘程度最近的两类合并成一类，然后在剩下的 $n-1$ 类样本或变量中，再找出最接近的两类加以合并，以此类推，直到所有的样本或变量被合并成一类为止。

本书聚类时，个体间距离的定义选用的是“欧氏距离”（Euclidean distance）的方法；组间距离选用的是“组间平均链锁距离”（Between-groups linkage）的方法。组间平均链锁距离指的是该个体与小类中每个个体距离的平均值。

欧氏距离系数：$D_{ij}=\sqrt{\frac{1}{m}\sum_{k=1}^{m}(x_{ik}-x_{jk})^2}$

该式中，i 和 j 代表颅骨组，k 代表比较项目，m 代表比较项目数。一般来说，运用该公式计算所得函数值越小，则有可能表明该两个对比组之间的关系越近，反之则关系疏远。

表 5.5　喇嘛洞三燕文化居民与亚洲蒙古人种各近代组之欧氏距离值

	1	2	3	4	5	6	7
1	0.000						
2	11.295	0.000					
3	8.856	9.385	0.000				
4	13.970	20.254	19.842	0.000			
5	12.550	9.668	13.260	14.996	0.000		
6	18.466	22.600	25.067	10.215	18.153	0.000	
7	10.650	10.354	13.427	14.607	8.726	17.528	0.000

注：1. 喇嘛洞组；2. 华北组；3. 朝鲜组；4. 蒙古组；5. 爱斯基摩组；6. 通古斯组；7. 那乃组。

依据表 5.5 各组间欧氏距离系数值进行聚类分析统计，将结果绘制成聚类图（图 5.8）。通过聚类图，我们可以清晰地看出喇嘛洞组与蒙古人种各近代组之间的关系。

由图 5.8 可以很清楚地看到，7 个对比组分成了 2 个大类，同属于东北亚蒙古人种的爱斯基摩组和那乃组之间的距离最小，这两组最先聚到一起；喇嘛洞三燕文化居民与属于东亚蒙古人种的朝鲜组之间距离也是最小的，这两个对比组也是先聚在一起；东亚蒙古人种的代表华北组与各组具有一定的距离，单独和爱斯

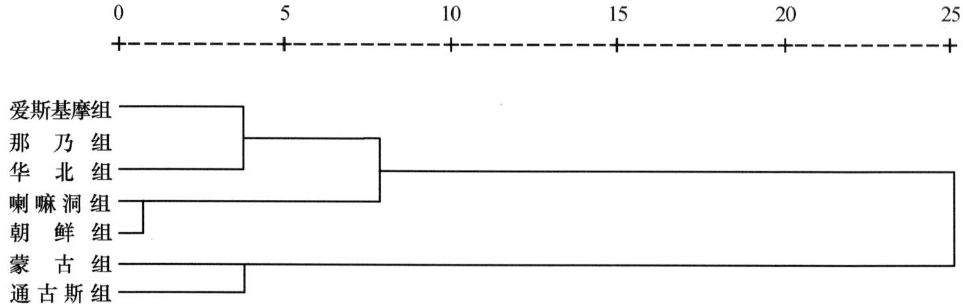

图 5.8　喇嘛洞三燕文化居民与亚洲蒙古人种各近代组之聚类图

基摩与那乃组群先聚类，然后再和喇嘛洞与朝鲜组群相聚；北亚蒙古人种的代表蒙古组和通古斯组首先聚在了一起，再和主体特征为东亚和东北亚的组群相聚。该图客观地反映了我们前面的分析，在另一方面也显示了喇嘛洞三燕文化居民与现代亚洲蒙古人种北亚、东亚和东北亚三个类型的关系。

我们通过喇嘛洞三燕文化居民的体质特征数据与各近代组的特征值进行的比较，和通过计算喇嘛洞组与各对比组平均数组间差异均方根及计算各对比组之间欧氏距离进行聚类分析的结果可以相互印证，同时和喇嘛洞三燕文化居民与亚洲蒙古人种及各不同区域类型主要颅面部特征的比较结果基本吻合。由此可见，喇嘛洞三燕文化居民与现代蒙古人种中的东亚类型、东北亚类型和北亚类型居民具有程度不同的关系和距离，相比之下与现代东亚蒙古人种颇多相似。

第三节　与相关古代居民之间的比较

与古代颅骨组进行比较时，本书选择与喇嘛洞组标本在时间、空间和文化性质上有关的古代颅骨组：靺鞨组、朝阳组、完工组、扎赉诺尔组、南杨家营子组、平洋组、山嘴子组、夏家店上层文化合并组、龙头山组、三道湾组、东大井组、大安渔场组、叭沟组、大同组、新店子组、郑家洼子组、顺山屯组、邢家店组、本溪庙后山组、关马山组、西宁陶家寨组、上孙家寨汉代组、良辅组、鲁中南组和西团山文化合并组相比较。

靺鞨组，材料出自于俄罗斯阿穆尔省的特罗伊茨基墓地，年代在公元一千纪的后半段[8]；共获得成年颅骨 60 个，经 B · П · 阿列克谢耶夫研究，他认为这批靺鞨人面部非常扁平，鼻骨也十分扁平；后经朱泓先生研究认为，靺鞨居民的人类学类型是以西伯利亚人种为主体成分，同时又包括了部分东亚人种因素[9]。

朝阳组的颅骨资料出自于辽宁省朝阳市双塔区和朝阳县十二台乡等处的魏

晋时期墓葬。有关学者认为这些墓葬是东部鲜卑慕容部建国前的遗存，年代上限可到曹魏初年[10]。经过研究，发现他们一般具有短而阔的颅型，颅高值普遍偏低，面部扁平度较大，颌部比较平直。因此，“朝阳组魏晋时期鲜卑族居民的基本种系成分应为北亚蒙古人种，只是在诸如面宽略窄一些这样的个别体质特征上或许暗示出该群体也受到了某些来自东亚蒙古人种的影响[11]”。

完工组的颅骨采集于内蒙古呼伦贝尔盟陈巴尔虎旗，时代和族属问题目前学术界尚存争议。一种意见认为完工墓葬属于拓跋鲜卑的早期遗存；另外还有一些学者认为完工墓葬与鲜卑不同，是匈奴的遗存，时代也是较早的[12]。该组居民的颅型较高，长宽比例上颅型中等偏长，鼻型比较狭窄，前额明显向后倾斜，面部宽而扁平，与现代东北亚蒙古人种相似的成分居多，可能还含有一些北亚和东亚蒙古人种的因素[13]。

扎赉诺尔组的颅骨资料出自内蒙古自治区呼伦贝尔盟新巴尔虎右旗扎赉诺尔汉代墓群，其文化性质属拓跋鲜卑遗存。研究结果表明，该组居民的体质特征与现代亚洲蒙古人种中的北亚类型最为接近，同时混有一些东北亚蒙古人种的成分及东亚蒙古人种的因素。在与古代组的对比中，扎赉诺尔组居民与外贝加尔匈奴组的古代居民最为接近，与南杨家营子组居民也存在着某种程度的联系[14]。早期研究曾将扎赉诺尔组颅骨划分为两种类型，即扎赉诺尔A组和扎赉诺尔B组[15]，考虑到扎赉诺尔组颅骨颅面部主要形态特征上存在的较多相似性，及其在考古学文化上表现出的一致性，朱泓先生建议将其合并，本书数据即为三次发掘所得颅骨数据合并之均值。

南杨家营子组颅骨资料来自于内蒙古自治区赤峰市巴林左旗南杨家营子遗址，为汉魏时期鲜卑的遗存[16]。经过研究，南杨家营子鲜卑族居民所体现的颅型较为短宽和低颅等特征表现出与现代北亚（西伯利亚）蒙古人种接近的特点，同时也含有少量与东亚人种相似的体质因素[17]。

平洋组的颅骨资料来自于黑龙江省西南部泰来县平洋镇墓地，关于其年代目前有不同的观点[18]。关于其族属问题，有的学者认为应纳入东胡范畴之内，可进而推定为拓跋鲜卑及其先世[19]。据潘其风先生研究，平洋墓地的古代居民是一组同种系多类型的群体，其人种类型主要与东北亚蒙古人种接近，同时也与北亚蒙古人种和东亚蒙古人种相关[20]。

山嘴子组材料来自于内蒙古自治区宁城县辽代契丹族墓地。经过研究，认为这些辽代契丹人颅骨上所体现出的短而阔并且有些偏低的颅型、中等偏阔的鼻型，以及垂直并且相当扁平而宽阔的面形等项特征，似乎更为接近北亚蒙古人种。但是，在某些个别的体质因素上，尤其是他们中的那些颅型相对较高、狭的标本，在种系成分中或许与东亚、东北亚蒙古人种也存在着不同程度的联系[21]。

夏家店上层文化合并组的颅骨资料分别收集自内蒙古自治区赤峰市的红山

后、夏家店和宁城的南山根等三处遗址。它们所反映的夏家店上层文化居民的颅面部形态特征颇为一致，均是偏长的中颅型、高颅型和狭颅型的结合，面宽较窄，面部扁平度颇大，鼻型较阔，应属相同的种族类型。因此将南山根、夏家店和红山后三个颅骨组合并为一个夏家店上层文化合并组，用以代表该文化居民的群体体质特征，其种族类型是以东亚人种成分占主导地位的东亚、北亚蒙古人种的混血类型[22]。

龙头山组颅骨材料出自于内蒙古自治区赤峰市克什克腾旗龙头山遗址，是西拉木伦河流域的一处重要的夏家店上层文化大型聚落遗址，由祭祀区、墓葬区、居住区和石器打制场等遗存组成[23]。经初步研究，采集自龙头山遗址的夏家店上层文化人骨在基本体质特征上与“南山根类型”各组标本无显著差异，可视为同一体质类型，所不同的只是在个别体征上北亚蒙古人种因素的影响有所增强。“龙头山组居民的基本体质特征属于亚洲蒙古人种的东亚类型，同时又混入某些北亚类型的体质因素[24]”。

三道湾组颅骨材料出土于内蒙古自治区乌兰察布盟察右后旗红格尔图乡三道湾墓地。从埋葬习俗和随葬品的性质上分析，该墓地的族属为鲜卑族，年代大约相当于东汉时期[25]。研究表明，三道湾汉代鲜卑族居民具有短而阔的颅型、宽阔的面形以及显著的低颅高面性质，其基本种系成分应归属于西伯利亚蒙古人种[26]。

东大井组颅骨材料出自于内蒙古自治区乌兰察布盟察右中旗的商都县东大井墓地。据发掘者的意见，该墓地的族属为东汉时期的拓跋鲜卑。据初步研究认为东大井的鲜卑居民表现出显著的北亚人种特征，与以北匈奴为主体成分的外贝加尔匈奴组最为接近[27]。

大安渔场组颅骨材料来自于吉林省大安县境内洮儿河与嫩江汇合处的月亮泡南岸的渔场墓地。关于渔场墓地的族属问题目前学术界尚无最后定论，有学者认为其应属东汉至西晋时期的早期东部鲜卑遗存。男性颅骨具有圆颅型、阔颅型和正颅型的特点；额部明显向后倾斜，额宽指数属狭额型；面部中等偏阔，上面指数为中上面型；鼻颧角较大，显示其拥有颇为扁平的上面部形态；总面角和中面角均属平颌型并较接近其下限；齿槽面角为显著的突颌型；眶指数为偏低的中眶型；鼻指数为偏阔的中鼻型；腭指数属明显的狭腭型。从主要颅面部形态特征可以看出，该颅骨与现代亚洲蒙古人种的北亚类型之间存在着更多形态上的一致性，此外，在个别项目上也体现出某些与东亚类型较为近似的体质因素[28]。

叭沟组颅骨资料来自于内蒙古自治区兴和县东北的团结乡叭沟墓地。从葬俗和随葬品的形制上分析，该墓地的族属为鲜卑人，其年代应为东汉至北魏时期。研究表明其基本的种系成分与现代北亚蒙古人种最为接近，但在个别的项目上也体现出某些与东亚类型较为近似的体质因素。此外，叭沟组鲜卑居民还与近代通古斯组、蒙古组以及其他古代鲜卑组在颅骨的基本形态特征方面颇为一致[29]。

大同组颅骨资料来自于山西省大同市城南的古墓群，该墓群年代大致为公元5世纪北魏王朝建都平城期间[30]。据张振标和宁立新先生研究认为该组颅骨的种族类型与华北地区以北的古代和近代的居民关系最为密切，以东北亚类型为主体，同时有欧洲人种特征的乌孙人的体质特征，明显有别于汉族的颅骨特征[31]。韩巍进一步研究则认为大同组与现代东亚蒙古人种在颅面部形态特征上表现了更多的相似性，同时在个别特征上有一些与东北亚蒙古人种相近的因素，在一系列重要的体质特征上与北亚和南亚蒙古人种差异显著。主体种族成分为古中原类型，在体质特征的形成过程中或许受过鲜卑人的影响[32]。

新店子组的颅骨材料出自内蒙古自治区和林格尔县新店子乡东周时期墓地。研究结果表明，该组居民在体质特征上与现代亚洲蒙古人种的北亚类型具有较多的一致性。与代表北亚蒙古人种类型的布里亚特组关系最为接近。其体质特征属先秦时期古代人种类型中的“古蒙古高原类型”[33]。

郑家洼子组材料来自于沈阳市西南郊郑家洼子青铜短剑墓，其时代大约在公元前6～前5世纪，相当于春秋末至战国初。族属目前尚无定论，林沄先生认为可能是秽貊、真番、朝鲜等族祖先的遗存[34]。在该墓地中仅采集到两例残破的头骨，它们具有短而极高的颅型，十分扁平的面型，反映出西伯利亚和远东蒙古人种相结合的形态特点[35]。

顺山屯组材料来自于辽宁省康平县顺山屯遗址的墓葬中，年代约在公元前13世纪前后，相当于商周之际[36]。经研究表明，顺山屯青铜时代居民具有长颅、狭颅和高颅的特点。此外，其面宽较窄，面高中等，鼻部形态属中鼻型，面部扁平度很大，“属于亚洲蒙古人种的东亚类型，但同时又混入了个别的北亚类型体质因素[37]”。

邢家店组颅骨资料来自于吉林省农安县邢家店村北山墓地，其年代约当西汉时期。经过研究，其体质特征为高颅、狭颅相结合的特点，同时还具有较高的面型，中等的颧宽、略阔的鼻型、明显后倾的斜额和很大的面部扁平度[38]。其种系归属可能是以北极人种成分为主体因素的混血类型[39]。

本溪庙后山组颅骨材料来自于庙后山古墓葬，其^{14}C测年结果为距今3300～3600年[40]。经研究，庙后山青铜时代居民具有长颅型、正颅型和狭颅型相结合的特点，面形宽阔而且相当扁平。魏海波、张振标认为庙后山居民的颅骨特征与苏联外贝加尔地区青铜时代居民以及日本北海道8～12世纪的大岬人最相近似[41]。实际上，庙后山青铜时代居民在种族类型上仍属于东亚蒙古人种，同时也含有某些接近北亚人种的因素[42]。

关马山组颅骨材料来自于吉林省九台市关马山遗址的一座古代丛葬石棺墓，根据随葬遗物判断其年代大致为战国时期。经初步研究，这些标本具有中颅型、高颅型和狭颅型相结合的颅部形态以及较为宽阔而扁平的面形，因而“与东亚、东北亚两个蒙古人种支系表现出更多的接近关系，同时也不能排除在个别体质因素上可能存在着北亚蒙古人种的影响”[43]。

西宁陶家寨组材料来自于青海省西宁市北郊二十里铺乡陶家寨墓。依据墓葬形制及随葬品分析，墓葬应为汉至魏晋时期。陶家寨组古代居民与现代东亚蒙古人种在颅骨上最为接近，但仍保留了部分土著因素的颅骨形态特征。与本地先秦时期的古西北类型最相近似，而与代表古中原类型、古华北类型、古华南类型以及古蒙古高原类型的古代居民关系疏远[44]。

上孙家寨汉代组颅骨材料来自于青海省大通县上孙家寨墓地，此处选用的是汉代组。研究结果表明，该组的体质特征为中颅型、高颅型、趋中的狭颅型和狭额型相结合，面颅上的各项特征是狭面型、中眶型、中鼻型、弱的鼻根突度和大的垂直颅面比例相结合，矢状方向面部突度平颌型、中等的上齿槽突度结合大的水平方向上的面部扁平度和短阔的腭型等，与蒙古人种的东亚（远东）类群趋向一致[45]。

良辅组颅骨材料出自于陕西省澄城县刘家洼乡良辅墓地，年代约为汉代。研究结果表明，该组居民在体质特征上与现代亚洲蒙古人种中的东亚类型表现出更多的亲近关系，同时不排除个别体质因素上存在着南亚蒙古人种的影响。在近代对比组中，良辅组居民与近代华南组居民最为接近，其次为华北组。在与古代对比组中，该组居民与中小墓②组及仰韶合并组最为接近[46]。

鲁中南组的颅骨资料由鲁中南地区的三个遗址合并而成，分别出自滕州东康留东周遗址、滕州东小宫汉代遗址和兖州徐家营汉代遗址。研究结果表明，鲁中南组居民与现代亚洲蒙古人种中的东亚类型及南亚类型更为接近。在古代组对比中，该组居民与安阳组和火烧沟组距离最近，并且和呈子组、临淄组以及日本的弥生组较为接近，同时，还表现出与甘青地区的李家山组和阿哈特拉山组有较密切的联系[47]。

西团山文化合并组材料来源有两处，一处是吉林市西团山遗址，另一处是吉林市西郊骚达沟石棺墓。西团山文化是分布于第二松花江流域吉林、长春地区的一种重要的青铜时代文化。关于其年代问题目前仍有争议，比较权威的观点认为该文化存在的时代为公元前一千纪[48]。贾兰坡、颜訚先生在研究了采集自西团山遗址的人骨标本后认为其体质特征属于蒙古人种的通古斯族[49]。潘其风、韩康信先生对西团山、骚达沟两处遗址的古人骨资料进行了对比研究后，对贾、颜二位的观点表示有待商榷，指出这两处西团山文化墓葬出土的人骨在基本体质特征上是一致的，具有东亚和北亚两个亚洲蒙古人种支系相结合的特点[50]。

各对比组比较数据见表 5.6。

仔细分析各对比组所比较的各个项目，我们发现在颅长项目上与喇嘛洞组最接近的对比组为西团山文化合并组和龙头山组，差距最大的为本溪庙后山组和平

表 5.6　喇嘛洞三燕文化居民与各古代居民的比较

	组别 项目	喇嘛洞组	靺鞨组	朝阳组	完工组	扎赉诺尔组
1	颅长（g-op）	177.94（55）	181.6	181.7	184.25	185.65
8	颅宽（eu-eu）	144.43（58）	144.5	144.53	140.6	147.84
17	颅高（ba-b）	136.30（50）	134.5	131.17	139	130.64
9	最小额宽（ft-ft）	92.53（70）	90.5	90.93	91	93.57
45	颧宽（zy-zy）	136.96（27）	139.7	136.7	142.5	138.48
48	上面高（n-sd）	75.15（64）	73.7	76.05	77.5	76.75
51	眶宽（mf-ek）R	44.02（56）	43.3	43.67	43.25	42.76
52	眶高 R	33.80（53）	34.2	33.5	33.75	33.36
54	鼻宽	26.71（67）	27	26.17	26.25	27.18
55	鼻高（n-ns）	54.16（69）	54.9	53.33	59	56.89
72	面角（n-pr FH）	85.83（51）	89.8	85.5	88	86.63
77	鼻颧角（fmo-n-fmo）	143.77（57）	152.8	151	148.25	147.76
8:1	颅指数	80.96（43）	80.3※	79.52	76.44	79.7
17:1	颅长高指数	77.28（39）	74.1※	72.19	75.54	70.65
17:8	颅宽高指数	94.42（42）	93.1※	91	98.94	88.58
54:55	鼻指数	49.09（60）	49.2※	49.05	45.41	47.68
52:51	眶指数 R	76.92（53）	79※	76.7	78.01	79.18
9:8	额宽指数	63.49（51）	62.6※	63.07	64.89	63.31
48:45	上面指数	54.76（24）	52.8※	55.2	54.4	55.04
48:17	垂直颅面指数	54.58（44）	54.8※	57.91	55.75	58.16

续表

	组别 项目	南杨家营子组	平洋组	山嘴子组	夏家店上层文化合并组	龙头山组
1	颅长（g-op）	179.63	190.54	180.28	181.19	178.28
8	颅宽（eu-eu）	144.75	144.6	148.78	136.2	137.29
17	颅高（ba-b）	126	140.11	135.15	140.7	137.16
9	最小额宽（ft-ft）	90	91.29	92.83	89	90.32
45	颧宽（zy-zy）	136.75	144.9	141.56	133.75	135.07
48	上面高（n-sd）	76.75	77.08	76.47	75.1★	74.44
51	眶宽（mf-ek）R	41.83	43.74	43.84	42.8	42.03
52	眶高 R	34.07	33.91	33.98	34.44	33.3
54	鼻宽	27	28.9	26.21	28.08	26.43
55	鼻高（n-ns）	57.5	54.5	52.96	53.6	53.01
72	面角（n-pr FH）	91.16	90.89	84.4	80.6	86.04
77	鼻颧角（fmo-n-fmo）	150.4	147.13	150.06	149.5	151.16
8:1	颅指数	79.9	75.89	82.63	75.06	77.18
17:1	颅长高指数	70.2	74.09	74.66	78.26	76.66
17:8	颅宽高指数	87.06	97.3	91.31	103.46	99.67
54:55	鼻指数	47.16	49.4	49.51	52.43	50.07
52:51	眶指数 R	81.34	77.77	77.5	80.48	79.35
9:8	额宽指数	62.51	63.19	62.47	65.35	65.88
48:45	上面指数	55.7	53.06	53.77	56.15※	54.88
48:17	垂直颅面指数	60.72	54.43	57.22	53.38	54.71

续表

	组别 项目	三道湾组	东大井组	大安渔场组	叭沟组	大同组
1	颅长（g-op）	181.69	185.5	179.2	186	182.5
8	颅宽（eu-eu）	148.51	147.5	147.1	148	144.4
17	颅高（ba-b）	130.65	129.3	133.5	124	137.9
9	最小额宽（ft-ft）	93.36	90.9	86.8	93	94.9
45	颧宽（zy-zy）	141.08	142.3	136.5	137	137.1
48	上面高（n-sd）	78.91	74.6	72.6	74.5	72.6
51	眶宽（mf-ek）R	43.24	44.8	43.5	43.2	41.6
52	眶高 R	34.2	33.6	33.5	35.25	34.1
54	鼻宽	27.43	27	25.9	25.25	27.2
55	鼻高（n-ns）	56.38	56.4	52.5	57	54.8
72	面角（n-pr FH）	87.5	88.7	86.5	90	85.4
77	鼻颧角（fmo-n-fmo）	152.19	147.7	148.2	148	144.5
8:1	颅指数	81.88	79.6	82.09	80.43	79.1
17:1	颅长高指数	72	69.5	74.5	67.4	75.5
17:8	颅宽高指数	88.02	88.2	90.75	83.78	95.4
54:55	鼻指数	48.86	47.9	49.33	44.39	49.4
52:51	眶指数 R	78.22	74.2	77.01	81.62	81.2
9:8	额宽指数	62.94	61.8	59.01	62.84	65.72
48:45	上面指数	56.12	52.4	53.19	54.38	55.5
48:17	垂直颅面指数	60.6	60.3	54.38	60.08	54.9

续表

	组别 项目	新店子组	郑家洼子组	顺山屯组	邢家店组	本溪庙后山组
1	颅长（g-op）	173.8	185.5	183.5	183.2	192.8
8	颅宽（eu-eu）	153.27	151.75	136.5	141.1	144
17	颅高（ba-b）	128.18	141.5	139.5	142	143.5
9	最小额宽（ft-ft）	94.33	90	90.25	93.1	99
45	颧宽（zy-zy）	142.08			136.1	145.3
48	上面高（n-sd）	73.91	82	72.5	77.2	75.5
51	眶宽（mf-ek）R	44.38	39.4	42	46.2	44.6
52	眶高 R	33.12	38	33.25	36	32.6
54	鼻宽	27.12	32	26	27.8	25.9
55	鼻高（n-ns）	56.52	60.5	52.5	54.5	54.1
72	面角（n-pr FH）	88	88	84	94	85
77	鼻颧角（fmo-n-fmo）	148.77	161	153.75	153.8	151
8∶1	颅指数	88.13	81.8	74.46	77.02	74.8
17∶1	颅长高指数	72.8	76.25	75.86	77.51	74.5
17∶8	颅宽高指数	84.57	93.25	101.74	100.64	99.65
54∶55	鼻指数	48.06	50.2	48.64	51.01	48.02
52∶51	眶指数 R	74.71	96.4	79.17	77.92	74.94
9∶8	额宽指数	61.6	59.4	70.8	65.98	68.75
48∶45	上面指数	51.93			56.72	51.96
48∶17	垂直颅面指数	57.29	56.4	51.31	54.37	51.1

续表

	项目 \ 组别	关马山组	西宁陶家寨组	上孙家寨汉代组	良辅组	鲁中南组
1	颅长（g-op）	181.3	183.98	181.2	184.93	180.91
8	颅宽（eu-eu）	139.94	140.32	139.7	141.23	141.06
17	颅高（ba-b）	141.79	135.56	136.2	137.58	137.33
9	最小额宽（ft-ft）	92.93	90.42	91.1	93.23	91.54
45	颧宽（zy-zy）	140.14	137.73	137.1	136.27	137.69
48	上面高（n-sd）	74.6	75.91	75.8	74.67	70.53
51	眶宽（mf-ek）R	42.94	44.06	42.8	45.53	43.11
52	眶高 R	31.92	35.75	35.8	35.26	33.5
54	鼻宽	26.5	26.59	27.1	26.14	26.39
55	鼻高（n-ns）	54.11	54.43	56.5	52.65	53.24
72	面角（n-pr FH）	85.72	84.38	85.3	84.75	81.56
77	鼻颧角（fmo-n-fmo）	152.43	145.96	146.6	142.5	143.42
8:1	颅指数	77.05	78.6	77.3	77.31	78
17:1	颅长高指数	78.6	73.81	75.9	76.93	75.6
17:8	颅宽高指数	101.47	96.77	97.7	97.54	97.1
54:55	鼻指数	48.67	48.94	48.4	50.3	49.7
52:51	眶指数 R	74.43	81.24	83.7	77.44	77.7
9:8	额宽指数	65.63	64.43	65.4	67.02	64.4
48:45	上面指数	54.76	55.61	55.2	52.74	51.2
48:17	垂直颅面指数	53.18	56.09	54.8	50.3	51

续表

	组别 项目	西团山文化合并组	同种系标准差	组差
1	颅长（g-op）	178.18	5.73	16.7
8	颅宽（eu-eu）	138.18	4.76	17.15
17	颅高（ba-b）	134.67	5.69 ☆	16.1
9	最小额宽（ft-ft）	86.47	4.05	
45	颧宽（zy-zy）	144.1	4.57	10.95
48	上面高（n-sd）	78.27	4.15	9.2
51	眶宽（mf-ek）R	42.47	1.67	
52	眶高 R	37.87	1.91	4.3
54	鼻宽	28	1.77	4.6
55	鼻高（n-ns）	55.93	2.92	5.75
72	面角（n-pr FH）	89	3.24	
77	鼻颧角（fmo-n-fmo）	140		
8 ： 1	颅指数	75.99	2.67	15.4
17 ： 1	颅长高指数	75.3	2.94	
17 ： 8	颅宽高指数	97.37	4.3	
54 ： 55	鼻指数	50.83	3.82	9.9
52 ： 51	眶指数 R	83.87	5.05	
9 ： 8	额宽指数	62.51	3.29 ☆	
48 ： 45	上面指数	54.06	3.3 ☆☆	4.8
48 ： 17	垂直颅面指数	57.26		9

注：1. 加 ※ 号者为根据平均数计算所得之近似值。2. 加★者系根据原始资料中的上面高（n-pr）推算出的上面高（n-sd）的校正值（原数值加 2.5 毫米）。3. 标有☆的数值取用挪威组的同种系标准差，标有☆☆的数值取用欧洲同种系标准差，其余选用埃及 E 组同种系标准差。

洋组。在颅宽项目上与喇嘛洞组最接近的是大同组、靺鞨组和朝阳组，与新店子组和夏家店上层文化合并组相差较大。与喇嘛洞组的颅高最接近的是上孙家寨汉代组、西宁陶家寨组和龙头山组，而与叭沟组、南杨家营子、新店子组、东大井组差距最大。在最小额宽项目上喇嘛洞组与山嘴子组、关马山组、叭沟组、邢家店组最相近，区别于本溪庙后山组和西团山文化合并组。

颧宽项目上与叭沟组、上孙家寨汉代组、大同组、南杨家营子、朝阳组都很接近，与本溪庙后山组、平洋组、西团山文化合并组、完工组、东大井组和新店子组相差较大。上面高项目上喇嘛洞组与本溪庙后山组、夏家店上层文化合并组最接近，疏远于郑家洼子组和鲁中南组。喇嘛洞组的眶宽与山嘴子组和陶家寨组最接近，与郑家洼子组差距最大。眶高项目与喇嘛洞组最接近的是完工组和平洋组，最远的是郑家洼子组。喇嘛洞组的鼻宽与西宁陶家寨组、关马山组、龙头山组较为接近，与郑家洼子组差距最大。鼻高项目上与喇嘛洞组相近的有本溪庙后山组、关马山组，较远的为郑家洼子组和完工组。

面角显示与喇嘛洞组最相近的是关马山组和龙头山组，差别最大的为邢家店组。鼻颧角项目上与喇嘛洞组最相近的有鲁中南组和大同组，其与郑家洼子组差距最大。

在颅型方面颅指数显示与喇嘛洞组最接近的是叭沟组和靺鞨组，与新店子组差别最大；颅长高指数显示与邢家店组和良辅组最接近而与叭沟组、东大井组、南杨家营子组、扎赉诺尔组、三道湾组、朝阳组和新店子组相差较远。颅宽高指数显示与大同组最近，与夏家店上层文化合并组最远。鼻指数显示与喇嘛洞组较为相似的有朝阳组和靺鞨组，差距较大的有叭沟组和完工组。眶指数表明喇嘛洞组与大安渔场组和朝阳组最相似，与郑家洼子组相差最大。额宽指数项目上与喇嘛洞组相近的有扎赉诺尔组、平洋组和朝阳组，与顺山屯组相差最大。上面指数显示喇嘛洞组与关马山组和龙头山组最相似，与鲁中南组、新店子组和本溪庙后山组相差较大。垂直颅面指数与喇嘛洞组最相近的有平洋组和龙头山组，与南杨家营子组、三道湾组、东大井组和叭沟组相差较大。

结合整体数据分析，我们认为喇嘛洞组还是与东亚蒙古人种占主导成分的对比组较为接近，与明显低颅的北亚人种有较大的差距。

我们首先采取计算喇嘛洞三燕文化男性颅骨组与上述各组之间 8 项绝对值（颅长、颅宽、颅高、颧宽、上面高、眶高、鼻宽、鼻高）和 4 项指数（颅指数、鼻指数、上面指数和垂直颅面指数）的平均数组间差异百分率来比较。

平均数组间差异百分率的计算公式为：$\dfrac{\sum \dfrac{d}{d_1} \times 100}{n}$

式中，d 为两组对照组每项平均值的组差，d_1 为组差常数，n 为项目数；组差百分率数值越小，则两对照组之间的关系可能越接近[51]。

计算结果见表 5.7。

表 5.7　喇嘛洞三燕文化居民与各古代对比组之间组差百分率比较

组别	全组百分率	线性项目百分率	指数项目百分率
大同组	10.794	11.918	8.545
龙头山	12.493	13.941	9.597
靺鞨组	12.634	12.867	12.169
朝阳组	13.001	12.512	13.98
大安渔场组	14.2	15.713	11.173
上孙家寨汉代组	16.189	18.991	10.587
西宁陶家寨组	16.549	16.606	16.435
山嘴子组	16.973	17.328	16.261
关马山组	17.466	20.55	11.297
扎赉诺尔组	22.385	25.073	17.009
鲁中南组	22.484	16.309	34.832
良辅组	23.165	19.052	31.391
南杨家营子组	23.358	20.764	28.546
邢家店组	23.795	24.675	22.036
夏家店上层文化合并组	24.434	22.359	28.585
顺山屯组	26.822	26.448	27.696
平洋组	26.915	31.231	18.284
三道湾	27.258	27.946	25.88
完工组	27.963	31.067	21.756
东大井组	28.754	26.435	33.393
叭沟组	32.323	33.492	29.986
西团山文化合并组	32.915	37.597	23.552
新店子组	33.249	31.619	36.508
本溪庙后山组	34.198	32.82	36.952
郑家洼子组	55.47	73.974	12.296

在表 5.7 中，我们可以看到无论是在全部项目还是线性项目或者指数项目上，与喇嘛洞组组差百分率最小的组均为大同组，表明它们之间最为相似，其次为龙头山组和靺鞨组，与朝阳组也较为接近；与郑家洼子组的距离最远，其次为本溪庙后山组、新店子组、西团山文化合并组及叭沟组。

然后我们计算各对比组之间的组差均方根值来比较。组差均方根值矩阵表见表 5.8。

从表 5.8 中我们看到，与喇嘛洞三燕文化居民最相近的是山嘴子组，然后是靺鞨组、朝阳组和大同组。与郑家洼子组相差最远，其次为叭沟组和本溪庙后山组。需要说明的是组差均方根值矩阵表不包含各对比组中鼻颧角和垂直颅面指数两项

表 5.8 喇嘛洞组与各古代对比组之间的组差均方根值矩阵表

项目	1	2	3	4	5	6	7	8	9	10	11	12	13
1	0.0000	0.5263	0.5607	0.8497	0.8424	1.0482	1.0047	0.5024	1.0599	0.6996	0.7792	0.9822	0.6487
2	0.5263	0.0000	0.5304	0.7878	0.6484	0.7491	0.7660	0.6012	1.0599	0.8328	0.6440	0.6778	0.5905
3	0.5607	0.5304	0.0000	0.9526	0.5154	0.7495	1.0105	0.5397	1.2450	0.8611	0.5811	0.6578	0.5794
4	0.8497	0.7878	0.9526	0.0000	0.9883	1.1640	0.7342	1.0595	1.0936	0.8159	1.0668	1.0938	1.1942
5	0.8424	0.6484	0.5154	0.9883	0.0000	0.5784	1.0052	0.7137	1.5153	1.1616	0.3829	0.5480	0.8717
6	1.0482	0.7491	0.7495	1.1640	0.5784	0.0000	1.2427	1.0263	1.6968	1.2531	0.6265	0.7702	0.9547
7	1.0047	0.7660	1.0105	0.7342	1.0052	1.2427	0.0000	1.0670	1.2794	1.0619	1.0641	0.9895	1.2002
8	0.5024	0.6012	0.5397	1.0595	0.7137	1.0263	1.0670	0.0000	1.3867	1.0551	0.5787	0.8112	0.5938
9	1.0599	1.0599	1.2450	1.0936	1.5153	1.6968	1.2794	1.3867	0.0000	0.6463	1.5919	1.7142	1.4207
10	0.6996	0.8328	0.8611	0.8159	1.1616	1.2531	1.0619	1.0551	0.6463	0.0000	1.2319	1.3511	1.0478
11	0.7792	0.6440	0.5811	1.0668	0.3829	0.6265	1.0641	0.5787	1.5919	1.2319	0.0000	0.6133	0.8385
12	0.9822	0.6778	0.6578	1.0938	0.5480	0.7702	0.9895	0.8112	1.7142	1.3511	0.6133	0.0000	0.8566
13	0.6487	0.5905	0.5794	1.1942	0.8717	0.9547	1.2002	0.5938	1.4207	1.0478	0.8385	0.8566	0.0000
14	1.3175	1.0298	0.9392	1.4291	0.6946	0.6275	1.4680	1.1601	2.0210	1.6078	0.8217	0.7627	1.1591
15	0.5696	0.6381	0.7113	0.8107	0.7869	1.0421	0.9405	0.7617	0.9669	0.6312	0.8777	1.1045	0.9373
16	1.1784	1.1233	1.1615	1.6777	1.0895	1.1734	1.6864	0.9257	2.1685	1.7664	0.8815	1.0225	1.0539
17	1.7934	0.3881	1.8903	1.7942	1.6709	1.6920	1.6831	1.7736	1.9911	1.9466	1.6109	1.9674	1.8805
18	1.1541	1.2314	1.2331	0.9474	1.4820	1.6709	1.1663	1.4203	0.7337	0.5838	1.6128	1.6355	1.5156
19	0.9975	1.0150	1.2244	0.9731	1.3874	1.4795	0.9171	1.3105	1.2091	1.0216	1.4092	1.4311	1.4560
20	1.2069	1.2310	1.2598	0.9395	1.3022	1.7142	0.9169	1.2615	1.3469	1.2038	1.4296	1.4304	1.5943
21	0.7375	0.9381	1.0195	0.6894	1.2483	1.4841	0.9352	1.0573	0.8168	0.5564	1.2985	1.3710	1.2344
22	0.7063	0.7196	0.6602	0.6957	0.8890	1.0894	0.8607	0.8895	0.8107	0.6465	0.9804	1.0435	0.9841
23	0.6947	0.7334	0.8224	0.6314	0.9591	1.0812	0.9417	0.9689	0.7692	0.5617	1.0242	1.1972	1.0702
24	0.6660	0.8418	0.8310	0.8727	1.1182	1.3889	0.9576	0.9162	0.8776	0.7155	1.1729	1.1885	1.0762
25	0.6476	0.7877	0.7656	0.9131	1.0509	1.3173	1.0705	0.8359	0.8301	0.6072	1.1602	1.1559	0.8851
26	1.0786	0.9040	1.1274	0.8969	1.2428	1.1845	0.9585	1.2223	1.1356	0.9705	1.2010	1.3041	1.2492

续表

项目	14	15	16	17	18	19	20	21	22	23	24	25	26
1	1.3175	0.5696	1.1784	1.7934	1.1541	0.9975	1.2069	0.7375	0.7063	0.6947	0.6660	0.6476	1.0786
2	1.0298	0.6381	1.1233	0.3881	1.2314	1.0150	1.2310	0.9381	0.7196	0.7334	0.8418	0.7877	0.9040
3	0.9392	0.7113	1.1615	1.8903	1.2331	1.2244	1.2598	1.0195	0.6602	0.8224	0.8310	0.7656	1.1274
4	1.4291	0.8107	1.6777	1.7942	0.9474	0.9731	0.9395	0.6894	0.6957	0.6314	0.8727	0.9131	0.8969
5	0.6946	0.7869	1.0895	1.6709	1.4820	1.3874	1.3022	1.2483	0.8890	0.9591	1.1182	1.0509	1.2428
6	0.6275	1.0421	1.1734	1.6920	1.6709	1.4795	1.7142	1.4841	1.0894	1.0812	1.3889	1.3173	1.1845
7	1.4680	0.9405	1.6864	1.6831	1.1663	0.9171	0.9169	0.9352	0.8607	0.9417	0.9576	1.0705	0.9585
8	1.1601	0.7617	0.9257	1.7736	1.4203	1.3105	1.2615	1.0573	0.8895	0.9689	0.9162	0.8359	1.2223
9	2.0210	0.9669	2.1685	1.9911	0.7337	1.2091	1.3469	0.8168	0.8107	0.7692	0.8776	0.8301	1.1356
10	1.6078	0.6312	1.7664	1.9466	0.5838	1.0216	1.2038	0.5564	0.6465	0.5617	0.7155	0.6072	0.9705
11	0.8217	0.8777	0.8815	1.6109	1.6128	1.4092	1.4296	1.2985	0.9804	1.0242	1.1729	1.1602	1.2010
12	0.7627	1.1045	1.0225	1.9674	1.6355	1.4311	1.4304	1.3710	1.0435	1.1972	1.1885	1.1559	1.3041
13	1.1591	0.9373	1.0539	1.8805	1.5156	1.4560	1.5943	1.2344	0.9841	1.0702	1.0762	0.8851	1.2492
14	0.0000	1.2947	1.2051	1.9947	1.9331	1.8331	1.8032	1.8816	1.3671	1.3779	1.5254	1.5104	1.5496
15	1.2947	0.0000	1.4370	1.6105	0.9185	1.1552	1.0117	0.7728	0.6900	0.5769	0.7574	0.6246	1.0550
16	1.2051	1.4370	0.0000	2.0895	2.2091	1.9363	2.0602	1.8700	1.7173	1.7245	1.7437	1.5611	1.8173
17	1.9947	1.6105	2.0895	0.0000	2.2385	1.9659	2.2765	2.0931	1.7698	1.5742	2.0492	1.9935	1.5132
18	1.9331	0.9185	2.2091	2.2385	0.0000	1.2803	0.9786	0.7140	0.8612	0.8507	0.8466	0.7750	1.2354
19	1.8331	1.1552	1.9363	1.9659	1.2803	0.0000	1.2496	1.0055	0.9558	0.9558	0.8492	1.2642	1.0965
20	1.8032	1.0117	2.0602	2.2765	0.9786	1.2496	0.0000	0.8877	1.0697	1.1792	0.8989	1.0539	1.5145
21	1.8816	0.7728	1.8700	2.0931	0.7140	1.0055	0.8877	0.0000	0.8425	0.8046	0.7396	0.6861	1.1803
22	1.3671	0.6900	1.7173	1.7698	0.8612	0.9558	1.0697	0.8425	0.0000	0.3786	0.5528	0.6614	0.7787
23	1.3779	0.5769	1.7245	1.5742	0.8507	0.9558	1.1792	0.8046	0.3786	0.0000	0.6868	0.7140	0.7015
24	1.5254	0.7574	1.7437	2.0492	0.8466	0.8492	0.8989	0.7396	0.5528	0.6868	0.0000	0.6192	1.1075
25	1.5104	0.6246	1.5611	1.9935	0.7750	1.2642	1.0539	0.6861	0.6614	0.7140	0.6192	0.0000	1.1401
26	1.5496	1.0550	1.8173	1.5132	1.2354	1.0965	1.5145	1.1803	0.7787	0.7015	1.1075	1.1401	0.0000

的比较，因为我们没有找到这两项的同种系标准差。但是就数据本身来比较，表5.8中与喇嘛洞组比较接近的几个组中，山嘴子组、朝阳组和靺鞨组鼻颧角与喇嘛洞组差距较大，但是大同组和喇嘛洞组很接近，垂直颅面指数一项靺鞨组和大同组与喇嘛洞组较为接近，朝阳组和山嘴子组与喇嘛洞组差别较大。如果加上这两项，我们相信喇嘛洞组与大同组之间的组差均方根值会更小，也就是说喇嘛洞组与大同组关系更为密切。

我们再计算各古代对比组之间的欧式距离系数来观察各组相互间的关系。喇嘛洞组与各古代对比组之间的组间欧氏距离系数见表5.9。各古代对比组欧氏距离系数聚类图见图5.10。在表5.8和表5.9中顺序号所对应的组如下：①喇嘛洞组；②靺鞨组；③朝阳组；④完工组；⑤扎赉诺尔组；⑥南杨家营子组；⑦平洋组；⑧山嘴子组；⑨夏家店上层文化合并组；⑩龙头山组；⑪ 三道湾组；⑫ 东大井组；⑬ 大安渔场组；⑭ 叭沟组；⑮ 大同组；⑯ 新店子组；⑰ 郑家洼子组；⑱ 顺山屯组；⑲ 邢家店组；⑳ 庙后山组；㉑ 关马山组；㉒ 陶家寨组；㉓ 上孙家寨汉代组；㉔ 良辅组；㉕ 鲁中南组；㉖ 西团山文化合并组。

由图5.9可以看出，与喇嘛洞组最为密切的是大同组，其次是良辅组和鲁中南组的混合特征。

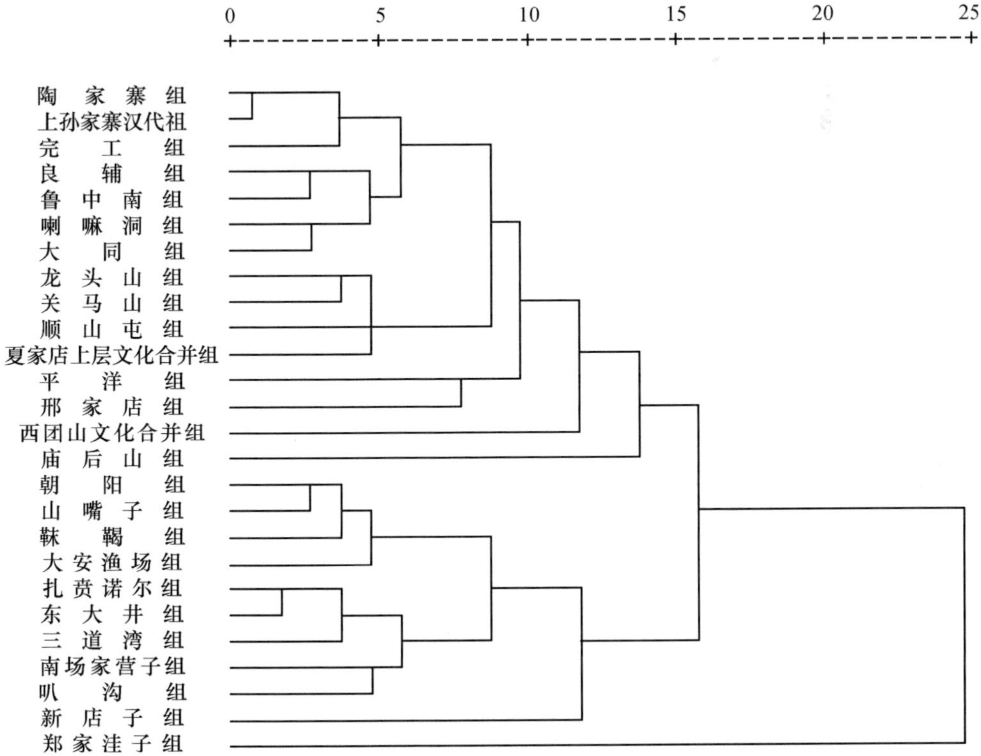

图5.9　喇嘛洞组与各古代对比组欧氏距离系数聚类图

表 5.9　喇嘛洞组与其他古代对比组之间的欧氏距离系数矩阵

	1	2	3	4	5	6	7	8	9
1	0.000	11.788	12.181	13.442	15.245	19.336	16.297	9.937	17.905
2	11.788	0.000	8.136	13.087	12.184	14.101	14.141	9.599	19.614
3	12.181	8.136	0.000	15.436	8.776	11.813	16.798	7.730	21.451
4	13.442	13.087	15.436	0.000	17.203	21.326	10.950	16.656	14.894
5	15.245	12.184	8.776	17.203	0.000	11.136	16.707	10.898	26.163
6	19.336	14.101	11.813	21.326	11.136	0.000	23.256	16.047	29.545
7	16.297	14.141	16.798	10.950	16.707	23.256	0.000	17.333	18.973
8	9.937	9.599	7.730	16.656	10.898	16.047	17.333	0.000	22.016
9	17.905	19.614	21.451	14.894	26.163	29.545	18.973	22.016	0.000
10	13.126	12.842	15.264	11.732	21.019	22.437	17.201	16.835	9.591
11	16.290	11.894	8.442	19.269	7.601	9.844	19.971	9.345	27.376
12	17.131	13.623	9.559	19.365	7.460	11.663	18.427	13.297	28.519
13	11.061	9.690	9.899	18.366	14.161	16.066	18.761	9.355	22.748
14	23.747	19.239	16.188	25.616	11.107	10.490	25.389	19.549	34.926
15	8.595	12.143	13.809	12.135	14.343	20.349	13.476	12.320	16.453
16	19.684	19.481	17.611	28.309	17.490	17.240	29.525	15.443	35.224
17	31.684	25.804	29.523	28.939	28.261	29.527	28.429	27.361	32.257
18	19.851	18.156	20.677	14.555	25.231	28.529	18.435	22.479	10.562
19	17.867	14.689	19.696	12.635	23.032	25.865	13.165	19.628	16.917
20	22.093	21.384	22.995	16.547	23.404	31.622	14.106	22.583	20.796
21	14.881	15.413	18.357	11.220	23.102	27.253	15.568	18.081	11.563
22	11.408	12.153	12.136	9.475	14.688	19.024	12.406	14.243	13.196
23	11.451	12.606	14.610	9.334	16.921	19.769	14.766	15.596	12.309
24	11.266	16.225	17.181	13.055	19.215	25.456	13.296	17.067	14.630
25	9.857	15.302	16.028	14.430	19.322	24.441	16.892	15.908	13.497
26	15.267	18.444	19.280	16.003	21.259	21.114	19.287	20.872	18.105

续表

	10	11	12	13	14	15	16	17	18
1	13.126	16.290	17.131	11.061	23.747	8.595	19.684	31.684	19.851
2	12.842	11.894	13.623	9.690	19.239	12.143	19.481	25.804	18.156
3	15.264	8.442	9.559	9.899	16.188	13.809	17.611	29.523	20.677
4	11.732	19.269	19.365	18.366	25.616	12.135	28.309	28.939	14.555
5	21.019	7.601	7.460	14.161	11.107	14.343	17.490	28.261	25.231
6	22.437	9.844	11.663	16.066	10.490	20.349	17.240	29.527	28.529
7	17.201	19.971	18.427	18.761	25.389	13.476	29.525	28.429	18.435
8	16.835	9.345	13.297	9.355	19.549	12.320	15.443	27.361	22.479
9	9.591	27.376	28.519	22.748	34.926	16.453	35.224	32.257	10.562
10	0.000	21.273	22.912	17.310	28.760	13.033	28.525	30.861	9.930
11	21.273	0.000	9.824	14.269	13.629	17.462	14.450	26.765	26.796
12	22.912	9.824	0.000	13.856	11.689	18.184	17.087	32.942	27.459
13	17.310	14.269	13.856	0.000	20.249	14.947	16.575	30.309	23.506
14	28.760	13.629	11.689	20.249	0.000	23.117	19.237	32.956	32.859
15	13.033	17.462	18.184	14.947	23.117	0.000	23.670	28.797	16.970
16	28.525	14.450	17.087	16.575	19.237	23.670	0.000	35.308	34.895
17	30.861	26.765	32.942	30.309	32.956	28.797	35.308	0.000	33.317
18	9.930	26.796	27.459	23.506	32.859	16.970	34.895	33.317	0.000
19	13.466	22.705	24.457	21.878	30.932	16.964	31.110	28.495	15.505
20	20.915	26.440	26.045	26.655	32.228	17.915	35.001	34.026	17.073
21	9.256	23.568	24.685	19.993	32.215	14.657	30.422	32.398	10.521
22	10.695	17.663	17.424	15.358	22.716	9.122	26.806	29.021	14.758
23	9.217	19.032	20.500	16.788	24.595	8.891	27.199	27.309	14.195
24	13.802	22.675	21.577	18.144	27.746	9.885	28.701	34.325	15.275
25	12.099	22.442	21.313	15.112	27.557	9.199	26.687	34.484	15.195
26	15.789	22.992	23.005	19.380	27.033	16.116	29.748	31.914	22.499

续表

	19	20	21	22	23	24	25	26
1	17.867	22.093	14.881	11.408	11.451	11.266	9.857	15.267
2	14.689	21.384	15.413	12.153	12.606	16.225	15.302	18.444
3	19.696	22.995	18.357	12.136	14.610	17.181	16.028	19.280
4	12.635	16.547	11.220	9.475	9.334	13.055	14.430	16.003
5	23.032	23.404	23.102	14.688	16.921	19.215	19.322	21.259
6	25.865	31.622	27.253	19.024	19.769	25.456	24.441	21.114
7	13.165	14.106	15.568	12.406	14.766	13.296	16.892	19.287
8	19.628	22.583	18.081	14.243	15.596	17.067	15.908	20.872
9	16.917	20.796	11.563	13.196	12.309	14.630	13.497	18.105
10	13.466	20.915	9.256	10.695	9.217	13.802	12.099	15.789
11	22.705	26.440	23.568	17.663	19.032	22.675	22.442	22.992
12	24.457	26.045	24.685	17.424	20.500	21.577	21.313	23.005
13	21.878	26.655	19.993	15.358	16.788	18.144	15.112	19.380
14	30.932	32.228	32.215	22.716	24.595	27.746	27.557	27.033
15	16.964	17.915	14.657	9.122	8.891	9.885	9.199	16.116
16	31.110	35.001	30.422	26.806	27.199	28.701	26.687	29.748
17	28.495	34.026	32.398	29.021	27.309	34.325	34.484	31.914
18	15.505	17.073	10.521	14.758	14.195	15.275	15.195	22.499
19	0.000	17.274	11.507	16.168	15.532	16.667	19.713	20.975
20	17.274	0.000	15.342	18.977	20.562	15.899	19.725	28.967
21	11.507	15.342	0.000	14.686	14.201	13.877	13.733	21.775
22	16.168	18.977	14.686	0.000	5.605	10.042	10.492	12.107
23	15.532	20.562	14.201	5.605	0.000	11.460	11.219	11.252
24	16.667	15.899	13.877	10.042	11.460	0.000	8.177	17.074
25	19.713	19.725	13.733	10.492	11.219	8.177	0.000	17.062
26	20.975	28.967	21.775	12.107	11.252	17.074	17.062	0.000

在图5.9中我们还可以发现，在所有的26个对比组中，除了郑家洼子组以外，大致划分为两个大的群体，正是符合我们在资料背景中介绍的各个组群表现的体质特征。

第一个大的组群内部陶家寨组古代居民与现代东亚蒙古人种在颅骨上最为接近，但仍保留了部分土著因素的颅骨形态特征；上孙家寨组与蒙古人种的东亚（远东）类群趋向一致；这两个组首先聚类。完工组与现代东北亚蒙古人种相似的成分居多，可能还含有一些北亚和东亚蒙古人种的因素；它是和陶家寨组与上孙家寨组相聚类，组成了第1组群。

良辅组与现代亚洲蒙古人种中的东亚类型表现出更多的亲近关系，同时不排除个别体质因素上存在着南亚蒙古人种的影响；鲁中南组居民与现代亚洲蒙古人种中的东亚类型及南亚类型更为接近；这两组先聚类；喇嘛洞组的体质特征基本上属于亚洲蒙古人种的东亚类型，同时亦与亚洲蒙古人种的北亚类型有着较为密切的关系[52]，大同组与现代东亚蒙古人种在颅面部形态特征上表现了更多的相似性，同时在个别特征上有一些与东北亚蒙古人种相近的因素，喇嘛洞组和大同组关系最为密切，这两组首先聚类；这两个小的群体的综合特征最相近似，它们又聚成了一个较大的群体。为了行文方便我们用第2组群来称呼他们。第2组群综合特征又和第1组群的综合特征最为近似，他们在全部对比组中最为相似，所以聚在了一起，我们称之为第3组群。

龙头山组居民的基本体质特征属于亚洲蒙古人种的东亚类型，同时又混入某些北亚类型的体质因素；关马山组与东亚、东北亚两个蒙古人种支系表现出更多的接近关系，同时也不能排除在个别体质因素上可能存在着北亚蒙古人种的影响；这两个组在所有的对比组中是比较接近的，首先聚类。顺山屯组属于亚洲蒙古人种的东亚类型，但同时又混入了个别的北亚类型体质因素；夏家店上层文化合并组是以东亚人种成分占主导地位的东亚、北亚蒙古人种的混血类型；这两个组的体质特征与龙头山组和关马山组的综合特征最为近似，他们同时聚在一起组成了一个组群。我们称之为第4组群。

平洋组与东北亚蒙古人种接近，同时也与北亚蒙古人种和东亚蒙古人种相关；邢家店组种系归属可能是以北极人种成分为主体因素的混血类型；这两组体质特征最为接近，首先聚类。我们称之为第5组群。

第5组的综合特征与第4组的综合特征相近，他们聚在了一起。

西团山文化墓葬出土的人骨在基本体质特征上是一致的，具有东亚和北亚两个亚洲蒙古人种支系相结合的特点。他的特征应该和第4组与第5组的综合特征最为近似，所以他们先聚类，我们称之为第6组群。

庙后山青铜时代居民在种族类型上仍属于东亚蒙古人种，同时也含有某些接近北亚人种的因素。这些特征应该与第6组的综合特征最为近似，他们聚在了一起但是已经在近 15 个刻度了。

第 1、第 2 和第 4 组组内关系都很接近，它们在 5 个刻度以内均完成了聚类。第 3 组内部、第 3 组与第 4 组之间的距离以及第 5 组内部、第 5 组与第 3 和第 4 组的综合特征有一定的距离，它们的聚合在 5 ~ 10 个刻度内完成。

第一个大的群体由陶家寨组、上孙家寨组、完工组、良辅组、鲁中南组、喇嘛洞组、大同组、龙头山组、关马山组、顺山屯组、夏家店上层文化合并组、平洋组、邢家店组、西团山文化合并组和庙后山组组成，它们又分成了若干个小组和不同层次的聚类，最后综合到一个大的组群。在这个组群内部除了第 5 组以外各组基本上都是以东亚蒙古成分占主导地位，当然含有北亚或者东北亚类型的因素，有的也含有南亚类型的因素，但是主要的种系成分还是以现代东亚蒙古人种所具有的成分为主，所以最终他们先聚类，第 6 组以东北亚类型占主导的两个组虽然与东亚组有一定的距离，但是相较于其他的组还是关系比较密切，才能最终聚合成一个大的组群区别于另一个组群。

第二个大的组群中的扎赉诺尔组与现代亚洲蒙古人种中的北亚类型最为接近，同时混有一些东北亚蒙古人种的成分及东亚蒙古人种的因素；东大井的鲜卑居民表现出显著的北亚人种的特征；它们两个组间距离最相近，首先聚类；三道湾汉代鲜卑族居民具有短而阔的颅型、宽阔的面形以及显著的低颅高面性质，其基本种系成分应归属于西伯利亚蒙古人种，与扎赉诺尔组和东大井组的综合特征最为近似，又聚合在了一起；我们暂时称之为第 1 组，他们的关系密切，在 5 刻度以内完成了聚合。

南杨家营子组与现代北亚（西伯利亚）蒙古人种的特点接近，同时也含有少量与东亚人种相似的体质因素；叭沟组基本的种系成分与现代北亚蒙古人种最为接近，但在个别的项目上也体现出某些与东亚类型较为近似的体质因素；这两个组的特征最为相似，首先聚类；这两个组的综合特征与第 1 组的综合特征与其他组相比最为近似，所以聚合在了一起。我们称之为第 2 组，但也到了 5 ~ 10 刻度之间了。

朝阳组魏晋时期鲜卑族居民的基本种系成分应为北亚蒙古人种，只是在诸如面宽略窄一些这样的个别体质特征上或许暗示出该群体中也受到了某些来自东亚蒙古人种的影响；山嘴子组更为接近北亚蒙古人种，但是在某些个别的体质因素上或许与东亚、东北亚蒙古人种也存在着不同程度的联系；这两个组相较最为接近首先聚类。靺鞨居民的人类学类型是以西伯利亚人种为主体成分，同时又包括了部分东亚人种因素；与朝阳组和山嘴子组的综合特征最为近似，所以它们三个组先聚合在一起。大安渔场组与现代亚洲蒙古人种的北亚类型之间存在着更多的形态上的一致性，在个别项目上也体现出某些与东亚类型较为近似的体质因素；其特质特征应该与朝阳组、山嘴子组和靺鞨组的综合特征最为近似，所以也聚在了一起。我们称之为第 3 组。该组在 5 刻度内聚合在一起，显示了较为密切的关系。第 2 组与第 3 组各组的综合特征较为近似，聚合成了面貌较为相似的更大的一个群体，我们暂且称之为第 4 组，但是聚合的刻度已经接近 10 刻度了。

新店子组居民在体质特征上与现代亚洲蒙古人种的北亚类型具有较多的一致性，其与第 4 组关系较其他对比组或组群更为密切，所以聚在了一起，完成了第 2 个大的组群的聚类。

第 2 个大的组群中的朝阳组、山嘴子组、鞅鞨组、大安渔场组、扎赉诺尔组、东大井组、三道湾组、南杨家营子组、叭沟组和新店子组都是以与现代北亚蒙古人种类型相近似的种系成分为主，这些古代的居民组可以分成两个组群，每个组群更具有较为密切的关系，组群间也比其他组群关系密切；新店子组虽然也是与现代亚洲蒙古人种北亚类型具有较多的一致性，与其他各组具有一定的相似性，但关系尚有一定的距离，但是与东亚组和东北亚组相比距离还是很近的，所以游离于北亚组的最外围，聚合在 10 ～ 15 刻度之间。

郑家洼子组与东亚、东北亚组群和北亚组群都有一定的距离，它游离于所有的对比组的外围，与东亚、东北亚组和北亚组的综合特征距离很远，最后的聚合已经在 25 刻度了。

第四节　喇嘛洞三燕文化居民体质特征来源

在第三节中已探讨了喇嘛洞三燕文化居民的种系构成和相对关系。在这一节将重点探讨喇嘛洞三燕文化居民体质特征的形成原因。

通过第三节的讨论，我们可以排除一些与喇嘛洞组相对关系不大的古代对比组，减少干扰，试图找到喇嘛洞组体质特征形成的历史过程。

这里我们选择了朝阳组、完工组、扎赉诺尔组、南杨家营子组、平洋组、夏家店上层文化合并组、龙头山组、三道湾组、东大井组、叭沟组、新店子组、关马山组和西团山文化合并组 13 个与喇嘛洞组在时空范围内更紧密的古代对比组来进行讨论。各对比组我们仍然在 12 项主要颅面部测量绝对值（颅长、颅宽、颅高、最小额宽、上面高、颧宽、眶宽、眶高、鼻宽、鼻高、面角和鼻颧角）和 8 项指数项目（颅指数、颅长高指数、颅宽高指数、额宽指数、上面指数、眶指数、鼻指数和垂直颅面指数）上进行欧氏距离系数的比较。各对比组数据见表 5.10。

我们依据各对比组的数据计算各组相互之间的欧氏距离系数。结果见表 5.11。我们利用各对比组之间的欧氏距离系数进行了聚类分析（图 5.10）。

表 5.10　喇嘛洞三燕文化居民与各组古代居民的比较

项目	喇嘛洞组	朝阳组	完工组	扎赉诺尔组	南杨家营子组	平洋组	夏家店上层文化合并组	龙头山组	三道湾组	东大井组	叭沟组	新店子组	关马山组	西团山文化合并组
颅长（g-op）	177.94	181.7	184.25	185.65	179.63	190.54	181.19	178.28	181.69	185.5	186	173.8	181.3	178.18
颅宽（eu-eu）	144.43	144.53	140.6	147.84	144.75	144.6	136.2	137.29	148.51	147.5	148	153.27	139.94	138.18
颅高（ba-b）	136.3	131.17	139	130.64	126	140.11	140.7	137.16	130.65	129.3	124	128.18	141.79	134.67
最小额宽（ft-ft）	92.53	90.93	91	93.57	90	91.29	89	90.32	93.36	90.9	93	94.33	92.93	86.47
颧宽（zy-zy）	136.96	136.7	142.5	138.48	136.75	144.9	133.75	135.07	141.08	142.3	137	142.08	140.14	144.1
上面高（n-sd）	75.15	76.05	77.5	76.75	76.75	77.08	75.1	74.44	78.91	74.6	74.5	73.91	74.6	78.27
眶宽（mf-ek） R	44.02	43.67	43.25	42.76	41.83	43.74	42.8	42.03	43.24	44.8	43.2	44.38	42.94	42.47
眶高 R	33.8	33.5	33.75	33.36	34.07	33.91	34.44	33.3	34.2	33.6	35.25	33.12	31.92	37.87
鼻宽	26.71	26.17	26.25	27.18	27	28.9	28.08	26.43	27.43	27	25.25	27.12	26.5	28
鼻高（n-ns）	54.15	53.33	59	56.89	57.5	54.5	53.6	53.01	56.38	56.4	57	56.52	54.11	55.93
面角（n-pr FH）	85.83	85.5	88	86.63	91.16	90.89	80.6	86.04	87.5	88.7	90	88	85.72	89
鼻颧角（fmo-n-fmo）	143.77	151	148.25	147.76	150.4	147.13	149.5	151.16	152.19	147.7	148	148.77	152.43	140
颅指数	80.96	79.52	76.44	79.7	79.9	75.89	75.06	77.18	81.88	79.6	80.43	88.13	77.05	75.99
颅长高指数	77.28	72.19	75.54	70.65	70.2	74.09	78.26	76.66	72	69.5	67.4	72.8	78.6	75.3
颅宽高指数	94.42	91	98.94	88.58	87.06	97.3	103.46	99.67	88.02	88.2	83.78	84.57	101.47	97.37
鼻指数	49.09	49.05	45.41	47.68	47.16	49.4	52.43	50.07	48.86	47.9	44.39	48.06	48.67	50.83
眶指数 R	76.92	76.7	78.01	79.18	81.34	77.77	80.48	79.35	78.22	74.2	81.62	74.71	74.43	83.87
额宽指数	63.49	63.07	64.89	63.31	62.51	63.19	65.35	65.88	62.94	61.8	62.84	61.6	65.63	62.51
上面指数	54.76	55.2	54.4	55.04	55.7	53.06	56.15	54.88	56.12	52.4	54.38	51.93	54.76	54.06
垂直颅面指数	54.58	57.91	55.75	58.16	60.72	54.43	53.38	54.71	60.6	60.3	60.08	57.29	53.18	57.26

表 5.11　喇嘛洞组与其他古代对比组之间的欧氏距离系数矩阵

Case	1	2	3	4	5	6	7
1	0.000	12.192	14.544	15.323	19.360	18.207	18.244
2	12.192	0.000	16.509	8.956	11.823	18.814	21.674
3	14.544	16.509	0.000	17.678	22.126	11.290	17.362
4	15.323	8.956	17.678	0.000	11.289	18.008	26.610
5	19.360	11.823	22.126	11.289	0.000	24.783	29.701
6	18.207	18.814	11.290	18.008	24.783	0.000	22.222
7	18.244	21.674	17.362	26.610	29.701	22.222	0.000
8	13.262	15.354	13.895	21.294	22.515	19.895	9.765
9	16.858	9.555	19.397	8.106	10.763	20.562	28.340
10	18.098	11.427	19.469	8.787	13.331	18.621	30.008
11	23.750	16.212	26.200	11.224	10.576	26.623	35.122
12	20.535	18.703	28.420	18.125	18.435	29.681	36.441
13	15.217	18.682	11.471	23.164	27.479	16.368	13.284
14	16.869	20.682	16.086	22.011	22.416	19.330	20.959

Case	8	9	10	11	12	13	14
1	13.262	16.858	18.098	23.750	20.535	15.217	16.869
2	15.354	9.555	11.427	16.212	18.703	18.682	20.682
3	13.895	19.397	19.469	26.200	28.420	11.471	16.086
4	21.294	8.106	8.787	11.224	18.125	23.164	22.011
5	22.515	10.763	13.331	10.576	18.435	27.479	22.416
6	19.895	20.562	18.621	26.623	29.681	16.368	19.330
7	9.765	28.340	30.008	35.122	36.441	13.284	20.959
8	0.000	22.141	24.153	28.829	29.522	10.554	18.207
9	22.141	0.000	10.576	14.332	15.078	23.626	23.281
10	24.153	10.576	0.000	12.986	17.095	24.892	23.135
11	28.829	14.332	12.986	0.000	20.047	32.369	27.952
12	29.522	15.078	17.095	20.047	0.000	30.615	29.892
13	10.554	23.626	24.892	32.369	30.615	0.000	22.143
14	18.207	23.281	23.135	27.952	29.892	22.143	0.000

注：1. 喇嘛洞组；2. 朝阳组；3. 完工组；4. 扎赉诺尔组；5. 南杨家营子组；6. 平洋组；7. 夏家店上层文化合并组；8. 龙头山组；9. 三道湾组；10. 东大井组；11. 叭沟组；12. 新店子组；13. 关马山组；14. 西团山文化合并组。

在图 5.10 中喇嘛洞组处于东亚组群之中，夏家店上层文化合并组与龙头山组体质特征最为相近，他们的综合特征与关马山组最为接近，先聚成一个组群；完工组和平洋组在全部对比组中较为相近，首先聚类；喇嘛洞组正是处于完工组和平洋组的综合特征与夏家店上层文化合并组、龙头山组和关马山组中间的位置，喇嘛洞组的种系成分还是主要承继了以东亚蒙古人种的体质特征为主的组群，同时还包含了一些北亚或者东北亚的种系成分。

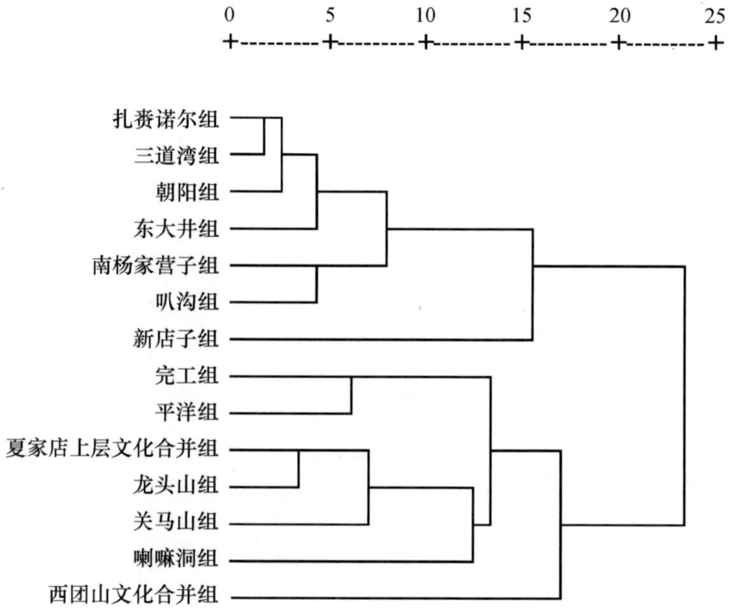

第五节　小　　结

通过以上的比较分析，我们对喇嘛洞三燕文化居民的种族类型有了一个初步的认识。

首先，喇嘛洞三燕文化居民属于亚美人种支干。

喇嘛洞三燕文化的居民应该与东亚蒙古人种的关系更为密切，其次为北亚蒙古人种，而与东北亚和南亚蒙古人种有着较远的距离。仔细分析，喇嘛洞三燕文化居民比东亚蒙古人种具有更大的颅宽和面宽，前额更加倾斜，与北亚蒙古人种较宽的颅形和面形及倾斜的前额很相符合；但是与北亚蒙古人种的低颅、宽面和较大的面部扁平度又有非常明显的区别，尤其喇嘛洞三燕文化居民的高颅特征更接近东亚和东北亚蒙古人种；在面部扁平程度上，喇嘛洞三燕文化居民又与南亚蒙古人种可相比较。这种现象再一次提醒我们喇嘛洞三燕文化居民的种系来源的复杂性。

我们通过喇嘛洞三燕文化居民的体质特征数据与各近代组的特征值进行的比较与通过计算喇嘛洞组与各对比组平均数组间差异均方根及计算各对比组之间欧氏距离进行聚类分析得出的结果可以相互印证，同时和喇嘛洞三燕文化居民与亚洲蒙古人种及各不同区域类型主要颅面部特征的比较结果基本吻合。由此可见，喇嘛洞三燕文化居民与现代蒙古人种中的东亚类型、东北亚类型和北亚类型居民具有程度不同的关系和距离，相比之下与现代东亚蒙古人种颇多相似，喇嘛洞三燕文化居民与属于东亚蒙古人种的朝鲜组之间距离也是最小的。

通过与古代对比组的比较，我们认为喇嘛洞组还是与东亚蒙古人种占主导成分的对比组较为接近，与明显低颅的北亚人种有较大的差距。喇嘛洞组与大同组关系更为密切。

喇嘛洞组的种系成分还是主要承继自以东亚蒙古人种的体质特征为主的组群，同时还包含了一些北亚或者东北亚的种系成分。

注　释

[1] 韩康信，谭婧泽，张帆：《青海大通上孙家寨古墓地人骨的研究》，《中国西北地区古代居民种族研究》，复旦大学出版社，2005 年，1 ~ 68 页。

[2] 潘其风，韩康信：《东汉北方草原游牧民族人骨的研究》，《考古学报》1982 年 1 期，117 ~ 136 页。

[3] a. 朱泓：《东北古代居民的种族成分研究》，《博物馆研究》1989 年 3 期。

b. 朱泓：《建立具有自身特点的中国古人中学研究体系》，《我的学术思想》，吉林大学出版社，1996 年。

c. 朱泓：《中国东北地区的古代种族》，《文物季刊》1998 年 1 期，54 ~ 64 页。

d. 朱泓：《中原地区的古代种族》，《庆祝张忠培先生七十岁论文集》，科学出版社，2004 年，549 ~ 557 页。

[4][33] 张全超：《内蒙古和林格尔县新店子墓地人骨研究》，吉林大学博士学位论文，2005 年。

[5] a. 潘其风，韩康信：《东汉北方草原游牧民族人骨的研究》，《考古学报》1982 年 1 期，117 ~ 136 页。

b. 朱泓：《内蒙古宁城山嘴子辽墓契丹族颅骨的人类学特征》，《人类学学报》1991 年，278 ~ 287 页。

c. 朱泓：《鞑鞨人种研究》，《青果集》，知识出版社，1993 年，368 ~ 381 页。

[6] 雅·雅·罗金斯基，马·格·列文：《人类学》，警官教育出版社，1993 年，525 页。

[7] 薛薇：《SPSS 统计分析方法及应用》，电子工业出版社，2005 年。

[8] B · Ⅱ · 阿列克谢耶夫：《鞑鞨人的颅骨学资料》，《西伯利亚古人类学》，莫斯科，1980 年。
[9] 朱泓：《鞑鞨人种研究》，《青果集》，知识出版社，1993 年，368 ~ 381 页。
[10] 田立坤：《鲜卑文化源流的考古学考察》，《青果集》，知识出版社，1993 年。
[11] a. 朱泓：《朝阳魏晋时期鲜卑墓葬人骨研究》，《辽海文物学刊》1996 年 2 期。
b. 陈山：《朝阳鲜卑颅骨的人类学研究》，《辽宁省文物考古研究所文集》，辽宁民族出版社，2003 年。
[12] a. 宿白：《东北、内蒙古地区的鲜卑遗迹》，《文物》1977 年 5 期。
b. 陈雍：《扎赉诺尔等五处墓葬陶器的比较研究》，《北方文物》1989 年 2 期。
c. 许永杰：《鲜卑遗存的考古学考察》，《北方文物》1993 年 4 期。
d. 乔梁：《鲜卑遗存的认定与研究》，《中国考古学的跨世纪反思》，香港商务印书馆，1999 年。
e. 林沄：《内蒙古地区鲜卑墓葬的发现与研究 · 序》，《内蒙古地区鲜卑墓葬的发现与研究》，科学出版社，2004 年。
f. 潘玲：《完工墓地的文化性质和年代》，《考古》2007 年 9 期。
g. 潘玲：《伊沃尔加城址和墓地及相关匈奴考古问题研究》，科学出版社，2007 年。
[13] [17] 潘其风，韩康信：《东汉北方草原游牧民族人骨的研究》，《考古学报》1982 年 1 期。
[14] 朱泓：《从扎赉诺尔汉代居民的体质差异探讨鲜卑族的人种构成》，《北方文物》1989 年 2 期，45 ~ 51、63 页。
[15] 朱泓：《扎赉诺尔汉代墓葬第三次发掘出土颅骨的初步研究》，《人类学学报》1989 年 2 期，123 ~ 130 页。
[16] a. 宿白：《东北、内蒙古地区的鲜卑遗迹》，《文物》1977 年 5 期。
b. 林沄：《内蒙古地区鲜卑墓葬的发现与研究 · 序》，《内蒙古地区鲜卑墓葬的发现与研究》，科学出版社，2004 年。
[18] a. 杨志军，郝思德，李陈奇：《平洋墓葬》，文物出版社，1990 年。
b. 潘玲，林沄：《平洋墓葬的年代与文化性质》，《边疆考古研究》第 1 辑，科学出版社，2002 年。
c. 赵宾福：《中国东北地区夏至战国时期的考古学文化研究》，吉林大学博士学位论文，2005 年，40 ~ 41 页。
[19] 郝思德，杨志军，李陈奇：《平洋墓葬族属初论》，《北方文物》1989 年 3 期。
[20] 潘其风：《平洋墓葬人骨的研究》，《平洋墓葬》附录一，文物出版社，1990 年。
[21] 朱泓：《内蒙古宁城山嘴子辽墓契丹族颅骨的人类学特征》，《人类学学报》1991 年 4 期。
[22] a. 中国科学院考古研究所体质人类学组：《赤峰、宁城夏家店上层文化人骨研究》，《考古学报》1975 年 2 期。

b. 朱泓:《夏家店上层文化居民的种族类型及相关问题》,《辽海文物学刊》1989 年 1 期。
[23] 齐晓光:《内蒙古克什克腾旗龙头山遗址发掘的主要收获》,《内蒙古东部地区考古学文化研究文集》,海洋出版社,1991 年。
[24] 陈山:《克什克腾旗龙头山青铜时代颅骨的人类学研究》,《人类学学报》2000 年 1 期。
[25] 乌兰察布博物馆:《察右后旗三道湾墓地》,《内蒙古文物考古文集》第一辑,中国大百科全书出版社,1994 年。
[26] 朱泓:《察右后旗三道湾汉代鲜卑族颅骨的人种学研究》,《内蒙古文物考古文集》第二辑,中国大百科全书出版社,1997 年。
[27] 陈靓,朱泓,郑丽慧:《内蒙古东大井东汉时期鲜卑墓葬人骨研究》,《东北、内蒙古地区古代人类的种族类型与 DNA》,吉林人民出版社,2006 年。
[28] 朱泓:《吉林省大安县渔场墓地汉晋时期人骨研究》,《边疆考古研究》第 2 辑,科学出版社,2004 年。
[29] 张全超,周密:《内蒙古兴和县叭沟墓地鲜卑族人骨研究》,《东北、内蒙古地区古代人类的种族类型与 DNA》,吉林人民出版社,2006 年。
[30] 山西省考古研究所,大同市博物馆:《大同南郊北魏墓群发掘简报》,《文物》1992 年 8 月。
[31] 张振标,宁立新:《大同北魏时期墓葬人骨的种族特征》,《文物季刊》1985 年 3 期。
[32] 韩巍:《山西大同北魏时期居民的种系类型分析》,《边疆考古研究》第 4 辑,科学出版社,2006 年。
[34] 林沄:《中国东北系铜剑初论》,《考古学报》1980 年 2 期。
[35] 韩康信:《沈阳郑家洼子的两具青铜时代人骨》,《考古学报》1975 年 1 期。
[36] 辛占山:《康平顺山屯青铜时代遗址试掘报告》,《辽海文物学刊》1988 年 1 期。
[37] 刘宁:《顺山屯青铜时代居民的人种学研究》,《辽海文物学刊》1994 年 1 期。
[38] 朱泓等:《吉林农安县邢家店北山墓地的古代人骨》,《考古》1989 年 4 期。
[39] 朱泓:《东北古代居民的种族成分研究》,《博物馆研究》1989 年 3 期。
[40] 李恭笃:《辽宁东部地区青铜文化初探》,《考古》1985 年 6 期。
[41] 魏海波,张振标:《辽宁本溪青铜时代人骨》,《人类学学报》1989 年 4 期。
[42] 朱泓:《本溪庙后山青铜时代居民的种系归属》,《考古学文化论集》(四),文物出版社,1997 年。
[43] 朱泓,贾莹:《九台关马山石棺墓颅骨的人种学研究》,《考古》1991 年 2 期。
[44] 张敬雷:《青海省西宁市陶家寨汉晋时期墓地人骨研究》,吉林大学博士学位论文,2008 年。
[45] 韩康信,谭婧泽,张帆:《青海大通上孙家寨古墓地人骨的研究》,《中国西北地区古代居民种族研究》,复旦大学出版社,2005 年,1 ~ 68 页。
[46] 韩巍:《陕西澄城良辅墓地汉代人骨研究》,吉林大学硕士学位论文,2006 年。
[47] 尚虹,韩康信,王守功:《山东鲁中南地区周——汉代人骨研究》,《人类学学报》

2002 年 1 期，1 ~ 13 页。
[48]　参见《中国大百科全书·考古学卷》（中国大百科全书出版社，1986 年）中的有关条目。
[49]　贾兰坡，颜訚：《西团山人骨的研究报告》，《考古学报》1963 年 2 期。
[50]　潘其风，韩康信：《吉林骚达沟石棺墓人骨的研究》，《考古》1985 年 10 期。
[51]　潘其风，韩康信：《东汉北方草原游牧民族人骨的研究》，《考古学报》1982 年 1 期。
[52]　陈山：《喇嘛洞墓地颅骨种族类型初探》，《边疆考古研究》第 1 辑，科学出版社，2002 年。

第六章　身高的研究

第一节　喇嘛洞三燕文化居民身高的推算

用长骨的测量数值来推算身高只能是个体存活时的近似值，因为人类的身高会受很多种因素的影响，包括年龄、民族、种族、性别、饮食结构、营养状况等。一般来说，一个人的最大身高大约出现在 18 ~ 20 岁。根据骨骼推算身高可能出现的误差为 2 ~ 10 厘米；使用下肢骨推算身高的可能性要大于使用上肢骨。因此用肢骨的最大长推算出的结果仅能作为一种参考。尽管如此，作为研究古代居民的一项重要体质特征，身高的推算仍然是体质人类学研究的一项必要内容。

目前人类学界用于推算身高的公式很多，并没有统一的标准。本书在计算喇嘛洞三燕文化居民的身高时，男性居民的推算公式选择了 Trotter 和 Gleser[1]、邵象清[2]、陈世贤制定的公式，而女性居民的身高推算公式我们选择了 K.Pearson[3]、张继宗[4]、陈世贤[5]的公式。

以上公式均选取了误差相对较小的股骨回归方程，在选择标本测量时，尽量选择右侧的股骨测量，当右侧股骨不完整时才选择左侧的来代替，以减少因为侧别不同带来的误差。

（1）男性个体身高的推算公式

① Trotter 和 Gleser 计算蒙古人种男性身高的公式

身高 = 股骨最大长 ×2.15+72.57 毫米

②邵象清计算中国汉族男性身高的公式

21 ~ 30 岁：

身高 = 643.62+2.30× 左侧股骨最大长 ±34.81 毫米

身高 = 644.84+2.31× 右侧股骨最大长 ±34.86 毫米

31 ~ 40 岁：

身高 = 640.21+2.32× 左侧股骨最大长 ±33.32 毫米

身高 = 635.64+2.33× 右侧股骨最大长 ±32.98 毫米

41 ~ 50 岁：

身高 = 617.48+2.36× 左侧股骨最大长 ±31.16 毫米

身高 = 687.57 + 2.20 × 右侧股骨最大长 ± 32.35 毫米

51 ~ 60 岁：

身高 = 784.03 + 1.96 × 左侧股骨最大长 ± 34.30 毫米

身高 = 780.19 + 1.98 × 右侧股骨最大长 ± 35.85 毫米

③陈世贤计算黄种人身高公式

身高 = 股骨 ×3.66+5 毫米

（2）女性个体身高推算公式

① K.Pearson 推算身高的公式

身高 = 股骨最大长 ×1.945+72.844 毫米

②陈世贤计算黄种人身高的公式

身高 = 股骨最大长 ×3.71+5 毫米

③张继宗计算中国汉族女性身高的公式

身高 = 左侧股骨最大长 ×2.671+483.91 毫米 ±47.92 毫米

身高 = 右侧股骨最大长 ×2.752+459.290 毫米 ±50.00 毫米

根据公式，我们推算出的喇嘛洞三燕文化居民男、女两性古代居民的身高值见表 6.1 和表 6.2。

男性组标本共计 40 例，其中左侧标本 10 例，右侧标本 30 例。

从表 6.1 可以看出男性的身高 3 种公式推算的结果不尽相同，但是差别不大，Trotter 和 Gleser 的公式推算的身高相比较高，为 166.68 厘米；变异范围最小，在 175.77 ~ 155.56 厘米；标准差也是最小的，为 3.87。

陈世贤的公式得出的结果平均身高为 165.21 厘米；但是变异范围很大，在 180.68 ~ 146.28 厘米，达到了 34.4 厘米之多；标准差也是最大的，为 6.59。

表 6.1　喇嘛洞三燕文化男性居民的身高推算（单位：厘米）

墓号	性别	股骨长 L	股骨长 R	Trotter 和 Gleser	陈世贤	邵象清
98BLIM 31	男		42.30	163.515	159.818	162.197
98BLIIM 054	男	42.60		164.16	160.916	162.342
98BLIIM 322	男	44.40		168.03	167.504	166.482
98BLIIM 379	男		43.70	166.525	164.942	165.431
98BLIM 20	男	44.20		167.6	166.772	166.022
98BLIIM320	男		47.30	174.265	178.118	173.747
98BLIIM337	男		40.40	159.43	152.864	157.808
98BLIIM299	男		42.50	163.945	160.55	162.659
98BLIIM039	男	42.10		163.085	159.086	161.192
98BLIIM229:1	男		41.80	162.44	157.988	161.042
98BLIIM335	男		43.80	166.74	165.308	165.662

续表

墓号	性别	股骨长 L	股骨长 R	Trotter 和 Gleser	陈世贤	邵象清
98BLⅡM364	男	44.50		168.245	167.87	166.712
98BLⅠM 34	男		43.60	166.31	164.576	165.2
98BLⅡM308	男		41.80	162.44	157.988	161.042
98BLⅠM 18	男		45.90	171.255	172.994	170.513
98BLⅠM 42	男		42.80	164.59	161.648	163.288
98BLⅡM099	男		38.60	155.56	146.276	153.502
98BLⅡM101	男	43.30		165.665	163.478	164.477
98BLⅡM300	男		44.50	168.245	167.87	167.249
98BLⅡM363	男		45.00	169.32	169.7	168.414
98BLⅡM045	男		43.50	166.095	164.21	164.919
98BLⅡM088	男		44.50	168.245	167.87	167.249
98BLⅡM193	男		45.20	169.75	170.432	168.88
98BLⅡM301	男		43.90	166.955	165.674	165.851
98BLⅠM 01	男	48.00		175.77	180.68	175.381
98BLⅡM007	男	44.10		167.385	166.406	165.824
98BLⅡM056	男		41.80	162.44	157.988	160.717
98BLⅡM061：1	男		43.90	166.955	165.674	165.337
98BLⅡM206	男		43.80	166.74	165.308	165.117
98BLⅡM183	男		43.80	166.74	165.308	165.117
98BLⅡM273	男		45.10	169.535	170.066	167.977
98BLⅡM275	男	46.50		172.545	175.19	171.488
98BLⅠM 22 ：1	男		45.90	171.255	172.994	169.737
98BLⅡM324	男		42.20	163.3	159.452	161.597
98BLⅡM369	男		45.40	170.18	171.164	168.637
98BLⅡM374	男	42.60		164.16	160.916	162.284
98BLⅡM004	男		42.10	163.085	159.086	161.377
98BLⅡM087	男		45.10	169.535	170.066	167.317
98BLⅡM315	男		45.10	169.535	170.066	167.317
98BLⅡM371	男		43.30	165.665	163.478	163.753
平均值				166.6809	165.2074	165.2714
最大值				175.77	180.68	175.381
最小值				155.56	146.276	153.502
标准差				3.872139	6.591642	4.112658

运用邵象清的公式计算喇嘛洞三燕文化居民的平均身高为 165.27 厘米，与陈世贤的公式计算的结果很相近；变异范围在 175.38 ~ 153.50 厘米；标准差也较小，为 4.11。可以看出在身高推算的平均值上 3 种方法差别不大，陈世贤的推算公式与邵象清的计算方法更为接近一些，但是 3 种方法结果显示陈世贤的方法个体变异和标准差最大，在计算喇嘛洞三燕文化男性居民的身高时更适用 Trotter 和 Gleser 以及邵象清的计算方法。取 2 种方法所得的身高值的平均数作为喇嘛洞三燕文化男性居民的平均身高，估计平均身高在 165.98 厘米。

表 6.2　喇嘛洞三燕文化女性居民的身高推算（单位：厘米）

墓号	性别	股骨长 L	股骨长 R	K.Pearson	陈世贤	张继宗
98BL Ⅰ M 12	女		39.8	150.255	152.658	155.4586
98BL Ⅰ M 19	女		41	152.589	157.11	158.761
98BL Ⅰ M 27	女		41.8	154.145	160.078	160.9626
98BL Ⅰ M 29	女	39.7		150.0605	152.287	154.43
98BL Ⅰ M 30	女		38.3	147.3375	147.093	151.3306
98BL Ⅰ M 37	女		39.3	149.2825	150.803	154.0826
98BL Ⅱ M025	女		40.9	152.3945	156.739	158.4858
98BL Ⅱ M027	女		40.9	152.3945	156.739	158.4858
98BL Ⅱ M032	女	44.3		159.0075	169.353	166.7166
98BL Ⅱ M040	女		39.2	149.088	150.432	153.8074
98BL Ⅱ M047	女	44.1		158.6185	168.611	166.1824
98BL Ⅱ M058	女		43.2	156.868	165.272	164.8154
98BL Ⅱ M077	女	41		152.589	157.11	157.9023
98BL Ⅱ M085	女		39.1	148.8935	150.061	153.5322
98BL Ⅱ M094	女		40.3	151.2275	154.513	156.8346
98BL Ⅱ M097	女		42	154.534	160.82	161.513
98BL Ⅱ M098	女		40	150.644	153.4	156.009
98BL Ⅱ M123	女		39.9	150.4495	153.029	155.7338
98BL Ⅱ M128	女		38.9	148.5045	149.319	152.9818
98BL Ⅱ M190	女	38.1		146.9485	146.351	150.1564
98BL Ⅱ M192	女		42	154.534	160.82	161.513
98BL Ⅱ M 221	女	41.1		152.7835	157.481	158.1694
98BL Ⅱ M 223	女		38.1	146.9485	146.351	150.7802
98BL Ⅱ M 245	女		42.1	154.7285	161.191	161.7882
98BL Ⅱ M 255	女		38.6	147.921	148.206	152.1562

续表

墓号	性别	股骨长 L	股骨长 R	K.Pearson	陈世贤	张继宗
98BL Ⅱ M256	女		40.5	151.6165	155.255	157.385
98BL Ⅱ M287	女		40	150.644	153.4	156.009
98BL Ⅱ M257	女		40.6	151.811	155.626	157.6602
98BL Ⅱ M261	女		41.3	153.1725	158.223	159.5866
98BL Ⅱ M268	女		42.9	156.2845	164.159	163.9898
98BL Ⅱ M293	女		40.8	152.2	156.368	158.2106
98BL Ⅱ M303	女		40.7	152.0055	155.997	157.9354
98BL Ⅱ M305	女		39.7	150.0605	152.287	155.1834
98BL Ⅱ M311	女		40.5	151.6165	155.255	157.385
98BL Ⅱ M316	女		40.8	152.2	156.368	158.2106
98BL Ⅱ M353	女		43.4	157.257	166.014	165.3658
98BL Ⅱ M366	女		43.1	156.6735	164.901	164.5402
平均值				152.1159	156.2076	157.9473
最大值				159.0075	169.353	166.7166
最小值				146.9485	146.351	150.1564
标准差				3.147436	6.003594	4.366764

女性标本 37 例，其中左侧标本 6 例，右侧标本 31 例。

在女性身高的测量方面 3 种方法计算所得的平均身高比男性差别大。

与男性相似，最大的变异范围和标准差出现在陈世贤的公式计算结果上。平均身高 156.2 厘米，身高变异范围在 169.35 ~ 146.35 厘米，达到了 23 厘米，标准差最大，为 6.00。

K.Pearson 的公式计算出喇嘛洞三燕文化女性的平均身高为 152.12 厘米，变异范围在 159.01 ~ 146.95 厘米，标准差为 3.15。

张继宗的计算公式计算的喇嘛洞三燕文化女性居民的平均身高为 157.95 厘米，变异范围在 166.72 ~ 150.16 厘米，标准差为 4.37。

比较 3 种算法，陈世贤的计算方法所计算的女性身高处于中间，但是变异范围和标准差最大；K.Pearson 计算出的身高最小，但是变异范围和标准差是最小的；张继宗的计算公式计算所得平均身高是最大的，变异范围和标准差却处于另外 2 种计算公式计算结果的中间。

另外据介绍 K.Pearson 的公式适用于中等身高的居民，男性为 165 厘米，喇嘛洞三燕文化居民男性的平均身高 165.98 厘米，正是适用这种公式。但是张继宗公式推算出来的喇嘛洞三燕文化女性居民的平均身高为 157.95 厘米，较

K.Pearson 的计算公式所得喇嘛洞三燕文化女性的平均身高 152.12 厘米多出了 5.83 厘米，大于 K.Pearson 公式应用于美国白人居民身高推算出来的校正值。综合考虑，我们认为用这 3 种计算公式所得的数值的平均数来代表喇嘛洞三燕文化女性居民的身高比较合适，为 155.42 厘米。

第二节 与其他古代组的比较

为了进一步分析喇嘛洞三燕文化居民身高的水平，揭示当时居民的发育状况，我们同样选择了不同时代、不同地区的居民进行比较分析，他们是：新店子组[6]、将军沟组[7]、井沟子组[8]、平洋组（砖厂）[9]、饮牛沟组[10]、西村周组[11]、洼刘组[12]、两醇组[13]、大甸子组[14]、上孙家寨汉代组[15]、陕西良辅组[16]、西宁陶家寨组[17]和现代组[18]等 13 个组。

为了增强各对比组间平均身高的可比性，男性组我们采用了 Trotter 和 Gleser 的公式推算的身高，女性采用的是 K.Pearson 的公式和张继宗公式推算出来的平均值进行比较。

各组比较数据见表 6.3。

表 6.3 喇嘛洞三燕文化居民与其他对比组身高的比较（单位：厘米）

组别	男性	女性
喇嘛洞组	166.68	154.16
新店子组	166.1	156.145
将军沟组	168.48	153.325
井沟子组	166.86	153.09
平洋组	165.7	155.535
西村周组	166.8	154.805
饮牛沟组	167.67	153.28
洼刘组	161.03	153.395
两醇组	167.65	155.93
大甸子组	163.28	154.4
西宁陶家寨组	169.31	152.16
上孙家寨汉代组	168.7	150.9
陕西良辅组	168.67	152.27
现代组	167.57	156.07

通过表 6.3，我们可以看到与喇嘛洞三燕文化居民男性身高相近的是西村周组，最低的是洼刘组，最高的是西宁陶家寨组，西北地区汉代左右的时间段居民的身高均比东北或内蒙古的古代居民为高，山东地区的居民处于中游水平。

喇嘛洞三燕文化居民女性身高处于所有对比组的中游，最高的出现在新店子组，上孙家寨汉代组女性身高最低。

依据表 6.3 的数据我们绘制了各对比组的柱状对比图（图 6.1）。

由表 6.1 我们可以看到所有的对比组中，男女两性的身高之比差距较大的出现在陶家寨组、上孙家寨汉代组和陕西良辅组之中，喇嘛洞组男女两性之比处于对比组的中游。

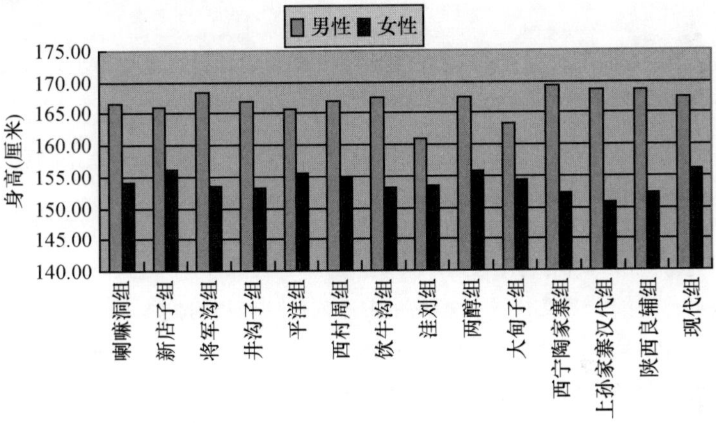

图 6.1　喇嘛洞三燕文化居民与其他对比组身高的比较图

第三节　小　　结

通过运用不同的身高推断公式，我们认为喇嘛洞三燕文化男性居民的平均身高估计在 165.98 厘米，喇嘛洞三燕文化女性居民的平均身高估计为 155.42 厘米。

在所有的对比组中，喇嘛洞三燕文化居民男女两性身高均处于各对比组的中游。在对比组中我们还可以看到，西北地区的男女两性身高之比较大，男性居民的身高较高而女性的身高较低。

注　　释

[1]　Trotter, Gleser G C. A re-evaluation of estimation of stature based on measurements of stature taken during life and of long bones after death. *American Journal of Physical*

Anthropology. 1958, 16（1）：79 ~ 123.

［2］ 邵象清：《人体测量手册》，上海辞书出版社，1985 年。

［3］ Pearson K, Bell J. A study of the long bones of the English skeleton, Cambridge University Press, London, 1917. 转引自张君：《河南商丘潘庙古代人骨种系研究》，《考古求知集——1996 考古研究所中青年学术讨论会文集》，中国社会科学出版社，1997 年，486 ~ 498 页。

［4］ 张继宗:《中国汉族女性长骨推断身长的研究》,《人类学学报》2001 年 4 期, 302 ~ 307 页。

［5］ 陈世贤：《法医骨学》，群众出版社，1980 年。

［6］［7］［10］ 张全超:《内蒙古和林格尔县新店子墓地人骨研究》, 吉林大学博士学位论文, 2005 年。

［8］ 朱泓，张全超，李法军：《内蒙古林西县井沟子遗址西区墓葬出土人骨的人类学研究》（待刊）。

［9］ 潘其风：《平洋墓葬人骨的研究》，《平洋墓葬》附录一，文物出版社，1990 年，187 ~ 235 页。

［11］ 韩伟，吴镇烽，马振智，焦南峰：《凤翔南指挥西村周墓人骨的测量与观察》，《考古与文物》1985 年 3 期，55 ~ 84 页。

［12］ 张松林，姜楠，刘彦锋：《对郑州市洼刘遗址西周时期人骨的观测》，《郑州文物考古与研究》（一）下册，科学出版社，2003 年，1501 ~ 1508 页。

［13］ 山东省文物考古研究所，土井浜遗址・人类学博物馆：《探索渡来系弥生人大陆区域的源流》，アフリク印刷株式会社，2000 年。

［14］ 潘其风：《大甸子墓葬出土人骨的研究》，《大甸子——夏家店下层文化遗址与墓葬发掘报告》，科学出版社，1996 年，259 ~ 261 页。

［15］ 韩康信，谭婧泽，张帆：《青海大通上孙家寨古墓地人骨的研究》，《中国西北地区古代居民种族研究》，复旦大学出版社， 2005 年，1 ~ 68 页。

［16］ 韩巍：《陕西澄城良辅墓地汉代人骨研究》，吉林大学硕士学位论文，2006 年。

［17］ 张敬雷：《青海省西宁市陶家寨汉晋时期墓地人骨研究》，吉林大学博士学位论文，2008 年。

［18］ 张振标：《现代中国人身高的变异》，《人类学学报》1988 年 2 期，112 ~ 120 页。

第七章　古病理学的研究

严格来说古病理学的研究对象是十分广泛的，它应该包括史前和历史时期一切可以提供古病理信息的载体，其中包括人类的遗存，也包括人类以外其他生物的遗存。

但是对于人类学者来说，在考古中所获得的古病理学资料绝大多数是人骨标本，所以研究内容主要包括了古代人类的疾病、创伤和发育畸形三大方面，并以此了解各种病理现象（包括疾病、创伤和畸形）在历史上各人群中的发生、发展和分布情况，进而了解在各个时空概念上人类群体的健康状况以及各种疾病发生、发展的历史及原因。

通过古病理学的研究，了解当时居民的健康状况，结合考古学、古人口学、文献史料等，对古代人类与自然环境之间的关系进行深入的探讨[1]。

第一节　骨骼损伤

骨骼损伤是古代人骨标本中很常见的一大类病理现象，主要包括骨质压痕、骨质擦伤、线状骨折、塌陷性骨折、孔状骨折、粉碎性骨折、压缩性骨折、骨质砍创、骨质切创、骨质划伤等。

在考古工作中我们经常见到的和容易辨认的是各种类型的骨折。

骨折是指骨的完整性或连续性遭到破坏。骨折的原因是多样的，有外力作用的结果，也与自身骨质的发育有关。

骨折的愈合也是一个复杂、连续的过程，正常情况下，根据骨折愈合不同阶段的特点可以大致分为四个时期。

（1）血肿机化演进期。骨折端血肿逐渐演进成纤维组织，使骨折部位初步连接。这一过程大约需要 2 ~ 3 周。

（2）原始骨痂形成期。内、外骨膜增生形成骨样组织，经钙化形成内、外骨痂。髓腔内纤维组织转变为软骨，软骨骨化形成环形骨痂和腔内骨痂，骨折达到初步骨性连接。这一阶段跨度较大，骨折部位不同、年龄不同所需时间也不相同。儿童骨折愈合快，所需时间短，老年人时间相对较长，上肢骨折所需时间比下肢短。原始骨痂形成大约在 6 ~ 12 周完成。

（3）骨性愈合期。骨折达到初步性连接后，骨痂开始缩小并逐渐骨化，骨小梁逐渐增加，骨髓腔由骨痂所填充。骨折后 3 ~ 12 个月，骨骼完成骨性愈合。

（4）塑形期。在塑形过程中，破骨细胞和成骨细胞共同发挥作用，按人体力学需要，不足的部分骨组织进一步增多，多余的部分得以清除。经过塑形，骨结构变得规则，髓腔重新开通，恢复了骨折前的正常形态。塑形期贯穿整个骨折愈合过程中，实际上是一个修整过程，通常要几个月至几年才能彻底完成。

根据骨骼的愈合情况，我们可以辨识发掘中的人骨标本在伤后是否存活及大致的推测出其存活的时间。

在进行古人骨损伤鉴定时应注意创口留下的病理特征，以区分该创伤是死前所致还是死后所致。通常，死前出现的创口，由于骨骼的自身修复功能，在几天内即可重新塑造出平滑的边缘，在创口的边缘和累及部位可以观察到造骨细胞的修复痕迹；而死后造成的创口常表现为尖锐而锋利的边缘，呈锯齿状，有凹口且参差不齐，形状不规则或无规律。

喇嘛洞三燕文化居民骨骼上所见到的骨损伤情况有 21 例，包括有骨质压痕、骨质擦伤、塌陷性骨折、孔状骨折、粉碎性骨折、骨质切创和骨质划伤等。

一、骨 质 压 痕

骨质受到坚硬物体冲压作用而造成骨质表面下陷变形而无损伤，多半是因为质硬而较沉重的工具打击而形成。多见于颅顶部位。压痕部位的板障出现挤压破坏，骨密质无明显的骨折，用手触摸该处有凹陷感，侧面观察可见压痕，显微镜下可观察到骨密质有细小裂痕。

喇嘛洞三燕文化居民骨骼中发现 1 例此类情况，标本编号 98BLIIM233，左侧顶骨顶结节处有一长条形凹陷，已经吸收修复很好。

二、塌陷性骨折

塌陷性骨折多发生在颅骨上，系颅骨骨板全层或单层骨折，继而发生凹陷并伴有骨裂。轻者使颅骨球面外形变为平坦面，重者出现圆锥形凹陷，周围有环形骨折线。

喇嘛洞三燕文化居民骨骼中发现 1 例标本，属于骨质压痕和塌陷性骨折综合症状，可以称为重度骨质压痕，或可称之为塌陷性骨折，也可能是愈合较好的塌陷性骨折。

标本编号98BLIIM218（图7.1），男性。受创位置在左侧顶骨处，可能是受外力击打造成外壁骨板凹陷，骨面过渡较平缓，有圆形凹陷，凹陷直径1.2厘米，但是周围并没有发现环形骨折线。推测该骨折可能发生在发育旺盛的未成年时期或者是骨折发生后该个体又存活了很长时间。

图7.1　左侧顶骨凹陷（98BLIIM218）

三、骨质擦伤

骨质擦伤是致伤工具按切线方向与骨组织发生摩擦而造成骨质表面脱落以及出现缺损的一种损伤。轻者仅伤及骨质表面，留下凹坑和擦划痕迹，重则伤及板障造成范围和深度较大的骨质缺损。其痕迹常能反映凶器的一些特点和作用力的方向。

在喇嘛洞三燕文化居民中我们发现了这类损伤。

标本编号98BLIIM117（图7.2），男性。受创部位位于额骨左侧。额骨外板遭钝器破坏，外板损伤，已修复。根据创伤的特点，推测作用力方面是由身前向身后。该处损伤不是致命的。

标本编号98BLIIM146（图7.3），女性。受创部位位于右侧顶骨中部，造成创伤部位的部分颅板缺失，孔洞尺寸长1厘米，宽0.7厘米。创骨表层有修复迹象。该创伤我们认为是致命的。

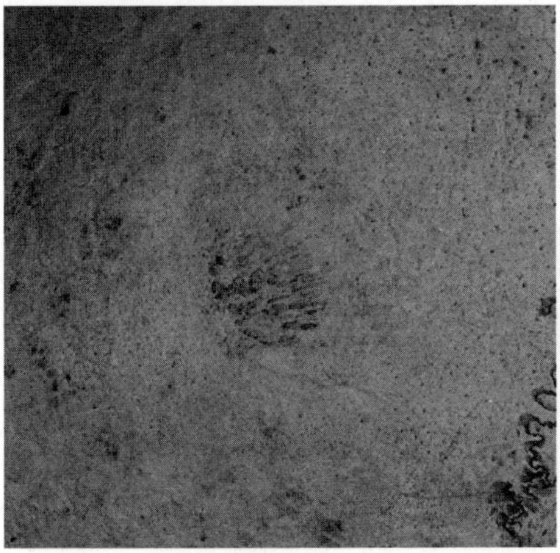

图7.2　左侧额骨骨质擦伤（98 BLIIM117）

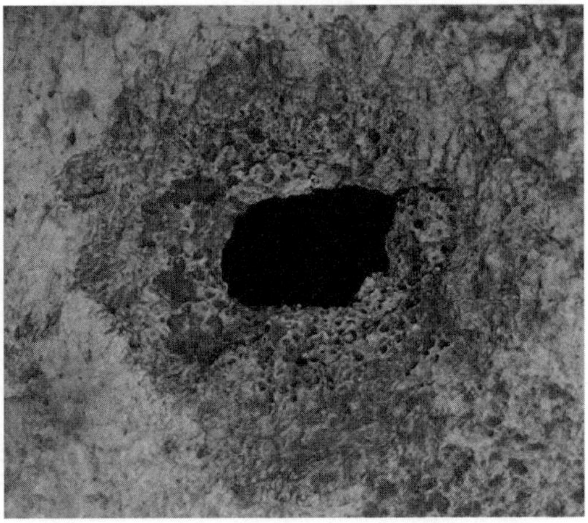

图7.3　右侧顶骨中部的重度骨质擦伤（98BLIIM146）

四、孔 状 骨 折

骨折区内骨片完全断离脱落而造成孔洞，其周围一般都具有或多或少、或长或短的放射状排列的骨折线。

标本编号 98BLIIM137（图 7.4），女性。受创部位位于左侧顶骨中部近矢状缝处，创面约为 3.3 厘米 ×3.0 厘米，呈菱形。推测为垂直受力所致，致命伤。

标本编号 98BLIIM215（图 7.5），男性。受创部位位于左侧前额，周缘光滑。

标本编号 98BLIIM205（图 7.6），男性。受创部位位于顶骨偏左侧，致命伤。推测为垂直受力所致。

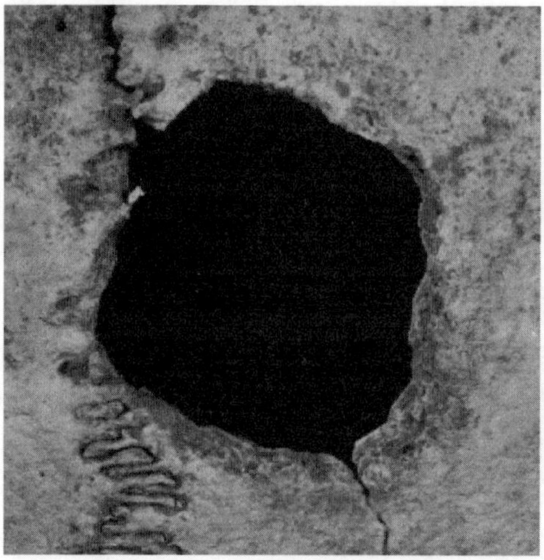

图 7.4　左侧顶骨中部孔状骨折（98BLIIM137）

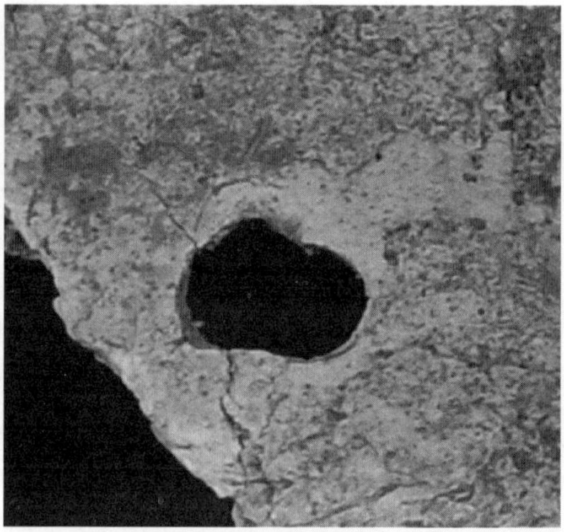

图 7.5　左侧前额孔状骨折（98BLIIM215）

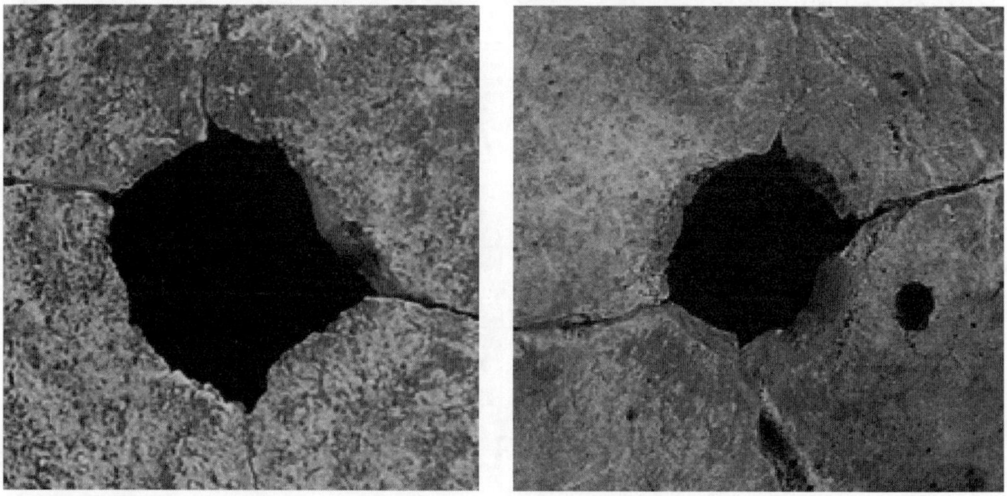

外侧　　内侧

图 7.6　顶骨左侧孔状骨折（98BLIIM205）

五、压缩性骨折

压缩性骨折是骨质在两个相对外力的挤压下造成的一种骨折，多见于胸椎、腰椎等椎体。如在高坠时，椎体松质受上下外力的压缩而变扁，出现水平向骨裂。

喇嘛洞三燕文化居民中仅见 1 例，标本编号 98BLIM035（图 7.7），椎体形状发生了前后方向的楔形变，即腹侧面压缩变得很矮，椎弓处完好，保持原有性状，致使椎体从侧面观形似一块“楔子”。在椎体腹侧面可以看到不规则褶皱。因为骨骼不全，无法得知创伤是否累及其他椎体。

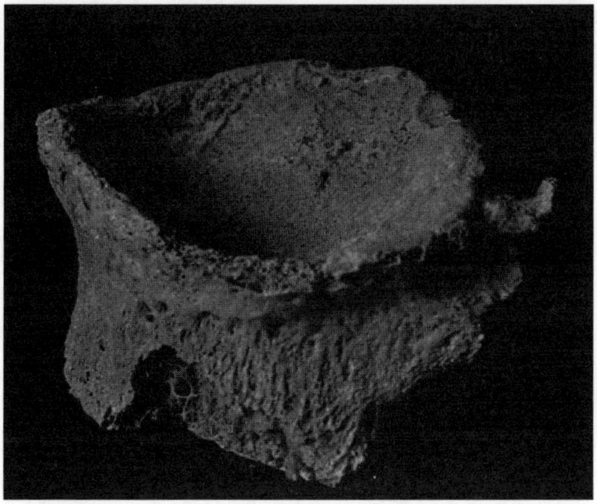

图 7.7　压缩性骨折（98BLIM035）

通常导致压缩性骨折的原因有三种，即由外伤导致、结核病导致或是脊椎骨骺炎（青年驼背）。

结核病导致的压缩性骨折常为单个椎体，椎体内出现空腔且在椎体的腹侧应有漏道出现。青年驼背是多个椎体的楔形变形，是由于椎间组织的压迫，椎体无菌性坏死或垂体前叶生长激素的影响造成的椎体楔变，可见 Schmorl 结节（Schmorl 结节是指椎间盘髓核组织经破裂的软骨终板突入邻近的椎体松质骨内，表现为椎体上下缘不规则或半圆形缺损），并且椎间隙正常。

从本例材料的形制上看，应排除上述这两种病因，属外伤所致。

六、鼻骨骨折

鼻骨突出于面部中央，易遭受撞击或跌碰，发生鼻骨骨折。鼻骨上部厚而窄，下部薄而宽，故多数鼻骨折仅发生于鼻及鼻骨下部。暴力的方向和大小决定骨折的类型。严重的鼻骨骨折常伴有鼻中隔骨折，软骨脱位。骨折处多有黏膜撕裂。

在喇嘛洞三燕文化居民之中我们发现了 4 例鼻骨骨折标本。

标本编号 98BLⅢM061（图 7.8），男性。

标本编号 98BLⅢM040（图版七），女性。

标本编号 98BLⅢM359，男性（图版八）。

标本编号 98BLⅢM364，男性。

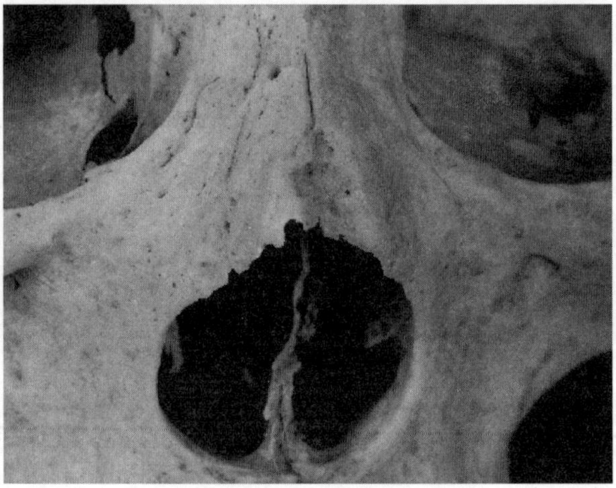

图 7.8　鼻骨骨折（98BLⅢM061）

七、肢骨骨折

肢骨骨折可发生于任何年龄，多由直接暴力和间接暴力所引起，如重物撞击、挤压、打击或是跌倒时，手或肘部着地，暴力经前臂或肘部传至各部位。

喇嘛洞三燕文化居民肢骨骨折的案例较多，主要发生在下肢，共发现了 6 例个体。

标本编号 98BLⅢM011，男性（图 7.9）。

标本编号 98BLⅢM089，男性（图 7.10）。

标本编号 98BLⅢM108，男性（图 7.11）。

标本编号 98BLIIM206，男性（图 7.12）。

标本编号 98BLIIM334，男性（图 7.13）。

标本编号 98BLIIM364，男性（图 7.14）。

非常有意思的是，所有发生骨折的、尤其是主干的四肢骨骨折的个体，都是男性，有的愈合的还不错，有的错位愈合，造成了终生残疾。骨折并不是致命的创伤，所有的个体在骨折发生以后又生存了很多年。

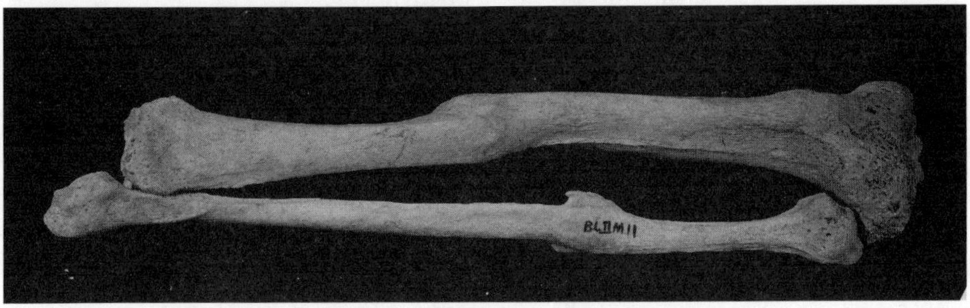

图 7.9　肢骨骨折（98BLIIM011）

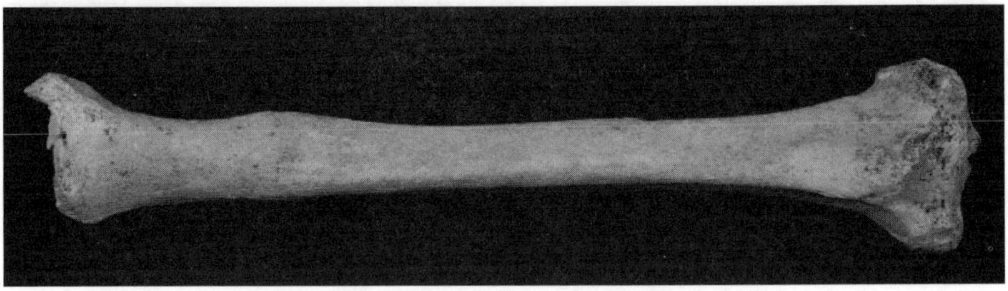

图 7.10　肢骨骨折（98BLIIM089）

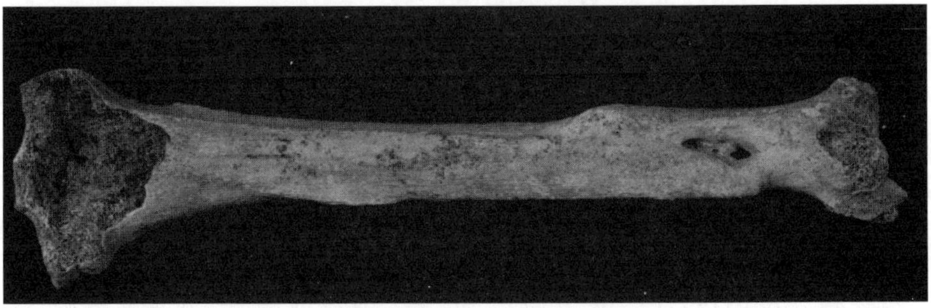

图 7.11　肢骨骨折（98BLIIM108）

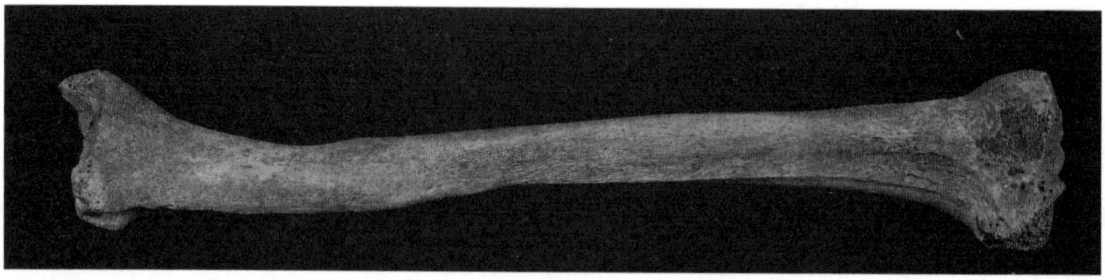

图 7.12　肢骨骨折（98BLIIM206）

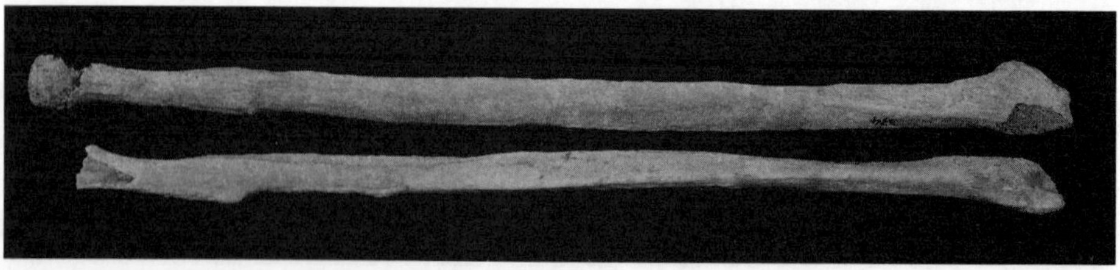

图 7.13　肢骨骨折（98BLIIM334）

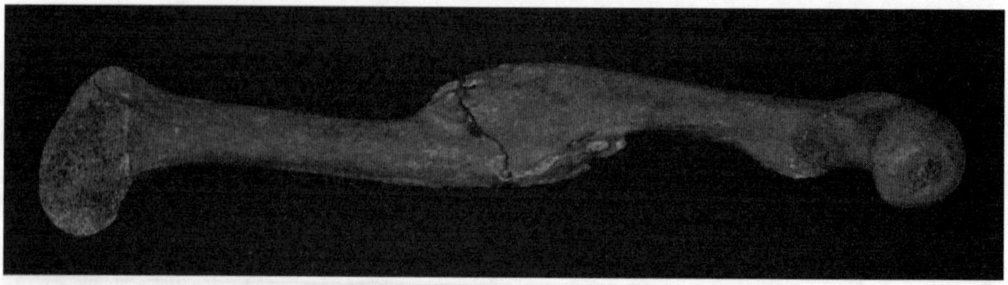

图 7.14　肢骨骨折（98BLIIM364）

八、骨 质 砍 创

骨质砍创是指锐器刃部以接近垂直于人体体表且以上下挥动的形式致伤人体所形成的创伤。其特点为创口大、创腔深。砍创两端有骨裂，骨裂线的长短与锐器进入骨质部分的深度成正比。创缘骨质向外翻起，并有小面积骨质脱落。

喇嘛洞三燕文化居民中发现有砍伤标本 3 例，发生于颅骨和下颌骨上，推测均为刀伤。

标本编号 98BLIIM114（图 7.15），男性。受创部位位于下颌骨左侧，由下颌体底部从后向前至下颏孔下方。推测为锐器砍伤，施力者应该在对面的方向，为习惯使用右手的人。此伤没有致命，伤口已经愈合。

标本编号 98BLⅢM298（图 7.16），男性。受创部位有四处。一处是旧伤，为骨质切创，位于下颌左侧颏孔处，为一尖锐物体所伤，已经修复。此处创伤非致命伤。另外三处创口整齐，分别位于前额水平方向、左侧眼眶上方和左侧顶骨纵向。推测为刀伤。此三处均为致命伤，造成立即死亡。

标本编号 98BLⅢM335（图 7.17），男性。受创部位位于右侧顶骨处，此伤为致命伤。

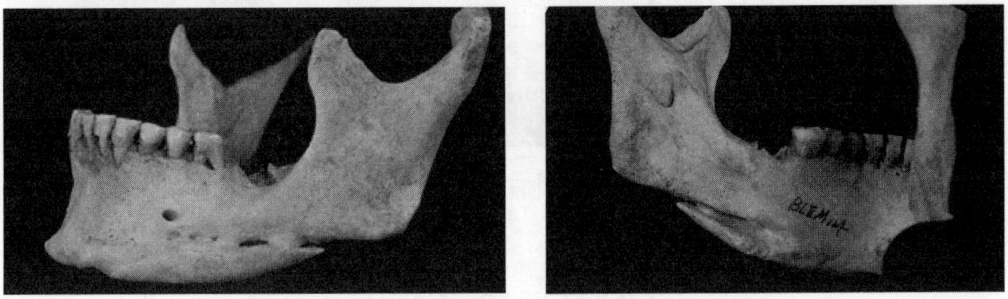

外视　　内视

图 7.15　下额左侧骨质砍创（98BLⅢM114）

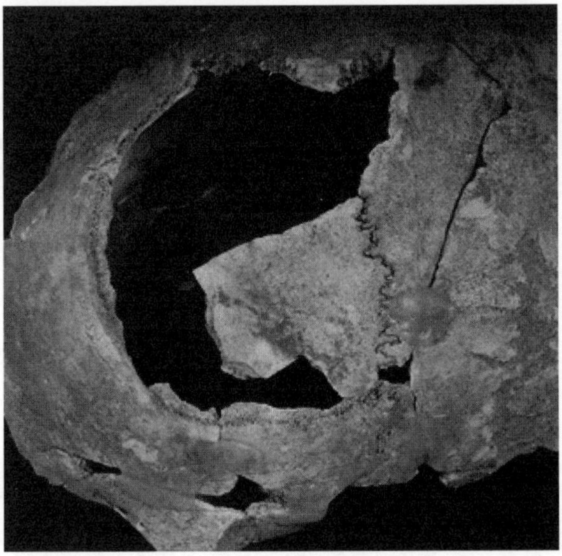

图 7.16　骨质砍创（98BLⅢM298）

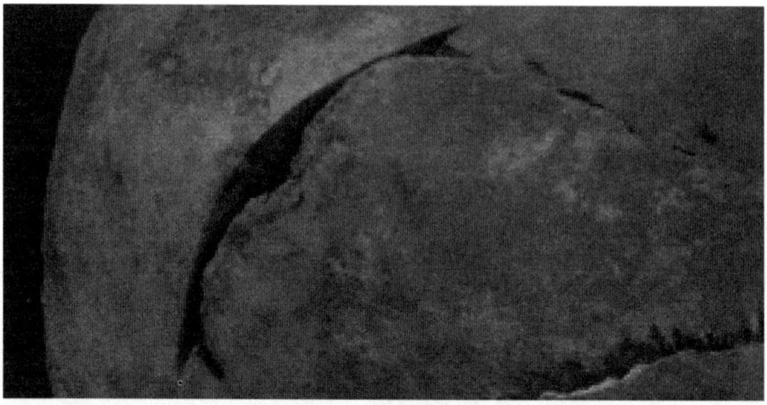

图 7.17　右侧顶骨骨质砍创（98BLⅡM335）

九、骨 质 切 创

骨质切创指锐器的刃部或尖端沿长轴方向作牵引性切割造成的骨质损伤、划切所形成的创伤。其特点为创口长窄、创腔较深、创缘平整、创角尖锐且常伴浅表划痕，有拖刀、无间桥，无擦伤。锐器常为刀剑类利器，多见于颈椎体部。骨质切创不同于骨质砍创，除作用力方式不同外，创口两端一般不出现骨裂线。

骨质切创在 2 例标本上有所发现，1 例为同时受到骨质砍创的标本编号为 98BLⅡM298 的个体。1 例为标本编号为 98BLⅡM217 的个体，男性，右侧额结节处有锐器刺伤，长约 5 厘米，推测为剑伤，非致命伤（图 7.18）。

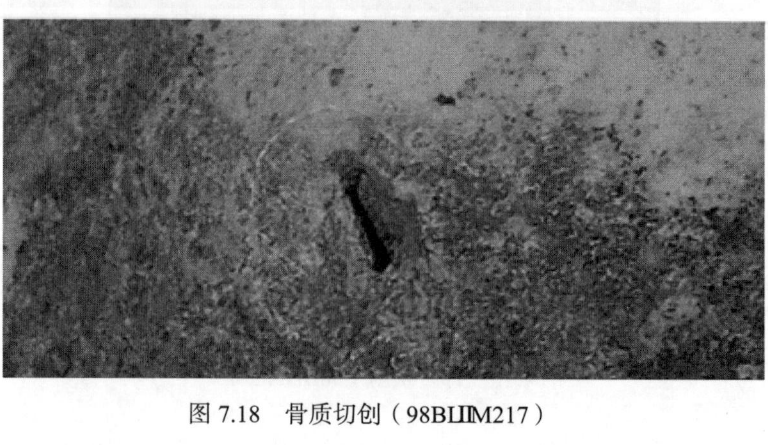

图 7.18　骨质切创（98BLⅡM217）

综上，喇嘛洞三燕文化居民骨骼损伤发生的例数较多，发生部位复杂。发现有损伤的个体累计 22 例，占全部个体（425 例）的 5.18%。由于其中有些个体同时表现出具有几种不同创伤，在统计出现率时记为 1 例，加之骨骼在保存和采集时的遗漏情况以及相当一部分创伤未在骨骼上留下痕迹，所以实际的出现率应该较统计值更高。

喇嘛洞三燕文化居民的骨骼损伤大多发生在颅骨部位和四肢主干骨，只有经历了极端的暴力行为才可能导致这样的痕迹出现，很多都是致命的，这就为我们研究这群人的行为提供了可资探讨的依据。

第二节　骨骼疾病

一、骨骼非特异性感染类疾病

在本类疾病中，发现喇嘛洞三燕文化居民有风湿性关节炎、脊髓灰质炎和强直性脊柱炎。

（一）风湿性关节炎

风湿性关节炎是一种与溶血性链球菌感染有关的变态反应性疾病，以全身结缔组织的炎症病变为特点，链球菌感染后，链球菌的毒素和代谢产物成为抗原，机体产生相应抗体，抗菌素原和抗体在结缔组织结合，使之发生炎症变性和破坏，从而形成风湿性关节炎。以成人为多见，受累关节以大关节为主。开始侵及下肢关节者占 85%，膝和踝关节最为常见。其次为肩、肘和腕，手和足的小关节少见。

在喇嘛洞三燕文化居民中，我们发现了 4 例个体有风湿性关节炎病症，均相当的严重。

标本编号 98BLIM035（图 7.19 ~ 图 7.21），男性。患有严重的风湿性关节病，在上肢和下肢的关节处都很严重，并伴随脊椎严重的变形，驼背。

标本编号 98BLIM051（图 7.22 ~ 图 7.24），男性。上下肢上均可见。

标本编号 98BLIIM112（图 7.25~图 7.26），女性。风湿症状仅见下肢。

标本编号 98BLIIM358（图 7.27），男性。仅见股骨下端。

图 7.19　标本 98BLIM035 股骨下端

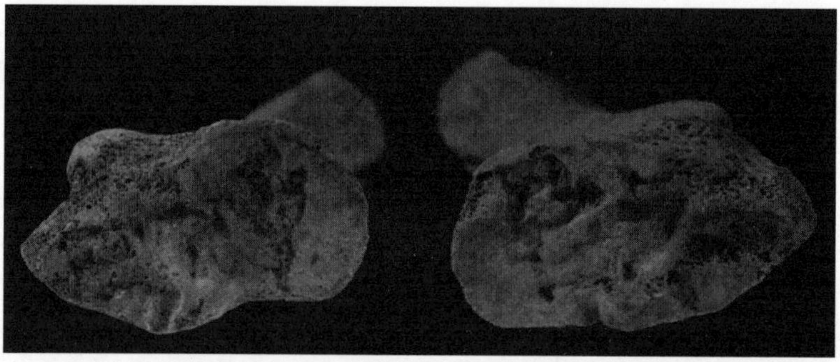

图 7.20　标本 98BLIM035 胫骨上端

图 7.21　标本 98BLIM035 上肢骨肘关节面

图 7.22　标本 98BLⅠM051 胫骨、腓骨下端

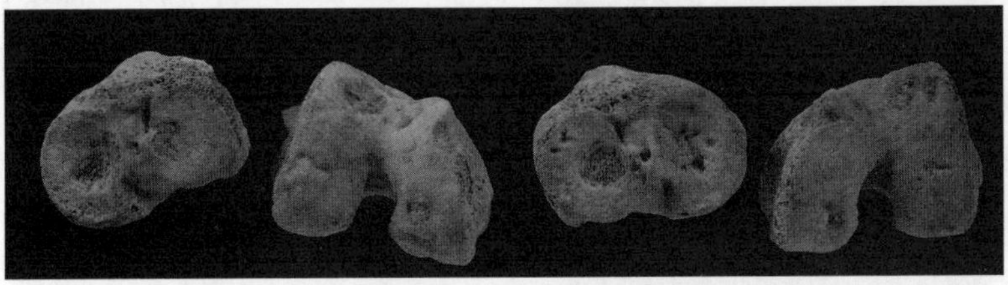

图 7.23　标本 98BLⅠM051 股骨下端、胫骨上端

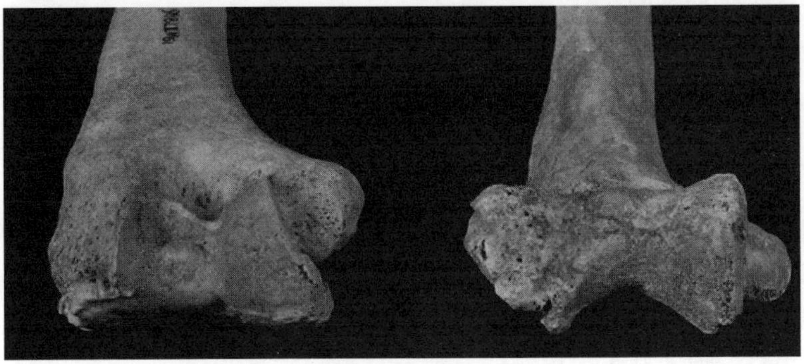

图 7.24　标本 98BLⅠM051 肱骨下端

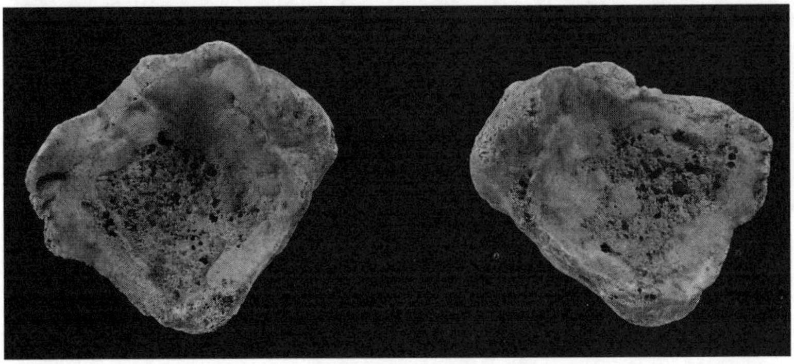

图 7.25　标本 98BLⅡM112 胫骨下端

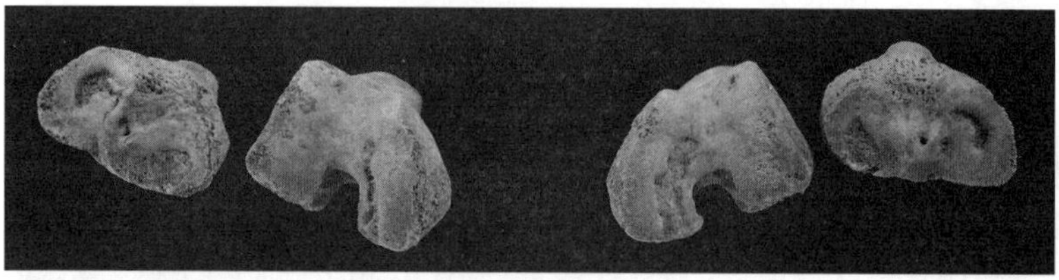

图 7.26　标本 98BLⅡM112 股骨下端、胫骨上端

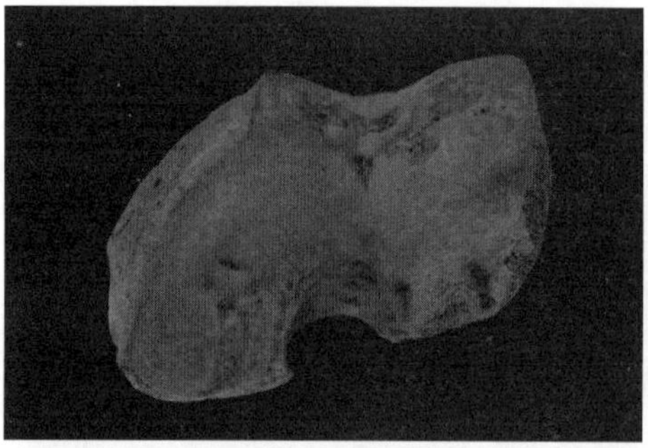

图 7.27　标本 98BLⅡM358 股骨下端

（二）脊髓灰质炎

俗称小儿麻痹症，该病是由脊髓灰质炎病毒引起的。病毒主要由饮食污染或飞沫传播，损害部位为脊髓前角的运动神经元（下运动神经元）。小儿麻痹后遗症的残疾主要表现为肌肉麻痹和肢体瘫痪。下肢瘫痪比上肢瘫痪多见，肌肉的麻痹和肢体的瘫痪没有一定的规律性，可以造成各种各样的肢体畸形残疾。这些残疾主要表现为肢体肌肉萎缩无力、肢体变形、上下肢活动困难、关节不稳定、双侧肢体不等长等。以下肢为例，两侧肢体不一样长，患肢细小，走路瘸。髋关节挛缩屈曲或者松弛不稳，甚至形成髋关节脱位。膝关节屈曲畸形、小腿向内弯或者向外弯。脚也可以发生各种畸形，例如走路时脚跟不能落地或脚尖不落地，也可能是足内翻用脚背外侧走路等。另外，身体其他处也可发生畸形，如上肢的畸形、脊柱的弯曲畸形、骨盆的倾斜畸形等。

在喇嘛洞三燕文化居民中，我们发现了 1 例个体有脊髓灰质炎病症，标本编号 98BLⅡM031（图 7.28），男性。右腿发育缺陷严重。

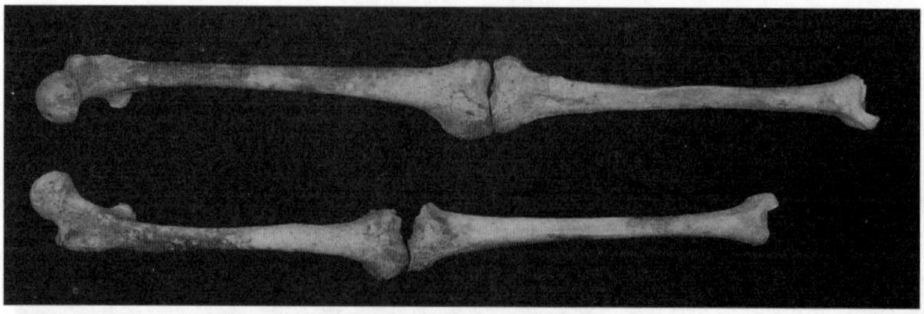

图 7.28　标本 98BLⅡM031 左右下肢骨

（三）强直性脊柱炎

强直性脊柱炎实际是一种很古老的疾病，早在几千年前从古埃及人的骨骼中就发现有强直性脊柱炎的证据。2000 年以前，希腊名医希波克拉底也描述了这种疾病，患病者有骶骨、脊椎、颈椎部的疼痛。国内在新石器时代就有强直性脊柱炎的病例[2]，河南淅川下王岗新石器时代遗址、山西朔州汉代墓葬和大同市郊北魏墓葬等具有发现。

强直性脊柱炎是一种主要侵犯脊柱，并可不同程度的累及骶髂关节和周围关节的慢性进行性炎性疾病，病变多自骶髂关节开始，逐渐向上发展至颈椎，四肢大关节也可同时累及。早期可见骶髂关节骨质疏松，有骨质吸收现象，关节边缘硬化，继之关节间隙变窄，关节面呈锯齿状破坏，晚期骶髂关节发生强直。脊柱部分早期可发生骨质疏松现象，小关节破坏，晚期可出现驼背畸形，小关节融合，关节囊及韧带钙化、骨化，脊椎间有骨桥形成，出现“竹节”样变化。

在喇嘛洞三燕文化居民中，我们发现了 2 例个体有强直性脊柱炎病症

标本编号 98BⅡM018（图 7.29），男性。

标本编号 98BⅢM273（图 7.30），男性。

图 7.29　强直性脊椎炎（98BⅠM018）

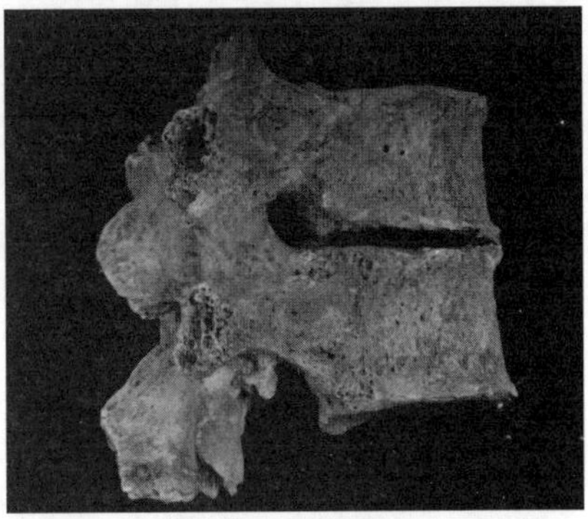

图 7.30　强直性脊椎炎（98BⅢM273）

二、骨　肿　瘤

骨肿瘤的种类很多，大体上可分为良性肿瘤和恶性肿瘤两大类。

（1）骨瘤（osteoma）属于成骨性肿瘤，主要发生于膜内化骨的骨骼。最多见于颅面骨，称骨旁骨瘤，呈扁圆形骨质隆起，质地坚硬而牢固，生长缓慢，骨质愈合后即停止生长。

喇嘛洞三燕文化居民中所见的骨瘤属于良性骨肿瘤的类别，在 4 例样本上发现骨瘤的症状。

标本编号 98BLIM027（图 7.31），女性。骨瘤位于下颌右侧犬齿和第一前臼齿之间。

标本编号 98BLIIM042（图 7.32），男性。位于左侧额结节处，圆形，直径约 8 毫米，高约 3 毫米。

标本编号 98BLIIM095（图 7.33），女性。位于右侧眉弓内端，长 1.5 厘米，宽 1.3 厘米，高 0.4 厘米。

标本编号 98BLIIM101（图 7.34），男性。骨肿位于右侧梨状孔底部。

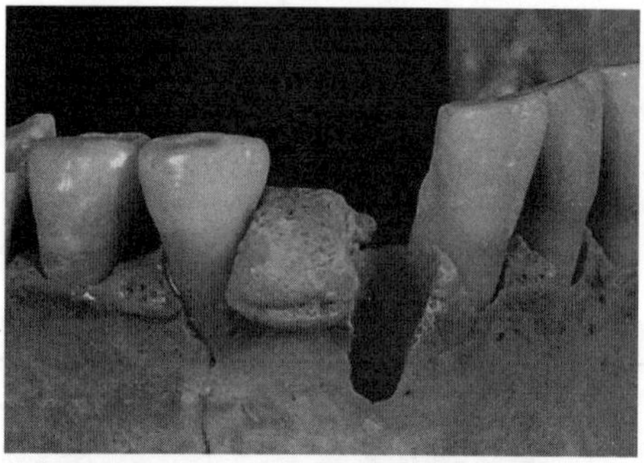

图 7.31　下颌右侧犬齿和第一前臼齿间的骨瘤（98BLIM027）

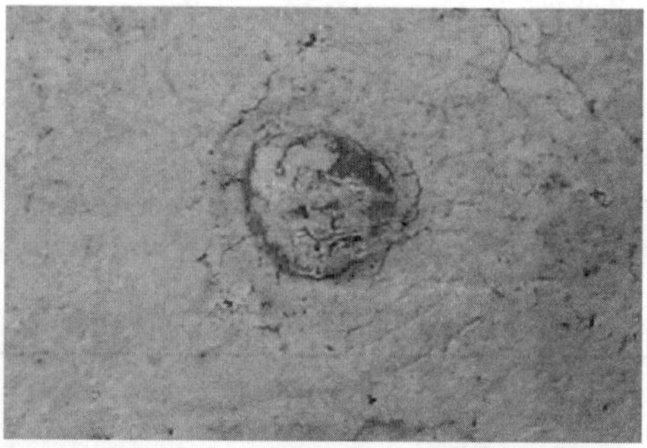

图 7.32　左侧额结节处的骨瘤（98BLIIM042）

图 7.33　右侧眉弓内端的骨瘤（98BLIIM095）

图 7.34　右侧梨状孔底部的骨瘤（98BLIIM101）

（2）骨样骨瘤于 1935 年由 Jaffe 首次报告，是一种良性成骨性疾患，具有界限清晰的局灶性病灶，一般直径小于 1 厘米，周围可有较大的骨反应区。病灶可以完全位于皮质内，也可以在皮质的内侧面，皮质与骨膜间，或者在松质骨内。肿瘤总是呈卵圆形或圆形，同周围骨质有清楚的硬化边界。大多数是肉芽肿型，呈砂粒样密度，均质性，棕红色。

喇嘛洞三燕文化居民观察到 2 例骨瘤病症，应该属于此类。

标本编号 98 BLIIM374（图 7.35），男性。位于左侧顶骨上，长 5.5 厘米，宽 2.5 厘米。

标本编号 98BLIIM016（图 7.36），男性。位于右上颌鼻腔部，呈蜂窝状。

图 7.35　左侧顶骨的骨瘤（98BLIIM374）

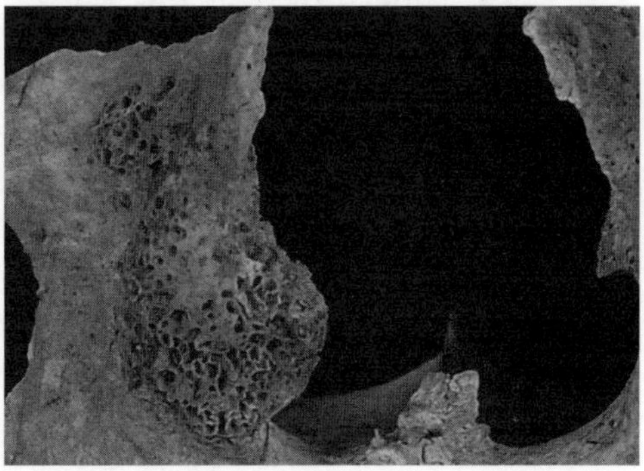

图 7.36　右上颌鼻腔的骨瘤（98BLIIM016）

三、先天性骨关节疾病

本书标本中可鉴定为先天性骨关节疾病的病例有腰骶融合。

腰骶融合，也称腰椎骶化，是常见的脊柱发育异常，其发生原因与骨关节发育畸形或者强直性脊椎炎有关。有学者认为此种病症可能与家族遗传有关[3]。

喇嘛洞三燕文化居民中发现 1 例腰骶融合现象。

标本编号 98BLIM015（图 7.37），女性。

图 7.37　腰骶融合（98BLIM015）

四、骨关节营养和代谢性疾病

喇嘛洞三燕文化居民中关于营养代谢类疾病标本中发现 24 例贫血病症。
标本编号 98BLIM011，女性。
标本编号 98BLIM013，男性，轻微。
标本编号 98BLIM029，女性（图 7.38）。
标本编号 98BLIIM018，男性。
标本编号 98BLIIM033，为一儿童，性别不详。
标本编号 98BLIIM067，男性。
标本编号 98BLIIM091，女性。
标本编号 98BLIIM113，女性（？）。
标本编号 98BLIIM114，男性。
标本编号 98BLIIM156，男性。
标本编号 98BLIIM168，女性（？）较重。
标本编号 98BLIIM172，男性，较轻。
标本编号 98BLIIM187，女性，轻微。
标本编号 98BLIIM192，女性。
标本编号 98BLIIM229∶1，男性，轻微。
标本编号 98BLIIM229∶2，男性（？）。
标本编号 98BLIIM267，女性。
标本编号 98BLIIM311，女性，老年。
标本编号 98BLIIM325，女性。
标本编号 98BLIIM326，男性。
标本编号 98BLIIM329，女性。
标本编号 98BLIIM376∶2，女性，成年。

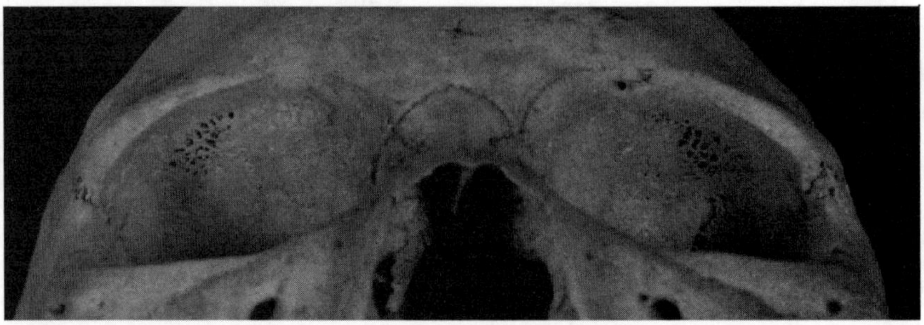

图 7.38　贫血病症（98BLIM029）

通观这些出现贫血的个体，男女老幼都有，这也许反映了喇嘛洞三燕文化居民营养不良的一个情况。

第三节　牙齿疾病与畸形

一、龋　　齿

龋齿是牙齿硬组织逐渐被破坏的一种疾病。可以发生在牙齿的任何部位，如不及时治疗，病变继续发展，形成龋洞，终至牙冠完全破坏消失。未经治疗的龋洞是不会自行愈合的，其发展的最终结果是牙齿丧失。

龋齿是细菌性疾病，因此它可以继发牙髓炎和根尖周炎，甚至能引起牙槽骨和颌骨炎症。龋齿的继发感染可以形成病灶，可以引发关节炎、心骨膜炎、慢性肾炎和多种眼病等全身其他疾病。龋齿是最为常见的牙体硬组织病。

龋损伤按发生部位可分为以下几种：发生于齿冠的任何部分，称为齿冠龋；若在咬面上则称为牙合面龋；也可发生在齿根表面，称为根龋。按照龋损伤深度可分为浅龋、中龋和深龋。在釉质上，龋齿刚刚出现时表现为渐行性的透明斑点，在齿根上表现为泛黄色或浅灰色的斑点[4]。

计算龋齿发生率时采用的是计算有龋齿发生的个体占观察总人数的比例。

在全部观察的426例标本中，发现龋齿的个体为207例，占48.59%，几乎一半人口患龋齿，为高发病之一，这应该和他们的健康状况及饮食结构有关（图7.39、图7.40）。

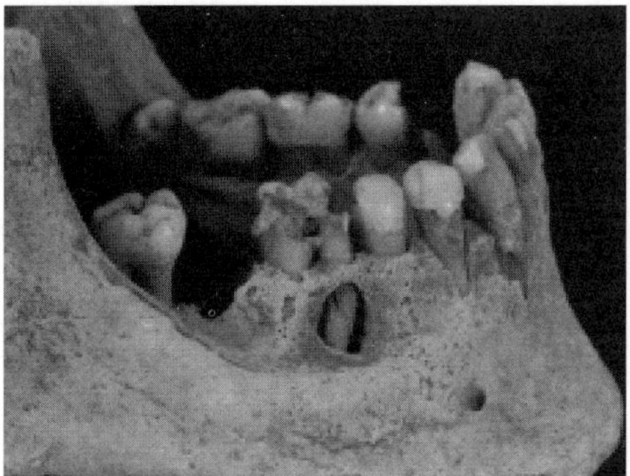

图7.39　龋齿、齿槽脓肿、阻生（98BLIIM 043）

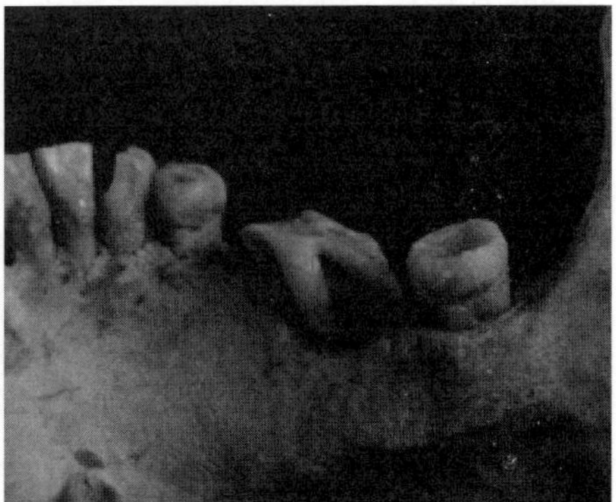

图7.40　龋齿、结石（98BLIIM 207）

二、牙　结　石

牙结石通常存在于唾液腺开口处的牙齿表面和牙齿的颈部，以及口腔黏膜运动不到的牙齿表面等处。牙结石开始时是软软的，会因逐渐的钙化而变硬，呈现出黄色、棕色或者黑色。它形成的原因有好几种说法：

（1）由于唾液中的二氧化碳浓度降低，促使无机盐沉淀于牙齿表面上；

（2）由于退化细胞的磷酸盐酵素使有机磷水解产生磷沉淀于牙齿表面而形成；

（3）由于细菌使唾液的酸碱值升高而呈碱性，造成唾液中的蛋白质分解，放出钙盐，沉淀于牙齿表面上而成 .

（4）与口水浓度有关，浓度愈大，愈易沉淀。

牙结石对口腔而言是一种异物体，它会不断刺激牙周组织，并会压迫牙龈，影响血液循环，造成牙周组织的病菌感染，引起牙龈发炎萎缩，形成牙周囊袋。当牙周囊袋形成后，更易使食物残渣、牙菌斑和牙结石等堆积，这种新的堆积又进一步的破坏更深的牙周膜，如此不断的恶性循环，终至牙周支持组织全部破坏殆尽。

在全部观察的 426 例标本中，牙结石的患病例数为 270 例，占 63.38%。

三、牙　周　炎

牙周炎的病症主要表现为齿槽萎缩以致牙根明显暴露。

牙周炎是侵犯牙龈和牙周组织的慢性炎症，是一种破坏性疾病，其主要特征为牙周袋的形成及袋壁的炎症，牙槽骨吸收和牙齿逐渐松动，它是导致成年人牙齿丧失的主要原因。本病多由菌斑、牙石、食物嵌塞、不良修复体、咬创伤等引起，牙龈发炎肿胀，同时使菌斑堆积加重，并由龈上向龈下扩延。由于龈下微生态环境的特点，龈下菌斑中滋生着大量毒力较大的牙周致病菌，如牙龈类杆菌、中间类杆菌、螺旋体等，使牙龈的炎症加重并扩延，导致牙周袋形成和牙槽骨吸收，造成牙周炎。

在全部观察的 426 例标本中，牙周炎患者 87 例，占 20.42%。

四、根 尖 脓 肿

由于龋牙根管炎症延伸抵达根部，常常在根尖周围形成脓肿并累及颌骨，令齿槽骨受到损伤而形成空洞，牙齿脱落后可见局部齿槽吸收痕迹。

在全部观察的426例标本中，患有根尖脓肿或齿槽脓肿的有150例，35.21%。

五、异 形 异 位

正常情况下，人体上下颌骨骨量与牙量相互协调，齿间隙正常，但是当骨量少于牙量时就会造成牙齿萌出障碍，使得某些牙齿的萌出位被相邻牙齿占据，因而使该牙齿从齿槽外或者齿槽边缘萌出，牙齿多错位生长，造成齿列不齐。

另外，我们还观察到有的个体成年以后乳臼齿不脱落。标本98BLⅡM 111，下颌左侧乳臼齿不脱落（图7.46）。

在全部观察的426例标本中，患有异形异位的个体有52例，占12.21%（图7.41～图7.45）。

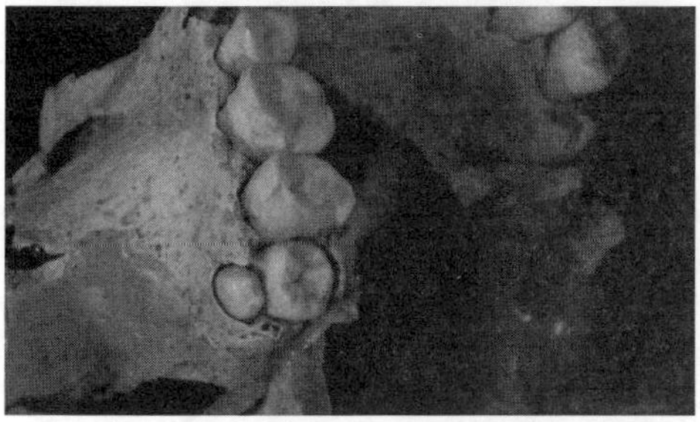

图7.41　增生齿（98BLⅡM111）

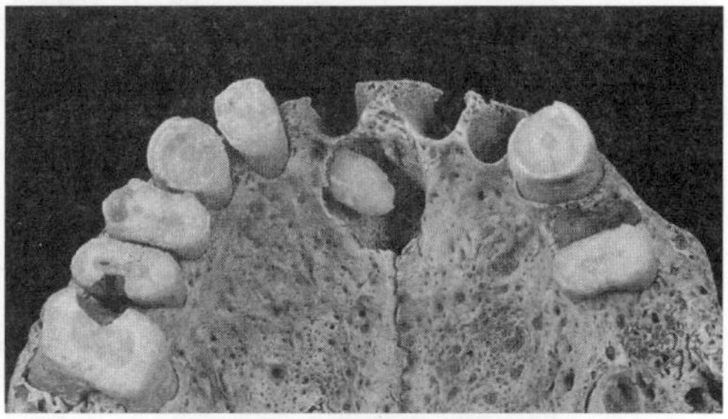

图7.42　增生齿、邻面龋齿（98BLⅡM 107）

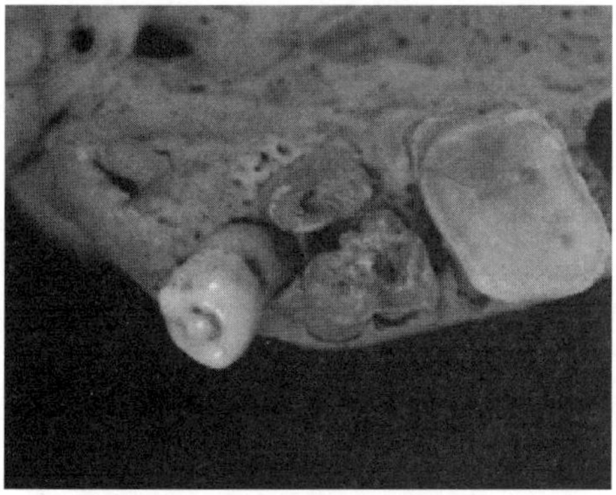

图7.43　异形齿（98BLⅡM346）

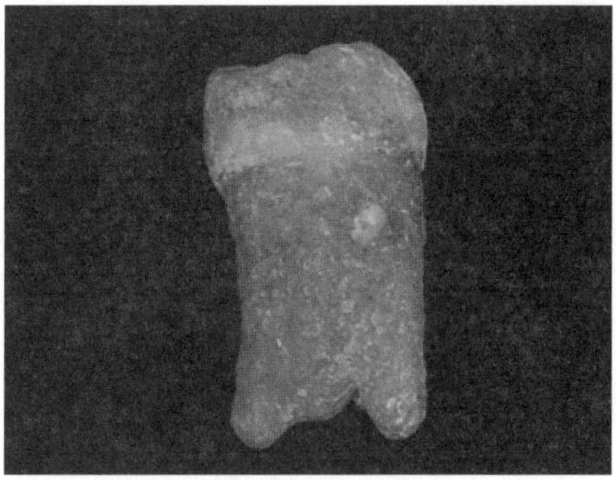

图7.44　釉质延伸（98BLⅡM 184）

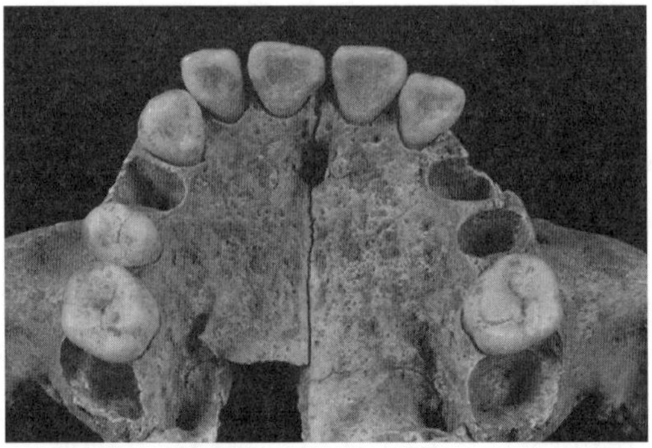

图 7.45　上颌左侧犬齿先天缺失（98BLIM053）

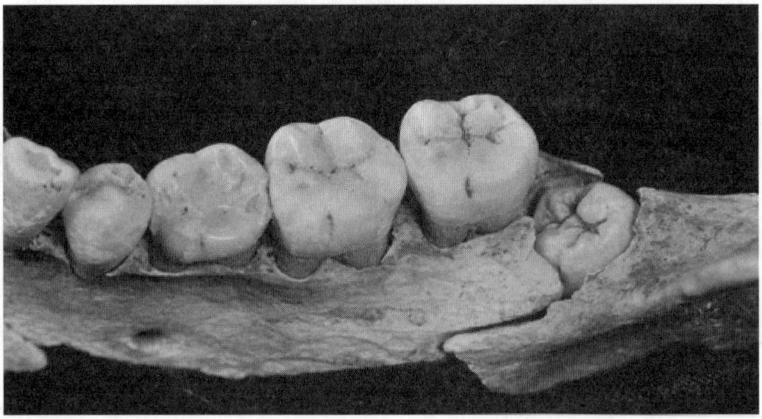

图 7.46　下颌左侧第三臼齿近中阻生、乳臼齿不脱落（98BLIIM 111）

六、阻　　生

阻生牙是指由于种种原因，致使牙齿部分萌出或者完全不能萌出，并且以后也不能萌出的牙（图 7.47 ～图 7.50）。

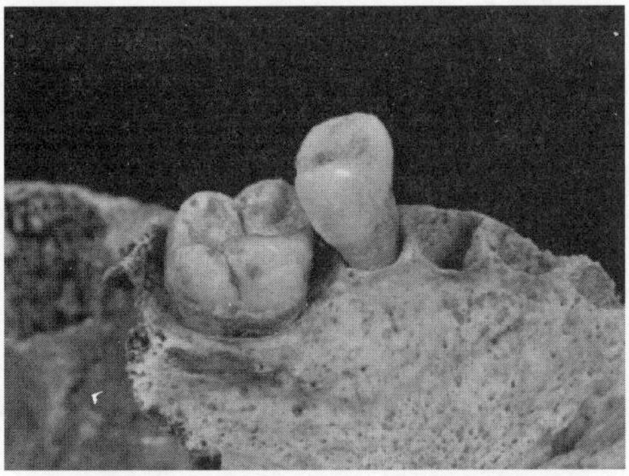

图 7.47　阻生（98BLⅡM130）

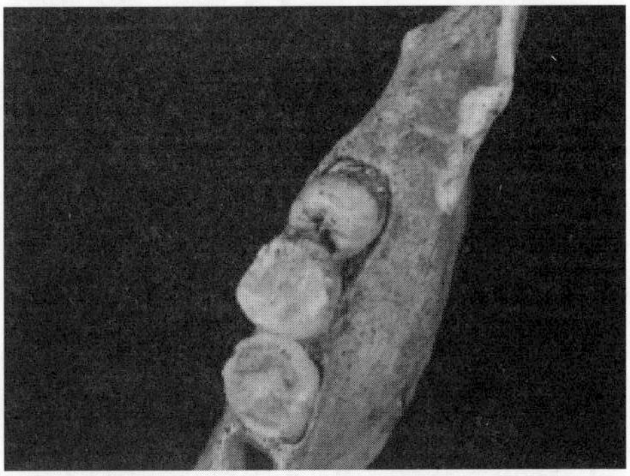

图 7.48　近中阻生、龋齿（98BLⅡM253）

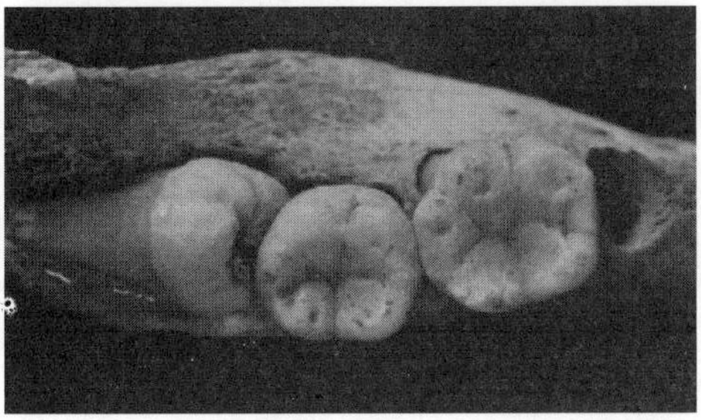

图 7.49　近中阻生、龋齿（98BLⅡM 204）

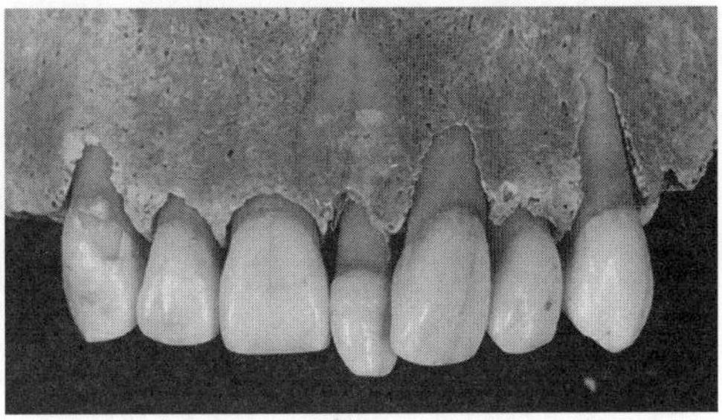

图 7.50　增生齿（98BLⅡM 265）

第四节　其他病理现象

另外在喇嘛洞三燕文化居民之中还发现一些其他的病理现象，现介绍如下。

一、颞下颌关节紊乱综合征

也叫颞下颌关节综合征，是口腔颌面部常见的疾病之一。在颞下颌关节疾病中，此病最为多见。好发于青壮年，以 20 ～ 30 岁患病率最高。其发病机理尚未完全明了。本症的主要特点为关节区酸胀疼痛、运动时弹响、张口运动障碍等。多数属关节功能失调、预后良好；但极少数病例也可发生器质性改变。

（1）创伤因素。很多病员有局部创伤史。如曾承外力撞击、突咬硬物、张口过大（如打呵欠）等急性创伤；还有经常咀嚼硬食、夜间磨牙以及单侧咀嚼习惯等。这些因素可能引起关节挫伤或劳损，咀嚼肌群功能失调对本症的发生也有一定影响。

（2）咬合因素。不少患者有明显的咬合关系紊乱。如牙尖过高、牙齿过度磨损、磨牙缺失过多、不良的义齿、颌间距离过低等。咬合关系的紊乱，可破坏关节内部结构间功能的平衡，促使本症的发生。

（3）全身及其他因素、神经精神因素与本病可有一定关系。如有些患者有情绪急躁、精神紧张、容易激动等情况。此外，有的病员有风湿病史，有的发病与受寒有关[5]。

在全部观察的 426 例标本中，发现 17 例标本出现这种情况，占 3.99%。

标本编号 98BLⅠM018，男性，同时有脊椎融合现象。

标本编号 98BLⅠM043，女性。

标本编号 98BLⅡM018，男性，同时有贫血症状（图 7.52）。

标本编号 98BLⅡM041，男性。

标本编号 98BLⅡM056，男性。

标本编号 98BLⅡM101，男性，伴有右侧梨状孔底部骨肿。

标本编号 98BLⅡM146，女性。

标本编号 98BLⅡM166，女性。

标本编号 98BLⅡM170，女性，成年（老年），牙齿大部分生前脱落。

标本编号 98BLⅡM199，女性。

标本编号 98BLⅡM226，女性。

标本编号 98BLⅡM233，女性（图 7.51）。

标本编号 98BLⅡM295，女性。

标本编号 98BLⅡM311，女性，老年，伴有贫血症状。

标本编号 98BLⅡM349，女性，双胞胎难产死亡。

标本编号 98BLⅡM379，男性。

标本编号 98BLⅡM371，男性，中年。

图 7.51　颞下颌关节紊乱综合征（98BLⅡM233）

图 7.52　颞下颌关节紊乱综合征（98BLⅡM018）

二、枕髁发育不良

枕髁发育不良是指双侧或单侧枕髁发育异常，枕骨和寰椎侧块关节之间变得扁平（图 7.53 ~ 图 7.55）。

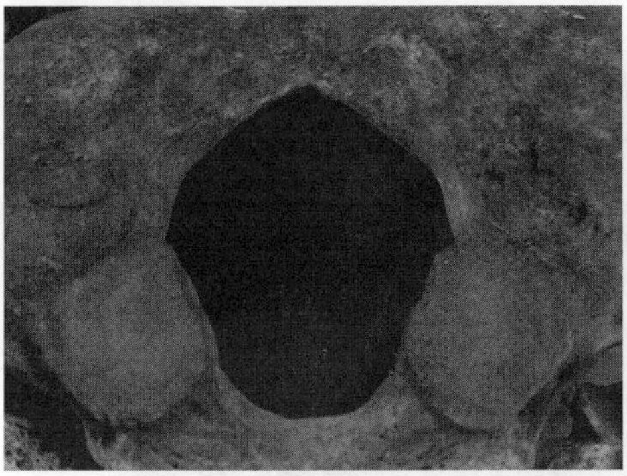

图 7.53　枕髁发育不良（98BLⅡM018）

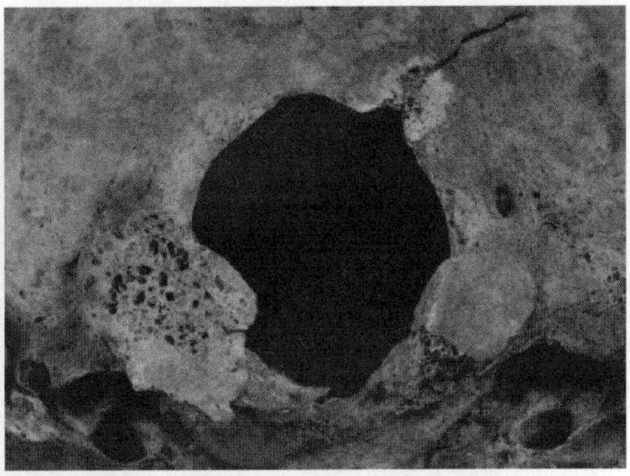

图 7.54　枕髁发育不良（98BLⅡM101）

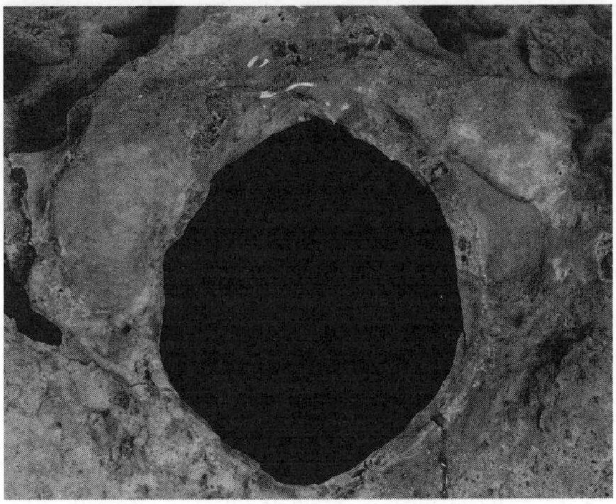

图 7.55　枕髁发育不良（98BLⅡM041）

三、坐骨、耻骨联合不规则

一般来说成年人的坐骨耻骨支是愈合在一起的。但在喇嘛洞三燕文化居民中发现 1 例坐骨耻骨支未愈合呈分离状态。

标本编号 98BLⅡM270，女性（图 7.56）。

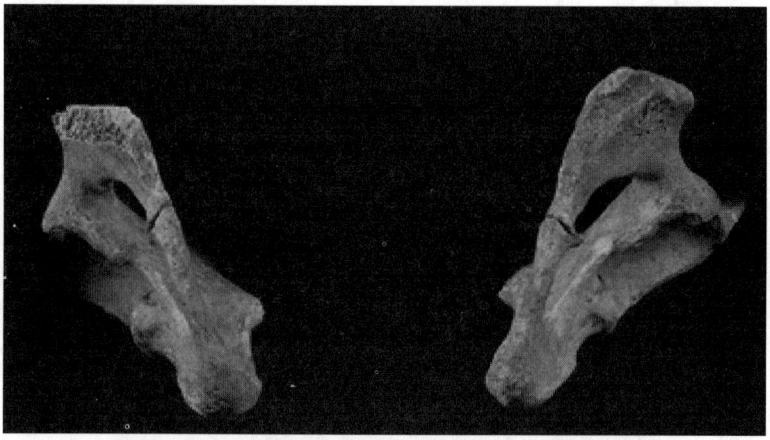

图 7.56　坐骨耻骨支未愈合（98BLⅡM270）

第五节　小　　结

本章对喇嘛洞三燕文化居民的 426 例标本进行了比较细致的观察研究，依据体质人类学、法医人类学、解剖学、骨骼病理学、临床医学、遗传学等方面的书籍和文献，对人体骨骼进行详细的观察并对常见疾病的发病率进行了统计分析。对喇嘛洞三燕文化居民病理学和骨骼异常的观察和研究结果简述如下。

（1）骨质损伤出现了包括骨质压痕、塌陷性骨折、骨质擦伤、孔状骨折、压缩性骨折、鼻骨骨折、 肢骨骨折、骨质砍创、骨质切创等症状。长骨的骨折 6 例个体都是男性，有的是胫骨、腓骨一起骨折，观察身体其他骨骼未见有骨质疏松的迹象，不应该是自身疾病造成的骨折，更可能受到强大的外力作用形成的。6 例标本都是青壮年，结合骨质砍创的案例，不能不让我们想到当时生活环境的恶劣，如果排除群内械斗，最大的可能就是战争了。

（2）骨骼疾病包括风湿性关节炎、脊髓灰质炎和强直性脊柱炎 3 种骨骼非特异性感染类疾病；骨肿瘤有骨瘤和骨样骨瘤两种病症出现；先天性骨关节疾病发现1例腰骶融合症；骨关节营养和代谢性疾病发现了24例贫血病症。

（3）牙齿疾病与畸形方面有龋齿、牙结石、牙周炎、根尖脓肿、异型异位和阻生病症的出现，总体来说，喇嘛洞三燕文化居民的口腔疾病发生率很高，和当时的卫生情况以及生活水平、饮食结构有很大的关系。

（4）在喇嘛洞三燕文化居民之中还发现一些其他的病理现象，如颞下颌关节紊乱综合征、枕髁发育不良、坐骨耻骨联合不规则等。

注　释

[1] a. 朱泓：《古病理学讲义》，研究生课程讲义（未刊）。
b. 陈世贤：《法医骨学》，群众出版社，1980年。
c.Ortner D J. Identification of pathological conditions in human skeletal remains. Academic press, an imprint of Elsevier science. 2003.
d. 皮昕：《口腔解剖生理学》，《人民卫生出版社》，2000年。

[2] 张振标：《中国古代人类强直性脊椎炎的例证》，《人类学学报》1995年2期，110 ~ 116页。

[3] a. 韩康信：《骨骼人类学的鉴定对考古研究的作用》，《考古与文物》1985年3期，50 ~ 54页。
b.Barnes E. Developmental Defects of the Axial Skeleton in Paleopathology. University Press of Colorado. 1994.

[4] 毛燮均，颜訚：《安阳辉县殷代人牙的研究报告》，《古脊椎动物与古人类》，1959年，第1卷，81 ~ 85页。

[5] 陈岩，杨秀峰，保明利：《慢性类风湿关节炎病人的下颌形态和位置研究》，《内蒙古医学院学报》2002年2期，45 ~ 93页。

第八章　相关问题的讨论

本书是以研究喇嘛洞三燕文化居民的体质特征为主，属于体质人类学的研究领域。体质人类学是研究人类体质特征与类型在时间上和空间上的变化及其规律的科学，“是从人和人种的形态学和生理学过渡到历史的桥梁”（恩格斯：《自然辩证法》）。

体质人类学的主要研究范围应基本包括现代人的体质特征和类型、人类的起源问题和人类的种族变异问题三个方面。本书应该属于第三个研究的范畴，也被称为人种学，主要研究人类的体质特征和类型在空间上的差异。由于在不同历史时期、不同的地域和自然条件、不同的社会环境中，各个人类群体或群体成员在流动迁徙和交错混杂中会出现许多错综复杂的血缘交流和基因重组现象，从而导致某些新的种族类型不断涌现[1]。

种族与民族是两个不同的概念，种族是研究体质结构上的遗传学特征，侧重于生物属性的考察；民族着重于考察语言、文化、习俗等方面，侧重于对某一特定人群社会文化属性方面的考察。但是同时这两方面又都为同一群人所共有，它们之间的内在联系就会是很密切的，这也是人类学服务于考古学的基础[2]。

虽然对古代居民的人种学考察不能直接解决某一考古学文化的族属问题，但可以为探讨族属问题提供十分重要的参考依据。

本书试就此问题做一些讨论。

第一节　关于喇嘛洞三燕文化居民的族属

关于喇嘛洞三燕文化居民的族属，一开始被认为是鲜卑族的遗存，在《中国文物报》1996 年 12 月 22 日这一期上做介绍时，题目就很清楚的定名为《辽宁发掘北票喇嘛洞鲜卑贵族墓地》。两年以后，1998 年 12 月 30 日的《中国文物报》在介绍这片墓地的进一步发掘情况时已经有所改变，不提是鲜卑族的遗存了，而且也认识到与以往被认为是鲜卑的墓葬有所区别，遂命名为三燕文化墓葬，但还没有确定其族属。

2000 年在沈阳召开“东北地区三至十世纪古代文化学术讨论会”时，田立坤先生提交了《关于北票喇嘛洞三燕文化墓地的几个问题》一文，明确提出喇嘛洞三燕文化墓地应该是以夫余人为主体的遗存[3]。

在文中，他从喇嘛洞三燕文化墓葬头朝东北且两墓一组、矩形木椁葬具、无头龛、填土中放置陶器、随葬品的变化和区别等方面指出了喇嘛洞墓葬与以往发现的鲜卑墓葬之间的差异，进而比较了喇嘛洞墓葬与吉林榆树老河深中层墓葬的相似性，认为与鲜卑墓葬的不同之处恰是与老河深中层墓葬的相同之处，推断其族属应与老河深中层墓葬相同。

关于老河深中层墓葬的族属问题，目前已经被大家公认为是夫余族的遗存[4]。也就是说，喇嘛洞三燕文化居民的族属是夫余族。

这些夫余人是怎么埋葬在慕容鲜卑的腹地的呢？在《十六国春秋·前燕录一·慕容廆》中记载，在太康五年（284 年）至太康十年之间率众东伐夫余掳万余人而归。《晋书·慕容皝载记》、《十六国春秋·前燕录》同时也记载了永和二年（346 年）曾遣其世子儁与恪东袭夫余，虏其王与众五万余人以还的事件，这些人归附了慕容鲜卑，在这里聚族而居，保持了民族的固有文化传统。

在体质特征上，本书的研究结果显示，喇嘛洞墓地的居民确实与以往发现的被认为属慕容鲜卑墓葬出土的人骨有所区别。

以此为基础，我们来讨论喇嘛洞三燕文化居民的族属问题。首先我们再来回顾一下喇嘛洞三燕文化居民的体质特征——

男性以圆颅型为主，其次为中颅型，特圆型颅和长型颅也占有一定的比例；以高颅型为主，其次为正颅型，低颅型所占比例极小；中颅型为主，其次为阔颅型，狭颅型相比所占比例较小。

各种面型的出现率显示以中面型为主，阔面型和狭面型占有一定的比例，特阔面型和特狭面型所占比例极小；中上面型为主，阔上面型和狭上面型占有一定的比例；平颌型和中颌型为主，其中平颌者又较中颌型为多；突颌型为主，部分为中颌型和特突颌型，平颌型者极少。

反映上面部扁平度的鼻颧角的变异范围较大，男性鼻颧角平均值为 143.77° ，其变异范围在 135° ~ 153° ，其中介于 140° ~ 144.9° 之间的个体有 23 例，占 40.35%；在 145° ~ 148° 之间的个体有 14 例，占 24.56%；超过 149° 的有 9 例，占 15.79%；不足 140° 的有 11 例，占 19.30%。喇嘛洞三燕时期居民面部扁平度属于中等，变异范围较大。面宽平均数 136.96，最大 150.00，最小 125.70。

通过喇嘛洞三燕文化居民的体质特征分析，确实与被认为是慕容鲜卑的人群有着不同的体质特征，以往发现的朝阳地区鲜卑人群是以北亚蒙古人种成分为主导的体质类型，与喇嘛洞三燕文化居民以东亚蒙古人种为主要成分的特质特征有着较大的差别。同时我们还发现喇嘛洞三燕文化居民是多源性同种系的一群人，但是这些不同的体质特征融合在了一起，很难把喇嘛洞三燕文化居民分成两个或者更多的具有不同特征的组，但是这种融合又不是很彻底，这种现象不禁使我们对于喇嘛洞三燕文化居民有个大胆的推想。

公元 289 年，慕容廆因辽东北地处偏远，又率部迁回徒河之青山，元康四年移居大棘城，教以农桑；在慕容廆迁回徒河之青山之后两年，晋室发生了八王之乱，中原战局动荡，大批流民和一些世家大族都逃亡辽西躲避战乱，“慕容廆政事修明，爱重人物，故士民多归之”，这些大批来自于中原内地的人群也许就解释了喇嘛洞三燕文化居民之中面部扁平度比较小、面宽较窄的东亚蒙古人种因素的来源，这些人与慕容廆及慕容皝时期来自于夫余族的人群可能发生了血缘交流。

王城本来该是对外交流的冲要之地，又该是安置掳掠人口的最集中之地[5]。这些来自于不同地区的人员也许就会在这里混居，客观提供了基因交流的机会。

喇嘛洞三燕文化居民的多样性也许就是因为这种交流的时间还没有多久造成的，这或许就是喇嘛洞三燕文化居民各项颅骨测量值、指数值的标准差偏大的原因。

我们既然看到了喇嘛洞三燕文化居民与朝阳地区慕容鲜卑居民的差别，又推断他们更不是拓跋鲜卑的组群，那么他们是什么人?

目前对于喇嘛洞三燕文化居民的族属有不完全一致的声音，在体质特征上是否可以做一下讨论呢?

夫余族的体质特征我们还没有直接的证据，所以无法来直接比较，不过我们可以间接的来讨论他们的关系。

关于夫余族的位置目前显示应该在今天以吉林市为中心的地区，在吉林东团山的南城子土城；西迁夫余王城可能是在四平市的一面城或者农安县县城，这一地区的体质类型被朱泓先生称之为古东北类型，这一类型居民的主要体质特点是颅形较高，面形较宽阔而且颇为扁平，如果与亚洲蒙古人种各类型比较，同东亚人种之间的接近程度较大，所不同的主要是颧宽绝对值较大和较为扁平的面形，或许反映出现代东亚蒙古人种的某个祖先类型的基本形态[6]。

纵观喇嘛洞三燕文化居民，个体之间变异范围较大，其中不乏这样的体质特征，如 98BⅠM051、98BⅡM301、98BⅡM369 的体质特征就与古东北类型相似。

体质特征的分析虽然不能直接对比喇嘛洞三燕文化居民与夫余族的关系，但是也没有看到直接对立的证据。在颅型方面喇嘛洞组与古东北类型都属于高颅类型，与北亚人种的低颅类型有着很大的差距，当然喇嘛洞三燕文化居民也有个别的个体显示了低颅的特点。依据人种地理分布的特点，夫余族所处的地理方位及其种族体质特征应该属于或者接近于古东北类型。但是喇嘛洞三燕文化居民的面型与古东北类型的特点又有着较大的距离。综合而言，喇嘛洞三燕文化居民体质特征的多样性，显示了这群人体质特征来源的多样性。其族属的确定还需要考古学上进一步的深入研究。

第二节　关于喇嘛洞三燕文化居民社会角色的讨论

在刊于1998年12月30日《中国文物报》的《辽宁北票喇嘛洞墓地发掘又获丰收》一文中，作者认为喇嘛洞三燕文化居民具有亦兵亦农、耕战结合的特点。

通过对喇嘛洞三燕文化墓葬随葬品的了解，发现兵器和生产工具共处，现就掌握的情况进行分析。

首先我们先了解本书观察到的病理标本的随葬品情况。

骨质砍创的3例标本及随葬品情况如下。

标本编号98BLⅡM114，男性。受创部位位于下颌骨左侧，由下颌体底部从后向前至下颏孔下方。推测为锐器砍伤，施力者应该在对面的方向，为习惯使用右手的人。此伤没有致命，伤口已经愈合。随葬品计有镰1、铲1、削3、短刀1、矛1、镞4、长剑1、箍1。

标本编号98BLⅡM298，男性。受创部位有4处。1处是旧伤，为骨质切创，位于下颌左侧颏孔处，为一尖锐物体所伤，已经修复。此处创伤非致命伤。另外3处为致命伤，创口整齐，分别位于前额水平方向、左侧眼眶上方和左侧顶骨纵向。推测为刀伤，造成立即死亡。随葬品计有镰1、匙形器1、铲1、矛1、镞2、长剑1。

标本编号98BLⅡM335，男性。受创部位位于右侧顶骨处，此伤为致命伤。随葬品计有斧1、矛1、镞1。

骨质切创在2例标本上有所发现，1例为同时受到骨质砍创的标本编号98BLⅡM298的个体。1例为标本编号BLⅡM217的个体，男性，右侧额结节处有锐器刺伤，长约5毫米。推测为剑伤。非致命伤。随葬品计有斧1、凿1、镰1、铲1、刀1、矛1、镞2、带扣10、马衔1、掌形器2。

喇嘛洞三燕文化居民中发现的6例肢骨骨折个体及随葬品情况如下。

标本编号98BLⅡM011，男性。随葬品计有镰1、铲1、短刀1、镞1。

标本编号98BLⅡM089，男性。随葬品计有镰1、铲1、削1。

标本编号98BLⅡM108，男性。随葬品计有镰1、铲1、削1、镞1、剑2、马衔2。

标本编号98BLⅡM206，男性。随葬品计有斧1、矛1、短剑1、环首器1。

标本编号98BLⅡM334，男性。随葬品计有斧1、镰1、短刀1、矛1、长剑1、环首器1、带扣1。

标本编号98BLⅡM364，男性。随葬品计有凿1、镰1、镩1、短刀1、矛1、镞2、长剑1、环首器1、带扣1、马镳2。

喇嘛洞三燕文化居民中 4 例鼻骨骨折标本及随葬品情况如下。

标本编号 98BLⅡM040，女性。随葬品只有匙形器 2。

标本编号 98BLⅡM061 男性。随葬品计有镰 2、镩 1、铲 1、削 2、短刀 1、镞 6。

标本编号 98BLⅡM359，男性。随葬品计有铲 1、削 1、带扣 1。

标本编号 98BLⅡM364，男性。随葬品计有凿 1、镰 1、镩 1、短刀 1、矛 1、镞 2、长剑 1、环首器 1、带扣 1、马镳 2。

喇嘛洞三燕文化居民中 4 例患风湿性关节炎病症的个体及随葬品情况如下。

标本编号 98BLⅡM035，男性。患有严重的风湿性关节病，在上肢和下肢的关节处都很严重，并伴随脊椎严重的变形，驼背。随葬品计有斧 1、臿 1、镰 1、刀 1、矛 1、镞若干。

标本编号 98BLⅡM051，男性。上下肢上均可见风湿症表现。随葬品计有斧 2、凿 1、镰 1、削 1、镞 1、锥形铁器 1。

标本编号 98BLⅡM358，男性。风湿症表现仅见股骨下端。随葬品计有镩 1、削 1、短刀 1、矛 2、镞 3、长剑 1、环首器 2。

脊髓灰质炎病症患者标本编号 98BLⅡM031，男性。右腿发育缺陷严重。随葬品计有斧 1、凿 1、镰 1、镩 1、钁 1、削 1、刀 2、矛 1、弓弥 1、剑 1、环首器 2、带扣 1、马衔 1、马镳 1、棺钉 1。

强直性脊柱炎病症患者 2 例，个体情况及随葬品情况如下。

标本编号 98BLⅡM018，男性。随葬品计有斧 1、镰 1、削 1、短刀 1、矛 1、镞若干、环首器 1、马衔 1。

标本编号 98BLⅡM273，男性。随葬品计有凿 1、锛 1、铲 1、矛 1、短剑 1、剑 1、带扣 1、带环 1。

目前对于喇嘛洞三燕文化居民患有不同病症的个体情况就掌握这些。通过以上的介绍可知随葬品多寡有别，但这里不是谈贫富差距的问题，而是想指出这些随葬品大致都包括了生产工具和武器两大类。即使是身有残疾的居民看来也是没有受到特别的照顾，有人也许会说这些武器是在患病之前就有的，骨折类硬伤也许可能有这种情况存在，但是慢性疾病的患者同时也具有这两类随葬品，风湿症也可以说是成年以后患得的，但是这些风湿症情况很严重，不是短期能够造成的。再退一步说，强直性脊柱炎患者应该长期饱受病痛的折磨，但还是要随时出征；脊髓灰质炎病症患者应该是小时候就有病症，但也同样是作战生产两不误。

这些说明了两点：一是这些人看来每个人都要参加平时的生产劳动，包括田间耕作和手工制作；二是随时要拿起武器投入战斗。

第三节　其他一些问题的讨论

（1）结合其他出土的随葬品，我们知道这里确实是有贫富、身份的差异。有的随葬品包含全套的马具，应该是比较富有的。本人在当地工作的时候曾经征集的马具之中包含有1件寄生，据收集人指明也是在喇嘛洞墓地Ⅱ区出土的。在拙作《北票新发现的三燕马具之研究》[7]一文中谈及那样的寄生已经失去了实用价值，更多的是一种装饰或者仪式。能够拥有这样的马具之人应该非等闲之辈。因为目前没有更加详细的资料可以比附，关于贫富的个体是否和其种系来源有关在以后合适的时候再作探讨。

（2）喇嘛洞三燕文化居民口腔疾患比较多，一个是因为卫生、医疗条件差，另一个原因也许就是食物结构的问题。我们在随葬品中看到大量的生产工具就是一个佐证。中原的流民带来了先进的农耕技术，大大地提高了种植的水平，也同时可能扩大了种植范围。虽然地处辽西，自然条件不是很优越，但是山坡下就是大凌河谷底，有利于垦殖。另一个佐证就是喇嘛洞三燕文化居民龋齿的高发率，糜子和粟米是当时居民的主要作物[8]，而淀粉类食物的大量摄入是造成龋齿的重要原因。

同时在随葬品中我们也看到了很多的镩，应该就是冬季捕鱼穿冰的工具，另外履钉（98BLⅡM196∶37）很可能就方便了冬季捕鱼在冰面上行走。这也和98BLⅡM063与98BLⅡM099食杂范畴相印证。

但是，《辽宁北票喇嘛洞遗址出土人骨稳定同位素分析》一文推证绝大多数喇嘛洞三燕文化居民基本食素，很少或根本不吃肉的结论值得商榷。我们在背景资料里面了解到朝阳市地表层峦叠嶂，丘陵起伏，峡谷相间，沟壑纵横，只有小块山间平地和沿河冲积平原，结构为“七山一水二分田”。土地自然类型多样，山地、丘陵、岗地、川地、平地交错分布。这样的环境怎么会不打猎呢？在随葬品中我们发现了很多的墓葬随葬有箭镞，固然可能是战争使用，但也可能是用于捕猎。在人口稠密的现状下，我们仍然可以看到山兔、山鸡等野生动物，当时比现在更应该有很多野生动物可以捕杀，虽然我们没有证据说明当时的饲养业是个什么情况，但是在随葬品中我们也发现了很多削，而且也有牛骨的发现。牛可能是用于耕作，但也不是不能食用。得出这样的结果，很大的可能是因为样本抽样的偏差所致。

（3）关于喇嘛洞三燕文化居民分子遗传学方面的研究，在王海晶的《东北、内蒙古地区三个古代人群分子遗传学研究》[9]一文中，就喇嘛洞三燕文化居民专列一章予以讨论。她用了24例标本的资料做出了17例标本的17个序列；这

17个序列属于8种单倍型类群；7种单倍型类群属于东部欧亚特有的单倍型类群，只有1种单倍型类群属于西部欧亚特有。

在7种单倍型类群属于东部欧亚特有的单倍型类群中，包括样本4、5、16、3、11、14、17、6、9、15、2、10、13、7、12和样本8；其中，样本5共享序列出现在现代中国人中，样本14在中国汉族中发现了1个完全相同的序列，样本9的共享序列广泛分布于西伯利亚人群、东亚人群和中亚人群中，样本6在中国北方汉族中存在共享序列，样本13在蒙古国人群存在1个共享序列，样本10在中国苗族中存在1个共享序列，样本12的共享序列广泛分布在古代匈奴人群（Eygin-Gol）、现代西伯利亚鄂温克人群、雅库特人群和蒙古国人群中，样本7在日本人群中存在1个共享序列，样本8在达斡尔族人群中存在2个共享序列。只有样本1属于唯一的西部欧亚特有单倍型类群，广泛分布于欧洲人群中，但在现在西伯利亚和东亚人群以及古代匈奴人群（Eygin-Gol）中偶然也有出现。

研究表明，所发现的这些单倍类型群分别在古代北方和南方人群中分布频率较高；在现代人群中，有些是在西伯利亚和中国北方少数民族中分布频率较高，有些在亚洲南部人群中占有优势，在中国呈现有南方人群（或南方起源人群）向北方人群（或北方起源人群）逐渐递减的趋势，并在西伯利亚人群中鲜有发现；遗传距离显示喇嘛洞三燕文化居民与现今的东亚地区人群的亲缘关系最近，与中国汉族、蒙古族和达斡尔族遗传关系较近，与拓跋鲜卑人群和匈奴人群距离较远。这显示喇嘛洞三燕文化居民与拓跋鲜卑人群和匈奴人群具有不同的母系遗传结构。

分子遗传学的结果显示喇嘛洞三燕文化居民的来源复杂，这和我们在分析喇嘛洞的组成成分时得出来的多源性同种系的结果是一致的，分子遗传学和人种学的结果可以相互印证。

注　释

[1]　朱泓：《体质人类学》，高等教育出报社，2004年。

[2][6]　朱泓：《中国东北地区的古代种族》，《文物季刊》1998年1期。

[3]　田立坤：《关于北票喇嘛洞三燕文化墓地的几个问题》，东北地区三至十世纪古代文化学术讨论会论文，2000年。

[4]　林沄：《西岔沟型铜柄铁剑与老河深、彩岚墓地的族属》，《林沄学术文集》，中国大百科全书出版社，1998年。

[5]　林沄：《夫余史地再探讨》，《北方文物》1999 年 4 期。
[7]　陈山：《北票新发现的三燕马具之研究》，《文物》2003 年 3 期。
[8]　董豫等：《辽宁北票喇嘛洞遗址出土人骨稳定同位素分析》，《人类学学报》第 26 卷第 1 期。
[9]　王海晶:《东北、内蒙古地区三个古代人群分子遗传学研究》，吉林大学博士学位论文，2007 年。

第九章　结　　语

在前面几章中，我们分别对喇嘛洞三燕文化居民的性别、年龄鉴定及人口学、颅骨非测量性状、颅骨测量性状、种族类型、身高、古病理学等方面进行了细致的研究，并在此基础上进行了相关问题的讨论，现将主要内容概括如下。

（一）

我们在对喇嘛洞三燕文化居民的性别、年龄鉴定及人口学方面进行研究时发现他们的死亡年龄段主要集中在壮年期和中年期。其中壮年期所占比例最大，是喇嘛洞三燕文化居民的死亡高峰期，中年期次之，青年期和老年期也占一定的比重，婴、幼儿期和少年期死亡比例较低。喇嘛洞三燕文化居民较其他地区时代相近的古代居民死亡高峰来得更早一些，在壮年期是喇嘛洞三燕文化居民死亡的最高峰，一直持续到中年期；形成这种状态的原因或许和他们所处的社会局势和社会角色相关，这个时期喇嘛洞三燕文化居民可能是耕战相结合的一群人，在壮年期和中年期因为劳作和战争产生了死亡高峰。

喇嘛洞三燕文化居民经过确切鉴定的男性标本 214 例，女性标本 190 例，男女性别比例为 1.13∶1，男性略高于女性，接近理想比例。在青年期和壮年期男女比例较理想，分别是 1.1∶1 和 1.04∶1，但是到了中年期达到了 1.49∶1，男性远较女性为多。

喇嘛洞三燕文化居民的平均预期寿命为 33.48 岁，男性为 33.88 岁，女性为 34.32 岁。全体人口平均寿命比男女两性单独统计的平均寿命略低；全组的平均死亡年龄和平均预期寿命均低于男性和女性分别统计的平均死亡年龄和平均寿命；男性居民的平均死亡年龄较女性平均死亡年龄高；男性的平均预期寿命较女性平均预期寿命低；男性的平均死亡年龄与平均预期寿命相当；女性的平均死亡年龄远较平均预期寿命低。

（二）

在对喇嘛洞三燕文化居民颅骨非测量性状方面进行研究时，我们发现喇嘛洞三燕文化居民颅骨非测量性状方面以卵圆形为主，眉弓发育中等偏弱，鼻根凹陷较浅，颅顶缝相对比较简单，眶型多为斜方形，梨状孔多为高而狭的梨型，梨状孔下缘多为锐型和钝型，鼻前棘不发达，多为稍显，犬齿窝多数为浅或无，腭型宽短，以U形和抛物线形为主，腭圆枕多为丘状，铲型门齿具有极高的出现率，乳突较小，枕外隆突发育较弱。下颌角区外翻，下颌圆枕发育较弱，颏形以圆形居多。

女性颅骨与男性颅骨之间的形态分布基本一致，只是眉弓的发育较弱，前额平直者较多，乳突及枕外隆突普遍发育较弱，与男性颅骨有一定的差异。

以上这些形态特征显示出比较明显的蒙古人种性质，因此，喇嘛洞三燕文化居民应归属于亚洲蒙古大人种的范畴。

喇嘛洞三燕文化居民在人字点小骨、下颌舌骨沟骨桥、鼓板开裂和颧横缝痕迹项目中出现率较低，而在枕乳缝间骨、髁前结节和额中缝项目上具有较高的出现率。

喇嘛洞三燕文化居民在颧横缝痕迹、眶上神经孔、星点小骨和人字点小骨诸项目上与华北组出现率颇为相似；在眶上神经孔、星点小骨、人字点小骨、鼓板开裂、额中缝、枕横缝残存、副眶下孔、副颏孔和髁后管通畅项目上保持较相似的出现率，反映了喇嘛洞三燕文化居民在这些非连续性观察项目上的相似趋势，与其他比较组相比，喇嘛洞组与太原组更为相似。

在18个对比组中，各组之间的亲密程度显示，喇嘛洞组与陶家寨组和太原组及现代日本组有着更为亲密的关系。

（三）

我们研究喇嘛洞三燕文化居民颅骨测量性状时，根据喇嘛洞三燕文化居民颅骨的测量数据和形态特征的出现率，可以将其体质特征概括为：长宽颅型方面以圆颅型为主、长高颅型方面以高颅型为主、宽高颅型方面以中颅型为主的颅型特点，前额形态为狭额型；面部特征为中面型和中上面型结合，正颌型、中鼻型、中眶型、阔腭型相结合的特点，总面角为接近中颌型的平颌型，中面角反映两性均为平颌型，齿槽部分两性均为突颌型；面部水平方向具有中等的上面部扁平度。

女性个体的绝大多数测量性特征与男性接近，女性只是在颅型方面以中颅型占优，其次为圆颅形，面型方面阔面型与男性有所区别，男女两性相较而言男性短颌更为强烈，面部水平方向女性较男性有更大面部扁平度等，但是这些区别应该是次要的，没有超出大的人种范畴，其共性还是一致的。

根据皮尔逊（Karl Pearson）研究结果我们对比了喇嘛洞三燕文化居民的标准差和其他组的标准差，对比组我们选了皮尔逊的阿伊努组、巴伐利亚组、帕里西安组、纳夸达组和英国组，莫兰特的埃及E组、维特卡普组、莫菲尔德组和刚果尼格鲁组，殷墟中小墓组及殷墟祭祀坑组，结果显示该组居民的种系来源比较复杂，但基本上还没有超出亚洲蒙古人种的范畴，因此我们认为喇嘛洞三燕文化居民是多源性同种系的一群人。

我们又分别采取计算标准差百分比和平均变异系数的方法来进一步分析喇嘛洞三燕文化居民的种系问题，结果均显示喇嘛洞三燕文化组似乎应该是一个异种系的组群。但是仅通过对比数据我们又无法把喇嘛洞三燕文化居民进一步划分为不同的亚组。这倒是很符合喇嘛洞三燕文化的历史背景。

（四）

在研究喇嘛洞墓地文化居民种族类型方面时，我们认为喇嘛洞三燕文化的居民应该与东亚蒙古人种的关系更为密切，其次为北亚蒙古人种，而与东北亚和南亚蒙古人种有着较远的距离。仔细分析，喇嘛洞三燕文化居民比东亚蒙古人种具有更大的颅宽和面宽，前额更加倾斜，与北亚蒙古人种较宽的颅形和面形及倾斜的前额很相符合；但是与北亚蒙古人种的低颅、宽面和较大的面部扁平度又有非常明显的区别，尤其喇嘛洞三燕文化居民的高颅特征更接近东亚和东北亚蒙古人种；在面部扁平程度上，喇嘛洞三燕文化居民又与南亚蒙古人种较相似。这种现象再一次提醒我们喇嘛洞三燕文化居民的种系来源的复杂性。

我们通过喇嘛洞三燕文化居民的体质特征数据与各近代组的特征值进行的比较，和通过计算喇嘛洞组与各对比组平均数组间差异均方根及计算各对比组之间欧氏距离进行聚类分析的结果可以相互印证，同时和喇嘛洞三燕文化居民与亚洲蒙古人种及各不同区域类型主要颅面部特征的比较结果基本吻合。可以看出，喇嘛洞三燕文化居民与现代蒙古人种中的东亚类型、东北亚类型和北亚类型居民具有程度不同的关系和距离，相比之下与现代东亚蒙古人种颇多相似。

通过与古代对比组的比较，我们认为喇嘛洞组还是与东亚蒙古人种占主导成分的对比组较为接近，与明显低颅的北亚人种有较大的差距。喇嘛洞组与大同组关系更为密切。

总之，喇嘛洞组的种系成分主要承继了以东亚蒙古人种的体质特征为主的组群，同时还包含了一些北亚或者东北亚的种系成分。

（五）

通过运用不同的身高推断公式，我们认为喇嘛洞三燕文化男性居民的平均身高估计在165.98厘米，喇嘛洞三燕文化女性居民的平均身高估计为155.42厘米。

在所有的对比组中，喇嘛洞三燕文化居民男女两性身高均处于各对比组的中游。在对比组中我们还可以看到，西北地区的男女两性身高之比较大，男性居民的身高较高而女性的身高较低。

（六）

在古病理学方面我们发现骨质损伤出现了包括骨质压痕、塌陷性骨折、骨质擦伤、孔状骨折、压缩性骨折、鼻骨骨折、肢骨骨折、骨质砍创、骨质切创等症状。长骨的骨折6例个体都是男性，有的是胫骨、腓骨一起骨折，观察身体其他骨骼未见有骨质疏松的迹象，不应该是自身疾病造成的骨折，更可能是受到强大的外力作用而形成。6例标本都是青壮年，结合骨质砍创的案例，不能不让我们想到当时生活环境的恶劣，如果排除群内械斗，最大的可能就是战争了。

骨骼疾病包括风湿性关节炎、脊髓灰质炎和强直性脊柱炎3种骨骼非特异性感染类疾病；骨肿瘤有骨瘤和骨样骨瘤2种病症出现；先天性骨关节疾病发现1例腰骶融合症；骨关节营养和代谢性疾病发现了24例贫血病症。

牙齿疾病与畸形方面有龋齿、牙结石、牙周炎、根尖脓肿、异型异位和阻生病症的出现，总体来说，喇嘛洞三燕文化居民的口腔疾病发生率很高，和当时的卫生情况以及生活水平、饮食结构有很大的关系。

在喇嘛洞三燕文化居民之中还发现一些其他的病理现象，如颞下颌关节紊乱综合征、枕髁发育不良、坐骨耻骨联合不规则等。

（七）

结合喇嘛洞三燕文化居民的体质特点，我们探讨了喇嘛洞三燕文化居民的来源，根据已经研究的结果，认为与以往朝阳地区发现的慕容鲜卑的体质特征有着较为明显的区别，其族属可能不是一致的，至于和目前学界认为可能是夫余族的结论在人种地理分布的格局方面不相冲突。夫余族所处的位置，早期应该在吉林地区，晚期可能在四平或者农安地区，这些地方的古代居民应该属于或者以古东北类型为主，高颅阔面是其典型的特征。但是喇嘛洞三燕文化居民的面部特点又与古东北类型的面部特征有所区别。喇嘛洞三燕文化居民体质特征的复杂性显示了其种系来源的多源性。

综上，喇嘛洞三燕文化居民应该是耕战结合的一群人，生存环境较为恶劣，卫生医疗方面较差。

在探讨喇嘛洞三燕文化居民的饮食结构时，本书分析了以往研究的结论，结合考古发现的证据，提出了值得注意的问题。

分子遗传学的结果显示喇嘛洞三燕文化居民的来源复杂，这和我们在分析喇嘛洞的组成成分时得出来的多源性同种系的结果是一致的，分子遗传学和人种学的结果可以相互印证。

参 考 文 献

古代文献：

[1]　唐·房玄龄等 . 晋书［M］. 北京：中华书局出版社，1996 .

研究论文：

[1]　张松林，姜楠，刘彦锋 . 对郑州市洼刘遗址西周时期人骨的观测［M］// 张松林 . 郑州文物考古与研究（1）下 . 北京：科学出版社，2003：1501 ~ 1508 .

[2]　林沄 . 内蒙古地区鲜卑墓葬的发现与研究·序［M］// 魏坚主编 . 内蒙古地区鲜卑墓葬的发现与研究 . 北京 : 科学出版社，2004.

[3]　林沄 . 西岔沟型铜柄铁剑与老河深、彩岚墓地的族属［C］// 林沄 . 林沄学术文集 . 北京：中国大百科全书出版社，1998.

[4]　韩康信，谭婧泽，张帆 . 青海大通上孙家寨古墓地人骨的研究［M］// 韩康信等 . 中国西北地区古代居民种族研究 . 上海 : 复旦大学出版社，2005：1 ~ 68.

[5]　韩康信，谭婧泽，张帆 . 甘肃玉门火烧沟古墓地人骨的研究［M］// 韩康信等 . 中国西北地区古代居民种族研究 . 上海 : 复旦大学出版社，2005：191 ~ 251.

[6]　韩康信，潘其风 . 安阳殷墟中小墓人骨的研究［M］// 中国社会科学院历史研究所，中国社会科学院考古研究所 . 安阳殷墟头骨研究 . 考古学专刊（甲种第十九号）. 北京：文物出版社，1985：50 ~ 81.

[7]　潘其风 . 大甸子墓葬出土人骨的研究［M］// 中国社会科学院考古研究所 . 大甸子——夏家店下层文化遗址与墓地发掘报告（附录一）. 北京：科学出版社，1996：224 ~ 322.

[8]　潘其风 . 平洋墓葬人骨的研究［M］// 杨志军，郝思德，李陈奇 . 平洋墓葬（附录一）. 北京：文物出版社，1990：187 ~ 235.

[9]　陈靓，朱泓，郑丽慧 . 内蒙古东大井东汉时期鲜卑墓葬人骨研究［M］// 朱泓主编 . 东北、内蒙古地区古代人类的种族类型与 DNA. 长春：吉林人民出版社，2006.

[10]　张全超，周密 . 内蒙古兴和县叭沟墓地鲜卑族人骨研究［M］// 朱泓主编 . 东北、内蒙古地区古代人类的种族类型与 DNA. 长春：吉林人民出版社，2006.

[11]　朱泓 . 靺鞨人种研究［C］// 吉林大学边疆考古研究中心 . 青果集 . 北京 : 知识出版社，1993 ：368 ~ 381.

[12]　朱泓 . 中原地区的古代种族［C］// 吉林大学边疆考古研究中心编 . 庆祝张忠培先生

七十岁论文集 . 北京：科学出版社，2004：549 ~ 557 .
［13］ 朱泓 . 建立具有自身特点的中国古人种学研究体系［M］// 我的学术思想 . 吉林大学出版社，1996 .
［14］ 朱泓 . 察右后旗三道湾汉代鲜卑族颅骨的人种学研究［C］// 内蒙古文物考古研究所 . 内蒙古文物考古文集（2）. 北京：中国大百科全书出版社，1997 .
［15］ 朱泓 . 本溪庙后山青铜时代居民的种系归属［C］// 苏秉琦编 . 考古学文化论集（4）. 北京：文物出版社，1997 .
［16］ 田立坤 . 三燕文化墓葬的类型与分期［M］// 巫鸿主编 . 汉唐之间文化的互动与交融 . 北京：文物出版社，2001：205 ~ 225 .
［17］ 田立坤 . 鲜卑文化源流的考古学考察［C］// 吉林大学边疆考古研究中心 . 青果集 . 北京 : 知识出版社，1993.
［18］ 乔梁 . 鲜卑遗存的认定与研究［M］// 许倬云、张忠培主编 . 中国考古学的跨世纪反思 . 香港：商务印书馆，1999.
［19］ B · Ⅱ · 阿列克谢耶夫 . 鞑靼人的颅骨学资料［M］// 西伯利亚古人类学 . 莫斯科：（不详），1980 .
［20］ 陈山 . 北票新发现三燕马具之研究［J］. 文物，2003（3）：63 ~ 71.
［21］ 陈山 . 克什克腾旗龙头山青铜时代颅骨的人类学研究［J］. 人类学学报，2000（1）.
［22］ 陈岩，杨秀峰，保明利 . 慢性类风湿关节炎病人的下颌形态和位置研究［J］. 内蒙古医学院学报，2002（2）：45 ~ 93 .
［23］ 贾兰坡，颜訚 . 西团山人骨的研究报告［J］. 考古学报，1963（2）.
［24］ 潘其风，韩康信 . 吉林骚达沟石棺墓人骨的研究［J］. 考古，1985（10）.
［25］ 潘其风，韩康信 . 东汉北方草原游牧民族人骨的研究［J］. 考古学报，1982（1）：117 ~ 136.
［26］ 韩康信 . 骨骼人类学的鉴定对考古研究的作用［J］. 考古与文物，1985（3）：50 ~ 54.
［27］ 韩康信 . 沈阳郑家洼子的两具青铜时代人骨［J］. 考古学报，1975（1）.
［28］ 毛燮均，颜訚 . 安阳辉县殷代人牙的研究报告［J］. 古脊椎动物与古人类，1959（1）2：81 ~ 85.
［29］ 王令红 . 华北人头骨非测量性状的观察［J］. 人类学学报，1988（1）.
［30］ 王令红，孙凤喈 . 太原地区现代人头骨的测量［J］. 人类学学报，1988（3）.
［31］ 郑靖中，张怀瑙，杨玉田，党汝霖 . 西安地区现代人颅骨非测量性研究［J］. 人类学学报，1988（3）.
［32］ 韩伟，吴镇烽，马振智，焦南峰 . 凤翔南指挥西村周墓人骨的测量与观察［J］. 考古与文物，1985（3）：55 ~ 84 .
［33］ 尚虹，韩康信，王守功 . 山东鲁中南地区周——汉代人骨研究［J］. 人类学学报，2002（1）：1 ~ 13.

[34] 中国科学院考古研究所体质人类学组.赤峰、宁城夏家店上层文化人骨研究[J].考古学报，1975（2）.
[35] 张振标.现代中国人身高的变异[J].人类学学报，1988（2）：112～120.
[36] 张振标，宁立新.大同北魏时期墓葬人骨的种族特征[J].文物季刊，1985（3）.
[37] 张振标.中国古代人类强直性脊椎炎的例证[J].人类学学报，1995（2）：110～116.
[38] 张继宗.中国汉族女性长骨推断身长的研究[J].人类学学报，2001（4）：302～307.
[39] 张银运.人类头骨非连续性形态特征述评[J].人类学学报，1993（4）：394～397.
[40] 魏海波，张振标.辽宁本溪青铜时代人骨[J].人类学学报，1989（4）.
[41] 董豫等.辽宁北票喇嘛洞遗址出土人骨稳定同位素分析[J].人类学学报，2007（1）.
[42] 李法军.河北阳原姜家梁新石器时代遗址头骨非测量性状的观察与研究[J].人类学学报，2003（3）.
[43] 王令红，孙凤喈.太原地区现代人头骨的测量[J].人类学学报，1988（3）.
[44] 朱泓.夏家店上层文化居民的种族类型及相关问题[J].辽海文物学刊，1989（1）.
[45] 朱泓.从扎赉诺尔汉代居民的体质差异探讨鲜卑族的人种构成[J].北方文物，1989（2）：45～51，63.
[46] 朱泓.扎赉诺尔汉代墓葬第三次发掘出土颅骨的初步研究[J].人类学学报，1989（2）：123～130.
[47] 朱泓.东北古代居民的种族成分研究[J].博物馆研究，1989（3）.
[48] 朱泓.内蒙古宁城山嘴子辽墓契丹族颅骨的人类学特征[J].人类学学报，1991（10）：278～287.
[49] 朱泓.辽宁朝阳魏晋时期鲜卑墓葬人骨的研究[J].辽海文物学刊，1996（2）.
[50] 朱泓.中国东北地区的古代种族[J].文物季刊，1998（1）.
[51] 朱泓等.吉林农安县邢家店北山墓地的古代人骨[J].考古，1989（4）.
[52] 朱泓，贾莹.九台关马山石棺墓颅骨的人种学研究[J].考古，1991（2）.
[53] 宿白.东北、内蒙古地区的鲜卑遗迹[J].文物，1977（5）.
[54] 郝思德，杨志军，李陈奇.干洋墓葬族属初论[J].北方文物，1989（3）.
[55] 李恭笃.辽宁东部地区青铜文化初探[J].考古，1985（6）.
[56] 林沄.夫余史地再探讨[J].北方文物，1999（4）.
[57] 林沄.中国东北系铜剑初论[J].考古学报，1980（2）.
[58] 刘宁.顺山屯青铜时代居民的人种学研究[J].辽海文物学刊，1994（1）.
[59] 陈雍.扎赉诺尔等五处墓葬陶器的比较研究[J].北方文物，1989（2）.
[60] 许永杰.鲜卑遗存的考古学考察[J].北方文物，1993（4）.
[61] 潘玲.完工墓地的文化性质和年代[J].考古，2007（9）.

[62] 陈山 . 朝阳古代鲜卑族颅骨的人类学研究 [C] // 辽宁省文物考古所等 . 辽宁考古文集 . 沈阳 : 辽宁民族出版社，2003.

[63] 陈山 . 喇嘛洞墓地颅骨种族类型初探 [C] // 吉林大学边疆考古研究中心编 . 边疆考古研究（1）. 北京：科学出版社，2002.

[64] 魏东，张全超，陈山 . 魏晋十六国时期鲜卑人头骨非测量形状的观察 [C] // 吉林大学边疆考古研究中心编 . 边疆考古研究（1）. 北京：科学出版社，2002.

[65] 潘玲，林沄 . 平洋墓葬的年代与文化性质 [C] // 吉林大学边疆考古研究中心编 . 边疆考古研究（1）. 北京：科学出版社，2002.

[66] 韩巍 . 山西大同北魏时期居民的种系类型分析 [C] // 吉林大学边疆考古研究中心编 . 边疆考古研究（4）. 北京：科学出版社，2005.

[67] 朱泓 . 吉林省大安县渔场墓地汉晋时期人骨研究 [C] // 吉林大学边疆考古研究中心编 . 边疆考古研究（2）. 北京：科学出版社，2004.

[68] 田立坤 . 关于北票喇嘛洞三燕文化墓地的几个问题 [C] // 东北地区三至十世纪古代文化学术讨论会论文，2000.

研究专著：

[1] 薛薇 . SPSS 统计分析方法及应用 [M] . 北京：电子工业出版社，2005.

[2] 吴汝康，吴新智，张振标 . 人体测量方法 [M] . 北京：科学出版社，1984.

[3] 吴汝康，吴新智，张振标 . 人体骨骼测量手册 [M] . 北京：科学出版社，1984.

[4] 邵象清 . 人体测量手册 [M] . 上海：上海辞书出版社，1985.

[5] 朱泓 . 体质人类学 [M] . 长春：吉林大学出版社，2004.

[6] 刘铮，邬论萍，查瑞传 . 人口统计学 [M] . 北京：中国人民大学出版社，1981.

[7] 李法军 . 河北阳原姜家梁新石器时代人骨研究 [M] . 北京：科学出版社，2004.

[8] 韩康信，谭婧泽，张帆 . 中国西北地区古代居民种族研究 [M] . 上海：复旦大学出版社，2005.

[9] 潘玲 . 伊沃尔加城址和墓地及相关匈奴考古问题研究 [M] . 北京：科学出版社，2007.

[10] 雅 · 雅 · 罗金斯基，马 · 格 · 列文 . 人类学 [M] . 北京：警官教育出版社，1993.

[11] 陈世贤 . 法医骨学 [M] . 北京：群众出版社，1980 .

[12] 皮昕 . 口腔解剖生理学 [M] . 北京：人民卫生出版社，2000 .

学位论文：

[1] 张敬雷 . 青海省西宁市陶家寨汉晋时期墓地人骨研究 [D] . 长春：吉林大学文学院博士学位论文，2008.

[2] 尚虹 . 山东广饶新石器时代人骨及其与中国早期全新世人类之间关系的研究 [D] . 北京：中国科学院博士论文，2002.

[3] 张桦 . 中国北方古代居民颅骨非测量形状研究 [D] . 长春：吉林大学文学院博士学位

论文，2006.

［4］ 韩巍．陕西澄城良辅墓地汉代人骨研究［D］．长春：吉林大学文学院硕士学位论文，2006.

［5］ 张全超．内蒙古和林格尔县新店子墓地人骨研究［D］．长春：吉林大学文学院博士学位论文，2005.

［6］ 赵宾福．中国东北地区夏至战国时期的考古学文化研究［D］．长春：吉林大学文学院博士学位论文，2005.

［7］ 王海晶．东北、内蒙古地区三个古代人群分子遗传学研究［D］．长春：吉林大学生命科学学院博士学位论文，2007.

考古报告：

［1］ 杨志军，郝思德，李陈奇．平洋墓葬［M］．北京：文物出版社，1990.

［2］ 中国社会科学院考古研究所编著．大甸子——夏家店下层文化遗址与墓葬发掘报告［M］．北京：科学出版社，1996.

考古简报：

［1］ 齐晓光．内蒙古克什克腾旗龙头山遗址发掘的主要收获［C］// 内蒙古文物考古研究所．内蒙古东部地区考古学文化研究文集．北京：海洋出版社，1991.

［2］ 辽宁省文物考古研究所等．辽宁北票喇嘛洞墓地 1998 年发掘报告［J］．考古学报 2004（2）：209 ~ 242.

［3］ 辽宁省文物考古研究所等．朝阳十二台乡砖厂 88M1 发掘简报［J］．文物 1997（11）：19 ~ 32.

［4］ 辽宁省文物考古研究所等．朝阳王子坟山墓群 1987、1990 年度考古发掘的主要收获［J］．文物 1997（11）：4 ~ 18.

［5］ 辽宁省文物考古研究所等．朝阳自来水管道工地墓葬发掘简报［J］．辽海文物学刊 1993（1）.

［6］ 辽宁省文物考古研究所等．辽宁朝阳甜草沟晋墓［J］．文物 1997（11）：33 ~ 41.

［7］ 朝阳地区博物馆等．辽宁朝阳发现北燕、北魏墓［J］．考古 1985（10）：915 ~ 929.

［8］ 陈大为．辽宁北票房身村晋墓发掘简报［J］．考古 1960（1）：24 ~ 26.

［9］ 陈大为，李宇峰．辽宁朝阳后燕崔遹墓的发现［J］．考古 1982（3）：270 ~ 274.

［10］ 黎瑶渤．辽宁北票县西关营子北燕冯素弗墓［J］．文物 1973（3）：2 ~ 28.

［11］ 辽宁省博物馆文物队等．朝阳袁台子东晋壁画墓［J］．文物 1984（6）：29 ~ 45.

［12］ 田立坤．朝阳前燕奉车都尉墓［J］．文物 1994（11）：33 ~ 37.

［13］ 李宇峰．辽宁朝阳两晋十六国时期墓葬清理简报［J］．北方文物 1986（3）：23 ~ 71.

［14］ 刘谦．锦州北魏墓清理简报［J］．考古 1990（5）：429 ~ 432.

［15］ 刘谦．辽宁义县保安寺发现的古代墓葬［J］．考古 1963（1）：53.

［16］ 璞石 . 辽宁朝阳袁台子北燕墓［J］. 文物 1994（11）：43 ~ 47 .

［17］ 山西省考古研究所，大同市博物馆 . 大同南郊北魏墓群发掘简报［J］. 文物 1992（8）.

［18］ 孙国平，李智 . 辽宁北票仓粮窖鲜卑墓［J］. 文物 1994（11）：38 ~ 42.

［19］ 辛占山 . 康平顺山屯青铜时代遗址试掘报告［J］. 辽海文物学刊 1988（1）.

［20］ 辛发，鲁宝林，吴鹏 . 锦州前燕李廆墓清理简报［J］. 文物 1995（6）：42 ~ 46.

［21］ 辽宁省文物考古研究所等 . 朝阳箭头地前燕墓葬发掘简报［C］// 辽宁省文物考古研究所 . 辽宁省锦朝、锦阜高速公路建设考古报告集 . 沈阳：辽宁民族出版社，2004 .

［22］ 乌兰察布博物馆．察右后旗三道湾墓地［C］// 内蒙古文物考古研究所 . 内蒙古文物考古文集（1）. 北京：中国大百科全书出版社，1994.

外文文献：

［1］ Wood-Jones F.The non-metrical morphological characters of the skull as criteria for racial diagnosis. Part I. General discussion of the morphological characters employed in racial diagnosis［J］. *Ant*, 1930, 67：179 ~ 195.

［2］ Wood-Jones F. The non-metrical morphological characters of the skull as criteria for racial diagnosis. Part Ⅳ .The non-metrical morphological characters of the northern Chinese skull［J］. *Ant*, 1933, 68：96 ~ 108.

［3］ Berry, Berry R J. Epigenetic variation in the human cranium［J］. *Ant*,1967, 101：361 ~ 379.

［4］ Dodo Y. A population study of the jugjuar foramen bridging of the human cranium［J］. Am. J. phys. *Anthropo*, 1986, 69：15 ~ 19.

［5］ Dodo Y, Ishida H. Population history of Japan as viewed from cranial nonmetric variation［J］. *Anthrop. Soc*. Nippon, 1990, 98（3）：269 ~ 287.

［6］ G. Hauser Vienna, G. F. De Stefano Rome: Epigenetic Variants of the Human Skull［M］// Schweizerbart . Stuttgart, printed in Germany, 1989.

［7］ Torgersen J H. Hereditary factors in the sutural pattern of the skull［J］. *Acta Radiol*, 36：374 ~ 382, 1951.

［8］ Sjøvold: A report on the heritability of some cranial measurements and non-metric trait.- in: van vark, G. N. &Howells, W. W.（Eds.）：Multivariate Statistics in physical anthropology. 223 ~ 246, D. Reidel, Dordrecht, The Netherlands.

［9］ Pritchard, J J, Scott, J H & Girgis, F G：The structure and development of cranial and facial sutures［J］. *Anat*, 90：873 ~ 886, 1956.

［10］ Ishida H, Dodo Y. Differentiation of the northern mongoloid：The evidence of cranial nonmetric traits［J］. In Japan in the World IV：Japanese as a Member of the Asian and Pacific Populations（Hanihara K ed.）, In ternational Research Center for Japanese Studies Press, Kyoto, 1992, 79 ~ 94.

[11] Ishida H, Dodo Y. Cranial morphology of the Siberians and East Asians [J] . *In prehistoric Mongoloid Dispersals* （*Akazawa T. and Szathmary E. J. E. ed*）, Oxford Univ. Press, Oxford, 1995, 113 ~ 124.

[12] Ishida H. Nometric cranial variation of northeast Asians and their population affinities [J] . *Anthropo. Sci*, 1995：103 （4）：385 ~ 440.

[13] Ishida H: Populational affinities of the Peruvian with Siberians and North Americans: A nonmetric cranial approach [J] . *Anthropo. Sci*, 1993, 101： 47 ~ 63.

[14] Dodo Y, Doi N, Kondo O. Ainu and Ryukyuan cranial nonmetric variation: evidence which disputes the Ainu-Ryukyuan common origin theory [J] . *Anthrop. Soc.* Nippon, 1998, 106 （2）：99 ~ 120.

[15] Hanihara T, Ishida H, Dodo Y. Characterization of biological diversity through analysis of discrete cranial traits [J] . *American Journal of Physical Anthropology*, 2003, 121： 241 ~ 251.

[16] Berry A C, Berry R J. Epigenetic variation in the human cranium [J] . *Journal of Anatomy*, 1967, 101：361 ~ 379.

报纸文献：

[1] 张克举，田立坤 . 辽宁发掘北票喇嘛洞鲜卑贵族墓地 [N] . 中国文物报 ,1996-12-22（1）.

[2] 张克举，万欣 . 辽宁北票喇嘛洞墓地发掘又获丰收 [N] . 中国文物报 ,1998-12-30（1）.

附表一　喇嘛洞三燕文化居民人骨性别和年龄鉴定表

标本编号	性别	年龄
98BLM1001（佚号）	男	36~55
98BLIM001	男	36~55
98BLIM002	女	24~35
98BLIM003	男	36~55
98BLIM005	男	56~x
98BLIM006	女	成年
98BLIM007：1	男	24~35
98BLIM007：2	女（?）	成年
98BLIM011	女	36~55
98BLIM012	女	24~35
98BLIM013	男	36~55
98BLIM014	男	24~35
98BLIM015	女	56~x
98BLIM016	男（?）	24~35
98BLIM018	男	24~35
98BLIM019	女	56~x
98BLIM020	男	24~35
98BLIM021	女	24~35
98BLIM022：1	男	36~55
98BLIM022：2	女	24~35
98BLIM024	女	成年
98BLIM025	男	36~55
98BLIM026	女	24~35
98BLIM027	女	15~23
98BLIM028	男	15~23
98BLIM029	女	36~55
98BLIM030	女	36~55
98BLIM031	男	15~23
98BLIM032	女	成年
98BLIM033	男	36~55
98BLIM034	男	24~35
98BLIM035	男	24~35
98BLIM037	男	36~55
98BLIM038	女	老年
98BLIM039	女	成年
98BLIM040	女	24~35
98BLIM042	男	24~35
98BLIM043	女	36~55
98BLIM044	男	36~55
98BLIM045	男	24~35
98BLIM047	女	成年
98BLIM048	女	36~55
98BLIM049	?	15~23
98BLIM050	男	24~35
98BLIM051	男	24~35
98BLIM052	男	24~35
98BLIM053	男	7~14
98BLIIM000	男	36~55
98BLIIM001	女	56~x
98BLIIM002	女	24~35
98BLIIM003	男	15~23
98BLIIM004	男	36~55
98BLIIM005	男	36~55
98BLIIM006	女	56~x
98BLIIM007	男	36~55
98BLIIM008	女	15~23
98BLIIM010	女	24~35
98BLIIM011	男	36~55
98BLIIM012	男（?）	24~35
98BLIIM013	男	36~55
98BLIIM014	男	36~55
98BLIIM015	女	中老年
98BLIIM016	男	36~55
98BLIIM017	女	24~35

续表

标本编号	性别	年龄	标本编号	性别	年龄
98BLIIM018	男	24~35	98BLIIM052	女	24~35
98BLIIM019	男	36~55	98BLIIM053	男	成年
98BLIIM020	男	24~35	98BLIIM054	男	24~35
98BLIIM021	男	15~23	98BLIIM056	男	36~55
98BLIIM022	男	成年	98BLIIM057:1	女	24~35
98BLIIM023	女	成年	98BLIIM057:2	女	24~35
98BLIIM024	女	15~23	98BLIIM058	男	36~55
98BLIIM025	女	24~35	98BLIIM059	女	15~23
98BLIIM026	女	24~35	98BLIIM060	男	36~55
98BLIIM027	女	24~35	98BLIIM061:1	男	36~55
98BLIIM028	男	36~55	98BLIIM061:2	男	36~55
98BLIIM029	男	36~55	98BLIIM062	男	15~23
98BLIIM030	男	15~23	98BLIIM063	女	24~35
98BLIIM031	男	36~55	98BLIIM064	不详	7~14
98BLIIM032	男	15~23	98BLIIM065	女	15~23
98BLIIM033	不详	7~14	98BLIIM066	女	56~x
98BLIIM035	男	24~35	98BLIIM067	男	24~35
98BLIIM036	男	15~23	98BLIIM068	女（?）	7~14
98BLIIM037	女	7~14	98BLIIM069	女	36~55
98BLIIM038	女	56~x	98BLIIM070:1	男	24~35
98BLIIM039	男	24~35	98BLIIM070:2	女	24~35
98BLIIM040	女	36~55	98BLIIM072	男	24~35
98BLIIM041	男	36~55	98BLIIM073	男	36~55
98BLIIM042	男	成年	98BLIIM074	女	壮年
98BLIIM043	男	24~35	98BLIIM075	男	15~23
98BLIIM044	女	24~35	98BLIIM076	男	成年
98BLIIM045	男	36~55	98BLIIM077	女	24~35
98BLIIM046	男	36~55	98BLIIM078	女	15~23
98BLIIM047	女	36~55	98BLIIM079:1	女	24~35
98BLIIM048	男	56~x	98BLIIM079:2	女	24~35
98BLIIM049	男	36~55	98BLIIM082	男	24~35
98BLIIM050	男	56~x	98BLIIM083	女	成年
98BLIIM051	女	24~35	98BLIIM084	男	24~35

续表

标本编号	性别	年龄	标本编号	性别	年龄
98BLIIM085	女	36~55	98BLIIM115	女	成年
98BLIIM086	男	24~35	98BLIIM116	男	36~55
98BLIIM087	男	56~x	98BLIIM117	男	15~23
98BLIIM088	男	36~55	98BLIIM118	男	36~55
98BLIIM089	男	24~35	98BLIIM119	男	24~35
98BLIIM090	男	36~55	98BLIIM120	女	36~55
98BLIIM091	女	15~23	98BLIIM121	男	24~35
98BLIIM092	男	15~23	98BLIIM122	男	36~55
98BLIIM093	女	36~55	98BLIIM123	女	36~55
98BLIIM094	女	24~35	98BLIIM124	女	36~55
98BLIIM095	女	24~35	98BLIIM125	男	成年
98BLIIM096	女	老年	98BLIIM126	女	36~55
98BLIIM097	女	36~55	98BLIIM126 : 2	不详	少年？
98BLIIM098	女	24~35	98BLIIM127	男	成年
98BLIIM099	男	24~35	98BLIIM128	女	36~55
98BLIIM100	男	24~35	98BLIIM129	男	15~23
98BLIIM101	男	24~35	98BLIIM130	男	15~23
98BLIIM102	女	36~55	98BLIIM131 : 1	女	36~55
98BLIIM103	男	24~35	98BLIIM131 : 2	男	36~55
98BLIIM104	女	成年	98BLIIM132	男	成年
98BLIIM105	男	成年	98BLIIM133	男	36~55
98BLIIM105 : 2	女（?）	成年	98BLIIM134	男	36~55
98BLIIM106	男（?）	成年	98BLIIM136	女	24~35
98BLIIM107	男	36~55	98BLIIM137	女	56~x
98BLIIM108	男	36~55	98BLIIM138	女	15~23
98BLIIM109	女	15~23	98BLIIM139	女	24~35
98BLIIM110	男	56~x	98BLIIM140	男	15~23
98BLIIM110a	女	36~55	98BLIIM141	男	24~35
98BLIIM111 : 1	男	36~55	98BLIIM142	男	15~23
98BLIIM111 : 2	男	24~35	98BLIIM143	女	36~55
98BLIIM112 : 1	女	24~35	98BLIIM144	男	36~55
98BLIIM112 : 2	女	24~35	98BLIIM145	女	24~35
98BLIIM113	女（?）	24~35	98BLIIM146	女	24~35
98BLIIM114	男	24~35	98BLIIM147	女	24~35

续表

标本编号	性别	年龄	标本编号	性别	年龄
98BLⅡM149	男	36~55	98BLⅡM196	男	36~55
98BLⅡM153	男	36~55	98BLⅡM197：1	男	36~55
98BLⅡM156	男	24~35	98BLⅡM197：2	男	36~55
98BLⅡM158	男（?）	24~35	98BLⅡM198	女	24~35
98BLⅡM159	女	36~55	98BLⅡM199	女	56~x
98BLⅡM160	男	24~35	98BLⅡM200	不详	15~23
98BLⅡM161	男（?）	24~35	98BLⅡM201	男	36~55
98BLⅡM162	女	成年	98BLⅡM201：1	?	15~23
98BLⅡM164	男	36~55	98BLⅡM201：2	男	成年
98BLⅡM165	女	36~55	98BLⅡM201：4	?	成年
98BLⅡM166	女	56~x	98BLⅡM203	男（?）	24~35
98BLⅡM167	男	24~35	98BLⅡM204	男	24~35
98BLⅡM168	女（?）	15~23	98BLⅡM204：1	男	56~x
98BLⅡM169	男	15~23	98BLⅡM205：1	男	36~55
98BLⅡM170	女	成年	98BLⅡM205：2	男	成年
98BLⅡM171	男	36~55	98BLⅡM206	男	36~55
98BLⅡM172	男	24~35	98BLⅡM206：5	男	?
98BLⅡM173	男	36~55	98BLⅡM207	男	24~35
98BLⅡM174	女	24~35	98BLⅡM209	女	24~35
98BLⅡM175	男	36~55	98BLⅡM210	男	老年
98BLⅡM176	女	36~55	98BLⅡM211	男	老年
98BLⅡM180	女	24~35	98BLⅡM213	男	成年
98BLⅡM181	女	24~35	98BLⅡM214	女	36~55
98BLⅡM182	男	成年	98BLⅡM215：1	?	24~35
98BLⅡM183	男	36~55	98BLⅡM215：2	男	15~23
98BLⅡM184	女	36~55	98BLⅡM216	男	成年
98BLⅡM187	女	36~55	98BLⅡM217	男	24~35
98BLⅡM189	男	24~35	98BLⅡM218	男	24~35
98BLⅡM190	女	36~55	98BLⅡM219	女	24~35
98BLⅡM191	不详	24~35	98BLⅡM220	女	36~55
98BLⅡM192	女	15~23	98BLⅡM221	女	24~35
98BLⅡM193	男	36~55	98BLⅡM222	?	老年
98BLⅡM194	女（?）	24~35	98BLⅡM223	女	成年
98BLⅡM195	女	24~35	98BLⅡM224	男	24~35

续表

标本编号	性别	年龄	标本编号	性别	年龄
98BLⅡM225	男	24~35	98BLⅡM259	女	36~55
98BLⅡM226	女	24~35	98BLⅡM260	男（?）	24~35
98BLⅡM227	女	15~23	98BLⅡM261	女	36~55
98BLⅡM228	女	24~35	98BLⅡM262	男	24~35
98BLⅡM229	男	15~23	98BLⅡM263	男（?）	24~35
98BLⅡM229：1	男	24~35	98BLⅡM264	女	36~55
98BLⅡM230	男（?）	24~35	98BLⅡM265	女（?）	15~23
98BLⅡM231	女	成年	98BLⅡM266	男	36~55
98BLⅡM232	女	36~55	98BLⅡM267	女	36~55
98BLⅡM233	女	36~55	98BLⅡM268	女	24~35
98BLⅡM234	女	24~35	98BLⅡM270	女	24~35
98BLⅡM235	男	36~55	98BLⅡM272	不详	7~14
98BLⅡM236	男	36~55	98BLⅡM273	男	36~55
98BLⅡM237	男	24~35	98BLⅡM274	不详	7~14
98BLⅡM238	?	24~35	98BLⅡM275	男	36~55
98BLⅡM239	女	24~35	98BLⅡM276	女	56~x
98BLⅡM240	男	36~55	98BLⅡM277	男	56~x
98BLⅡM241	男（?）	36~55	98BLⅡM278	男	24~35
98BLⅡM242	女	36~55	98BLⅡM279	女	24~35
98BLⅡM243	女（?）	36~55	98BLⅡM280	男	36~55
98BLⅡM244	男（?）	24~35	98BLⅡM281	女	36~55
98BLⅡM245	男	24~35	98BLⅡM283	不详	3~6
98BLⅡM246	女	36~55	98BLⅡM285	不详	3~6
98BLⅡM247	女	24~35	98BLⅡM286	男	36~55
98BLⅡM248	女	36~55	98BLⅡM287	女	24~35
98BLⅡM249	男	56~x	98BLⅡM288	男	36~55
98BLⅡM251	女	36~55	98BLⅡM289	女	24~35
98BLⅡM252	女	15~23	98BLⅡM290	女	24~35
98BLⅡM253	男	36~55	98BLⅡM291	男	24~35
98BLⅡM254	女	7~14	98BLⅡM292	女	36~55
98BLⅡM255	女	56~x	98BLⅡM293	女	15~23
98BLⅡM256	女	56~x	98BLⅡM294	女	24~35
98BLⅡM257	女	24~35	98BLⅡM295	女	56~x
98BLⅡM258	女（?）	15~23	98BLⅡM296	男	24~35

续表

标本编号	性别	年龄	标本编号	性别	年龄
98BLⅡM297	女（?）	36~55	98BLⅡM332	男	36~55
98BLⅡM298	男	24~35	98BLⅡM333	女	36~55
98BLⅡM299	男	24~35	98BLⅡM334:1	?	成年
98BLⅡM300	男	24~35	98BLⅡM334:2	男	24~35
98BLⅡM301	男	36~55	98BLⅡM334:3	男	24~35
98BLⅡM302	男	24~35	98BLⅡM334:4	女	24~35
98BLⅡM303	女	36~55	98BLⅡM335	男	24~35
98BLⅡM304	女（?）	36~55	98BLⅡM336	女	36~55
98BLⅡM305	女	24~35	98BLⅡM337	男	24~35
98BLⅡM307	女	36~55	98BLⅡM338	女	56~x
98BLⅡM308	男	24~35	98BLⅡM339	女	15~23
98BLⅡM309	男	36~55	98BLⅡM340	女	36~55
98BLⅡM311	女	老年	98BLⅡM341	女	24~35
98BLⅡM312	男	36~55	98BLⅡM342	男	36~55
98BLⅡM313	女	24~35	98BLⅡM344	女	24~35
98BLⅡM314:1	女	24~35	98BLⅡM345	女	24~35
98BLⅡM314:2	女（?）	老年	98BLⅡM346	女	36~55
98BLⅡM315	男	老年	98BLⅡM347	女	36~55
98BLⅡM316	女	24~35	98BLⅡM349:1	女	24~35
98BLⅡM319	男	36~55	98BLⅡM349:2	不详	x~2
98BLⅡM320	男	24~35	98BLⅡM349:3	不详	x~2
98BLⅡM321	男	36~55	98BLⅡM350	女	15~23
98BLⅡM322	男	24~35	98BLⅡM352	男	36~55
98BLⅡM323	女	24~35	98BLⅡM353	女	15~23
98BLⅡM324	男	36~55	98BLⅡM354:1	男	36~55
98BLⅡM325	女（?）	24~35	98BLⅡM354:2	女	成年
98BLⅡM326	男	15~23	98BLⅡM356	男	15~23
98BLⅡM327	男	36~55	98BLⅡM357	男（?）	24~35
98BLⅡM328:1	女	24~35	98BLⅡM358	男	36~55
98BLⅡM328:2右	男	成年	98BLⅡM359	男	24~35
98BLⅡM328:2左	女	24~35	98BLⅡM361	男	15~23
98BLⅡM329	女	36~55	98BLⅡM362	女	老年
98BLⅡM330	男	36~55	98BLⅡM363	男	24~35
98BLⅡM331	女（?）	36~55	98BLⅡM364	男	24~35

续表

标本编号	性别	年龄	标本编号	性别	年龄
98BLⅡM365	男	15~23	98BLⅡM376 : 2	女	成年
98BLⅡM366	女	15~23	98BLⅡM377	女	24~35
98BLⅡM367	女	36~55	98BLⅡM379	男	24~35
98BLⅡM368	男	24~35	98BLⅡM382	女	24~35
98BLⅡM369	男	36~55	98BLⅢM06	男	15~23
98BLⅡM370	女	成年	98BLⅢM07	?	成年
98BLⅡM371	女	中年	98BLⅢM11	男	15~23
98BLⅡM372	不详	成年	98BLⅢM12	男	壮年
98BLⅡM373	女	36~55	佚号 1	男	成年
98BLⅡM374	男	36~55	佚号 2	男	成年
98BLⅡM375	男	老年	佚号 3	男	成年
98BLⅡM376 : 1	不详	7~14	佚号 4	男	成年

附表二　喇嘛洞三燕文化居民成年男性个体颅骨测量表

标本编号	1 颅骨最大长 g-op	8 颅骨最大宽 eu-eu	17 颅高 b-ba	21 耳上颅高 po-po	9 额骨最小宽 ft-ft	25 颅矢状弧 n-o
98BLIM001	178.0	146.0	138.0	111.0	90.3	362.0
98BLIM003					105.2	
98BLIM005						
98BLIM007						
98BLIM013					94.6	
98BLIM014			137.0	116.0	93.6	
98BLIM016					101.5	
98BLIM018						
98BLIM020		154.2	130.0	122.7	101.3	
98BLIM022：1	184.0	136.0		120.0	94.5	
98BLIM025		149.6		111.5	95.5	
98BLIM028	176.0	140.5		111.0	95.0	
98BLIM031						
98BLIM033	184.0		135.0		93.0	
98BLIM034	183.6	142.0	135.0	118.5	85.4	366.0
98BLIM035	172.0	143.0	129.5	111.0	77.3	354.0
98BLIM037	181.0	139.3	135.0	119.0	96.3	370.0
98BLIM042		146.0	132.0	110.5	89.8	
98BLIM044	176.5	150.0	147.0	123.0		365.0
98BLIM045			135.5	115.5	93.7	
98BLIM050	178.9	142.5	140.6	120.0	92.8	373.0
98BLIM051	173.5	144.0	138.0	118.0	96.3	365.0
98BLIIM000	186.3				94.0	386.0
98BLIIM003	181.0	140.0	140.5	117.5	88.1	371.0
98BLIIM004	186.0	151.1	142.0	119.5	93.2	380.0
98BLIIM005	167.5	148.0	135.0	116.0	89.6	365.0
98BLIIM007	184.5	149.0	138.0	121.0	95.5	
98BLIIM011	176.0	148.5	134.0	111.5	90.4	355.0
98BLIIM013	174.0	144.0	136.5	110.5	87.6	342.0
98BLIIM022	182.0	140.0			93.6	
98BLIIM028		138.5	140.0	113.5	93.3	350.0
98BLIIM031					96.7	
98BLIIM032	175.3	145.0	136.0	118.0	92.5	367.0
98BLIIM041	194.0	136.5	136.0	116.5	85.7	382.0
98BLIIM043						
98BLIIM045	174.0	139.0	138.5	118.5	93.5	367.0

续表

标本编号	26 额骨矢状弧	27 顶骨矢状弧	28 枕骨矢状弧	29 额骨矢状弦	30 顶骨矢状弦	31 枕骨矢状弦
	n-b	b-l	l-o	n-b	b-l	l-o
98BLIM001	122.0	130.0	110.0	113.6	109.6	97.4
98BLIM003	140.0			125.5		
98BLIM005	135.0			122.0		
98BLIM007				112.7		
98BLIM013	142.0			124.2		
98BLIM014	123.0			112.0		
98BLIM016	130.0			116.5		
98BLIM018			148.0			116.2
98BLIM020		112.0			100.6	
98BLIM022：1	130.0	111.0	117.0	118.0	101.5	95.7
98BLIM025	128.0			113.6		
98BLIM028	120.0	123.0		110.0	108.8	
98BLIM031						
98BLIM033	127.0		133.0	114.4	102.0	107.8
98BLIM034	123.0	116.0	127.0	110.0	104.0	105.6
98BLIM035	121.0	118.0	115.0	112.8	102.3	97.6
98BLIM037	121.0	136.0	113.0	115.0	118.2	99.0
98BLIM042	125.0	122.0		110.7	112.3	
98BLIM044	122.0	132.0	111.0	117.6	116.3	97.7
98BLIM045	122.0			109.6		
98BLIM050	130.0	133.0	110.0	114.5	117.8	94.5
98BLIM051	119.0	136.0	110.0	107.3	118.0	90.6
98BLIIM000	148.0	107.0	131.0	128.7	100.5	108.2
98BLIIM003	134.0	112.0	125.0	118.3	101.2	105.5
98BLIIM004	121.0	124.0	135.0	115.3	112.5	110.0
98BLIIM005	122.0	128.0	115.0	110.8	109.0	96.2
98BLIIM007	132.0	127.0	127.0	118.4	117.0	97.8
98BLIIM011	117.0	111.0	127.0	106.6	102.5	103.6
98BLIIM013	125.0	106.0	111.0	111.2	99.4	92.8
98BLIIM022	129.0	122.0		116.3	114.0	
98BLIIM028	115.0	123.0	112.0	111.7	102.2	99.2
98BLIIM031	112.0			107.0		
98BLIIM032	130.0	120.0	117.0	113.0	108.4	98.5
98BLIIM041	132.0	130.0	120.0	122.6	116.5	97.5
98BLIIM043						
98BLIIM045	123.0	128.0	116.0	112.6	115.0	97.0

续表

标本编号	23 颅周长	24 颅横弧	5 颅基底长	40 面底长	48 上面高		45 颧宽	46 中面宽
	g-op-g	po-b-po	n-enba	pr-enba	n-pr	n-sd	zy-zy	zm-zm
98BLIM001	525.0	315.0	110.0	94.2	81.0	85.3	138.5	101.7
98BLIM003								
98BLIM005					75.0	77.4		107.1
98BLIM007								
98BLIM013					84.8	87.0		107.1
98BLIM014			100.6	94.0	76.6	79.4		90.3
98BLIM016					70.8	74.0		
98BLIM018								
98BLIM020		318.0		95.0				106.2
98BLIM022：1	515.0	320.0			81.3	86.0		
98BLIM025		317.0			74.4	78.6	140.0	103.4
98BLIM028		309.0			65.5	70.0		95.5
98BLIM031								
98BLIM033	535.0		100.8	91.3	72.9	77.2		101.9
98BLIM034	523.0	310.0	101.1	96.4	71.0	71.2	139.1	94.4
98BLIM035	500.0	412.0	92.9	93.5	73.4	76.6		100.3
98BLIM037	520.0	322.0	98.2	90.8	70.7	73.4	132.0	102.4
98BLIM042		313.0	96.7	95.3	73.4	77.1	138.1	107.2
98BLIM044		326.0	105.5	102.0	65.8	70.0		
98BLIM045		310.0			72.8	76.4		101.2
98BLIM050	510.0	321.0	106.4	90.8	70.3	73.1	136.5	102.0
98BLIM051	505.0	318.0	98.7	99.5	68.7	70.5	139.8	106.7
98BLIIM000					69.5	74.0		
98BLIIM003	520.0	317.0	101.6	100.7	78.2	81.1	135.5	101.0
98BLIIM004	540.0		102.6	104.0	75.8	79.6		
98BLIIM005	499.0	323.0	96.4	91.2	65.5	71.6		95.0
98BLIIM007	537.0	326.0	102.0	97.0	72.6	75.8		110.3
98BLIIM011	523.0	310.0	98.3	95.4	68.3	71.0	139.2	100.0
98BLIIM013	508.0	303.0	106.4	96.2	71.0	73.8		107.2
98BLIIM022	521.0				68.6	72.0		111.0
98BLIIM028		305.0			76.5	79.6		
98BLIIM031		314.0			70.6	73.4		104.2
98BLIIM032	511.0	315.0	96.0	97.2	67.3	69.7	125.7	94.8
98BLIIM041	535.0	305.0	100.2	96.5	73.4	76.0	138.8	
98BLIIM043		317.0						
98BLIIM045	508.0	316.0	96.8	96.6	69.3	73.0		101.0

续表

标本编号		54 鼻宽	55 鼻高	SC 鼻骨最小宽	SS 鼻骨最小宽高	51 眶宽	
	sub zm-ss-zm		n-ns			mf-ek R	mf-ek L
98BLIM001	21.8	25.1	60.5	5.5	2.5	46.5	45.0
98BLIM003		27.9		6.4		43.6	46.9
98BLIM005	29.2	28.5	54.6			46.3	45.0
98BLIM007				7.2	2.8		
98BLIM013	27.4	24.4	64.1	6.0	2.2	45.0	46.7
98BLIM014		28.0	59.3	7.4	2.0	45.5	42.1
98BLIM016		25.9	51.5	9.0	3.0		42.0
98BLIM018				6.6	3.0	47.5	
98BLIM020	25.6	28.0					
98BLIM022 : 1		25.5	60.0	7.0	2.0	52.7	
98BLIM025	26.0	26.7	57.3	7.6	3.0	43.5	43.0
98BLIM028	29.7	26.2	53.3	6.5		41.8	42.8
98BLIM031							
98BLIM033	22.3	25.3	51.3	7.2	1.8	42.7	43.5
98BLIM034			50.9	6.5	2.0	41.9	43.4
98BLIM035	26.0	25.9	54.7	3.2		39.8	38.6
98BLIM037	37.2		57.7	8.8	2.3	40.7	39.8
98BLIM042	28.0	30.0	54.8	8.0	3.0	42.0	43.0
98BLIM044			51.3				
98BLIM045	24.0	24.5	52.1	7.2	2.8	42.1	
98BLIM050	28.8	27.7	52.8	8.1	3.1	44.3	42.7
98BLIM051	26.6	26.4	50.5	9.0	2.5	44.3	43.5
98BLIIM000			53.3				
98BLIIM003	25.6	26.0	61.0	6.7	2.8	44.1	43.1
98BLIIM004		26.7	58.0				
98BLIIM005	24.9	23.2	51.2	7.6	3.7	44.5	42.0
98BLIIM007	26.5	28.2	56.0	6.7	4.3	45.1	45.2
98BLIIM011	28.3	25.2	52.6	8.6	2.6	45.3	44.3
98BLIIM013	25.4	31.2	60.2	8.0	3.3	44.8	44.2
98BLIIM022	23.1	28.1	53.0	5.2	1.7	46.2	45.7
98BLIIM028		25.8	52.2	3.2	0.6	43.7	
98BLIIM031	24.0	25.4	51.0	6.8	1.9	44.2	44.4
98BLIIM032	26.2	25.8	53.2	8.7	2.4	43.0	41.2
98BLIIM041		28.4	54.8	10.0	3.0	44.2	
98BLIIM043		29.6					
98BLIIM045	24.3	26.4	52.2	5.8	2.3	45.0	43.0

续表

标本编号	51a 眶宽		52 眶高		50 前眶间宽	FC 两眶内宽	FS 鼻根点至两眶内宽矢高
	d-ek R	d-ek L	R	L	mf-mf	fmo-fmo	n to fmo-fmo
98BLIM001	44.0	43.1	35.0	34.8	13.6	96.6	15.9
98BLIM003						105.1	16.4
98BLIM005			34.4	33.1	27.7	103.0	14.0
98BLIM007					17.3		
98BLIM013			37.4	39.2	19.2	103.0	20.6
98BLIM014	40.9	37.7	35.3	33.4	18.0	98.2	17.0
98BLIM016				32.7	19.0		
98BLIM018	43.8		34.5		12.0		
98BLIM020						101.7	
98BLIM022：1			38.6	37.9		101.2	23.0
98BLIM025	41.8	40.6	38.3	38.4	16.3	97.4	15.5
98BLIM028	38.2		34.0	35.3	16.2	92.5	16.0
98BLIM031							
98BLIM033	38.0	39.0	33.7	34.3	13.9	97.0	14.4
98BLIM034	38.3		31.5	30.3	20.6	99.5	16.4
98BLIM035	38.1	37.2	32.9	33.9	18.2	89.6	13.3
98BLIM037	37.5	37.0	33.2	31.7	21.8	96.8	11.7
98BLIM042	38.2	39.0	33.0	32.4	16.1	94.5	17.2
98BLIM044							
98BLIM045	39.3		32.1			95.0	17.0
98BLIM050	40.0	39.6	33.1	34.0	19.0	97.0	18.5
98BLIM051	40.8	40.3	32.0	32.2	20.4	100.0	20.5
98BLIIM000						95.0	17.3
98BLIIM003	40.7	40.0	32.5	33.4	17.0	97.8	17.5
98BLIIM004						101.7	15.5
98BLIIM005	39.3	39.2	33.8	34.6	15.7	95.1	15.0
98BLIIM007	39.6	40.6	32.0	33.0	16.0	101.2	16.5
98BLIIM011	42.2	41.2	36.7	35.7	16.5	100.5	15.5
98BLIIM013	42.1	42.8	35.5	35.8	16.2	98.4	16.4
98BLIIM022	41.0	40.8	34.5	33.5	15.0	98.5	15.3
98BLIIM028	40.0		32.8		17.4		
98BLIIM031	39.7	40.0	34.3	33.5	18.3	98.2	17.3
98BLIIM032	37.6	37.6	32.0	32.3	16.7		
98BLIIM041	41.0		32.0		18.8		
98BLIIM043							
98BLIIM045	38.0	36.8	34.2	35.0	15.9	98.2	16.0

续表

标本编号	60 上颌齿槽弓长	61 上颌齿槽弓宽	62 腭长	63 腭宽	7 枕骨大孔长	16 枕骨大孔宽	DC 眶间宽
	pr-alv	ekm-ekm	ol-sta	enm-enm	ba-o		d-d
98BLIM001	49.8	59.5	44.0	36.4	36.2	32.2	16.6
98BLIM003	59.7	65.0	46.0	38.9			
98BLIM005	55.7	74.0	49.6	43.5			
98BLIM007	54.0	65.6	48.3	42.7			24.0
98BLIM013			45.1				
98BLIM014	50.7	66.0	45.3	42.4			23.6
98BLIM016		69.6		45.8			
98BLIM018							
98BLIM020		64.4	42.7	43.1	37.8	31.9	
98BLIM022：1	52.5	60.5	47.5	40.6			
98BLIM025	49.5	65.6	41.6	43.6			17.4
98BLIM028		65.0		49.6			
98BLIM031							
98BLIM033	48.0	64.3	38.3	40.4	33.6	25.3	21.4
98BLIM034	52.4	58.9		37.2	37.1	30.8	
98BLIM035	51.4	62.0	45.3	40.2	35.4	28.4	18.7
98BLIM037	47.3	64.2	39.6	44.2	36.6		23.6
98BLIM042	49.1	65.8	40.5	43.8	34.4	30.0	21.2
98BLIM044	53.6	65.7	46.7	38.6	37.9	28.2	
98BLIM045	46.0	61.7		39.0	37.3	27.6	
98BLIM050	50.8	65.9	45.5	41.2	34.3	30.4	22.0
98BLIM051	50.5	63.8	47.0	44.7	34.0	27.4	23.0
98BLIIM000	46.2						
98BLIIM003	58.0	67.2	52.2	43.0	36.0	28.7	20.0
98BLIIM004		70.0		49.2	37.6	29.2	
98BLIIM005			43.0	41.0	31.6	28.0	
98BLIIM007	48.7	67.5	46.1	44.2	34.6	25.5	22.5
98BLIIM011	47.5	56.0	45.5	36.3	38.2		20.2
98BLIIM013	45.5	63.0	42.8	41.7	39.6	32.4	20.0
98BLIIM022	51.8	60.5	46.1				19.6
98BLIIM028	49.4		43.4			27.2	21.2
98BLIIM031	44.8	60.0		42.7			23.5
98BLIIM032	56.6	62.3	50.0	40.7	34.7	29.6	23.4
98BLIIM041			43.4	38.2	37.4	30.0	21.0
98BLIIM043							
98BLIIM045	50.0	63.0	42.7	40.6	32.5	29.4	24.5

续表

标本编号	MB 颧骨宽		MH 颧骨高		11 耳点间宽	47 全面高	72 总面角
	zm-rim.Orb.R	zm-rim.Orb.L	fmo-zm R	fmo-zm L	au-au	n-gn	∠ n-pr and FH
98BLⅠM001	25.6	27.3	45.0	46.4	132.0	132.5	84.0
98BLⅠM003							
98BLⅠM005	28.6	29.7	46.3	47.2			
98BLⅠM007					130.5		
98BLⅠM013	30.5	31.9	51.5	53.7			
98BLⅠM014		29.0		47.2	116.8		87.0
98BLⅠM016		25.2		45.7			
98BLⅠM018							
98BLⅠM020	23.5	25.3	44.0	45.0	144.0		
98BLⅠM022:1	28.3		52.0		126.7	132.1	89.0
98BLⅠM025	30.5	30.5	51.7	49.7	134.5	125.3	80.0
98BLⅠM028	26.5	25.5	49.3	47.4	122.8	117.6	83.0
98BLⅠM031							
98BLⅠM033	29.4	29.5	48.8	47.4	135.5	119.0	92.5
98BLⅠM034	23.5	20.0	41.8	43.8	132.5	118.6	87.0
98BLⅠM035	28.1	25.6	47.5	45.0	124.5	119.6	84.0
98BLⅠM037	30.0	29.2	46.4	46.4	122.5		89.0
98BLⅠM042	30.0	29.7	47.0	46.7	134.8	129.2	85.0
98BLⅠM044		27.4		46.3			84.5
98BLⅠM045	28.1	26.7	45.2	44.5	131.0	122.1	91.0
98BLⅠM050	27.3	27.0	45.3	46.1	123.0	118.4	87.0
98BLⅠM051	23.0	23.6	41.1	41.9	129.4	117.6	81.0
98BLⅡM000	25.7	26.4	43.0	45.3	126.7		
98BLⅡM003	29.0	29.7	46.5	47.3	130.2	126.4	84.5
98BLⅡM004		27.4		46.2	135.3	128.3	81.0
98BLⅡM005	24.2	26.3	45.2	47.8	128.4	113.5	89.0
98BLⅡM007	32.5	33.5	48.8	50.8	142.5	120.2	88.5
98BLⅡM011	23.7	23.2	46.2	45.1	130.5		83.0
98BLⅡM013	24.0	24.2	46.7	43.8	132.0	114.6	86.5
98BLⅡM022	24.2	25.0	44.3	44.0			
98BLⅡM028	25.3		42.0		134.8		86.0
98BLⅡM031	23.6	22.3	40.3	41.7	143.4		
98BLⅡM032	22.2	23.2	39.3		126.1		82.0
98BLⅡM041					129.0	117.3	85.5
98BLⅡM043		25.6			142.6		
98BLⅡM045	28.2	27.6	46.4	48.3	126.2	120.0	82.5

续表

标本编号	73 中面角	74 齿槽面角	额侧角 IIM	32 额侧角 IM	前囟角	77 鼻颧角
	∠ n-ns and FH	∠ ns-pr and FH	∠ g-m and FH	∠ n-m and FH	∠ g-b and FH	∠ fmo-n-fmo
98BLIM001	89.0	73.0	76.0	79.0	43.0	139.0
98BLIM003						150.0
98BLIM005						149.0
98BLIM007						
98BLIM013						138.0
98BLIM014	88.0	74.0	77.0	81.0	48.0	142.5
98BLIM016						
98BLIM018						
98BLIM020						
98BLIM022：1	92.0	78.0	71.0	76.0	43.0	138.0
98BLIM025	82.0	79.0	77.0	82.5	40.0	146.0
98BLIM028	87.0	64.0	75.0	81.0	45.0	142.0
98BLIM031						
98BLIM033	96.0	84.0	75.0	83.0	47.5	146.9
98BLIM034	91.0	70.0	78.5	83.5	45.0	142.0
98BLIM035	74.0	72.0	73.0	83.0	45.0	146.8
98BLIM037		76.0	80.0	84.0	47.0	147.0
98BLIM042	88.5	76.0	75.5	82.0	44.0	140.0
98BLIM044	87.0	71.5	77.0	82.0	52.5	
98BLIM045	94.0	85.0	78.0	83.0	48.0	140.0
98BLIM050	91.5	71.5	81.0	86.0	50.0	139.5
98BLIM051	83.5	70.5	83.0	90.0	57.5	144.5
98BLIIM000						139.5
98BLIIM003	88.0	70.0	75.0	83.5	43.0	142.0
98BLIIM004	85.5	67.0	75.5	80.0	46.0	147.0
98BLIIM005	91.0	81.5	79.0	83.0	50.5	144.5
98BLIIM007	90.5	76.0	81.0	88.0	47.5	144.0
98BLIIM011	84.0	75.5	74.0	79.0	48.0	147.0
98BLIIM013	89.0	74.0	71.5	76.0	42.0	143.5
98BLIIM022						145.5
98BLIIM028	92.0	75.5	75.0	82.0	48.0	
98BLIIM031						144.0
98BLIIM032	90.0	62.0	86.0	91.0	48.0	
98BLIIM041	91.0	72.0	72.0	80.0	43.0	
98BLIIM043						
98BLIIM045	84.0	74.0	81.0	87.0	47.0	145.0

续表

标本编号	颧上颌角	面三角			75 鼻梁侧角
	∠ zm-ss-zm	∠ n-pr-ba	∠ pr-n-ba	∠ n-ba-pr	∠ n-rhi and FH
98BLIM001	133.0	77.5	55.5	47.0	
98BLIM003					
98BLIM005	123.0				
98BLIM007					
98BLIM013	125.0				
98BLIM014					
98BLIM016					
98BLIM018					
98BLIM020	128.0				
98BLIM022：1					68.0
98BLIM025	127.5				57.5
98BLIM028					
98BLIM031					
98BLIM033	133.0	74.0	61.0	45.0	73.0
98BLIM034		81.4	59.8	38.8	62.5
98BLIM035	124.5	61.0	73.0	46.0	72.5
98BLIM037	108.0	81.0	64.0	45.0	
98BLIM042	123.0	69.0	66.0	45.0	68.5
98BLIM044					
98BLIM045	129.0				65.0
98BLIM050	121.0	88.5	56.5	41.0	65.0
98BLIM051	126.0	68.0	70.0	42.0	62.5
98BLIIM000					
98BLIIM003	127.0	67.5	66.5	46.0	68.0
98BLIIM004					
98BLIIM005	124.5	73.0	66.0	41.0	60.0
98BLIIM007	129.5	72.0	65.0	43.0	63.5
98BLIIM011	120.5	108.5	67.5	41.0	65.0
98BLIIM013	129.0	77.0	61.0	42.0	73.0
98BLIIM022	135.0				
98BLIIM028					71.0
98BLIIM031	129.5				
98BLIIM032	129.0	68.0	70.0	42.0	70.0
98BLIIM041		70.0	66.0	44.0	64.0
98BLIIM043					
98BLIIM045	128.0	81.0	66.0	43.0	

续表

标本编号	鼻梁角	65 下颌髁突间宽	66 下颌角间宽	67 髁孔间径	68-1 下颌体最大投影长
	∠ 72-75	cdl-cdl	go-go		
98BLIM001		132.5		52.6	113.8
98BLIM003		131.5		51.4	110.4
98BLIM005					
98BLIM007					
98BLIM013				57.4	
98BLIM014		129.2		54.3	108.0
98BLIM016					
98BLIM018		119.4	101.3	45.9	101.3
98BLIM020		140.2	102.4	51.7	107.0
98BLIM022：1	21.0	120.5	105.2	50.7	115.0
98BLIM025	22.5	128.3		48.5	110.7
98BLIM028				49.8	107.0
98BLIM031				48.4	114.7
98BLIM033	19.5		105.8	47.2	109.0
98BLIM034	24.5		108.9	48.0	108.6
98BLIM035	11.5	119.8	100.2	48.5	110.3
98BLIM037					
98BLIM042	16.5			51.5	106.7
98BLIM044					
98BLIM045	26.0	126.5	102.3	48.8	107.3
98BLIM050	22.0	124.3	106.7	50.0	101.6
98BLIM051	18.5	125.8	113.2	51.2	116.0
98BLIIM000					
98BLIIM003	16.5	125.4	106.0	48.7	113.0
98BLIIM004			104.4	51.3	116.0
98BLIIM005	29.0		104.3	44.0	106.6
98BLIIM007	25.0			51.0	105.5
98BLIIM011	18.0		111.6	47.2	
98BLIIM013	13.5	132.0	109.5	51.3	110.2
98BLIIM022					
98BLIIM028	15.0				
98BLIIM031		118.2	108.0	48.4	105.6
98BLIIM032	12.0	116.7	95.0	47.2	110.7
98BLIIM041	21.5	129.0	111.7	50.4	118.0
98BLIIM043			112.6	49.0	125.0
98BLIIM045			102.5	49.6	112.0

续表

标本编号	69 下颌联合高	70 下颌枝高		71a 下颌枝最小宽		69-1 下颌体高 IM	
	id-gn	R	L	R	L	R	L
98BLⅠM001	39.3	56.5	52.2	36.2	34.5	31.0	30.0
98BLⅠM003	37.8	52.0		33.5		31.0	32.8
98BLⅠM005					36.0	32.0	
98BLⅠM007							
98BLⅠM013	35.0			35.6		33.5	29.1
98BLⅠM014	32.4	62.0	65.0	35.0	33.6	28.4	31.5
98BLⅠM016							
98BLⅠM018	32.0	53.0	46.0	29.4	29.4	28.4	25.0
98BLⅠM020	32.0	61.0	60.5	34.5	35.5	31.6	31.2
98BLⅠM022：1	38.0	63.3	63.0	35.7	35.4	34.6	31.4
98BLⅠM025	31.3	56.2	57.3	31.7	30.0	31.5	30.4
98BLⅠM028	28.0		42.5	31.2	31.4	26.2	24.6
98BLⅠM031	31.4	50.0		32.0		28.5	25.6
98BLⅠM033	36.0	52.5		34.3		27.7	
98BLⅠM034	37.2		43.0	31.3	32.8	30.4	30.0
98BLⅠM035	33.7	52.7	48.0	33.9	33.2	27.0	28.3
98BLⅠM037							
98BLⅠM042	36.7	62.8		37.7	41.5	32.5	36.2
98BLⅠM044							
98BLⅠM045	33.2	51.9	52.8	33.2	34.5	27.6	28.0
98BLⅠM050	35.7	56.6	55.0	32.3	32.2	30.2	29.6
98BLⅠM051	32.6	65.2	64.5	39.7	39.3	29.3	29.6
98BLⅡM000					35.5		34.8
98BLⅡM003	39.0	57.1	58.0	33.3	35.4	28.2	30.7
98BLⅡM004	38.6	67.0	65.6	39.2	38.0	30.0	33.7
98BLⅡM005		43.2	43.0	33.7	34.0		30.3
98BLⅡM007			61.5	35.7	35.6		
98BLⅡM011	33.0			35.5	32.3	24.0	24.6
98BLⅡM013	32.0	47.5	48.0	32.6	34.4		
98BLⅡM022							
98BLⅡM028							
98BLⅡM031	34.0	50.0	47.8	33.0	32.5	30.2	28.1
98BLⅡM032	32.6	41.3	42.4		29.8	25.6	25.0
98BLⅡM041	37.8	61.5	64.5	37.0	38.4	37.4	
98BLⅡM043	38.3	45.4		33.0	30.5	32.4	31.2
98BLⅡM045	34.7	59.7	56.0	33.2	33.5	29.5	29.3

续表

标本编号	69-3 下颌体厚 IM		79 下颌角	颏孔间弧	8∶1 颅长宽指数	17∶1 颅长高指数
	R	L				
98BLⅠM001	19.3	20.6		60.0	82.0	
98BLⅠM003	21.1	17.5	133.5	57.0		
98BLⅠM005	19.2					
98BLⅠM007						
98BLⅠM013	22.0	20.7		61.0		
98BLⅠM014	15.3	17.8	117.0	60.0		
98BLⅠM016						
98BLⅠM018	17.7	19.2	129.0	52.0		
98BLⅠM020	15.8	19.7	117.0	60.0		
98BLⅠM022∶1	20.5	21.3	129.0	57.0	73.9	
98BLⅠM025	14.7	16.6	122.0	58.0		
98BLⅠM028	19.4	19.7	138.0	58.0	79.8	
98BLⅠM031	16.2	17.0	131.5	55.0		
98BLⅠM033	18.0	17.3	132.0	54.0		73.4
98BLⅠM034	17.3	16.4	136.0	55.0	77.3	73.5
98BLⅠM035	19.6	19.8	131.0	58.0	83.1	75.3
98BLⅠM037					77.0	74.6
98BLⅠM042	20.0	16.7	119.0	59.0		
98BLⅠM044					85.0	83.3
98BLⅠM045	18.5	18.0	126.0	53.0		
98BLⅠM050	17.2	16.0	121.5	56.0	79.7	78.6
98BLⅠM051	19.8	19.0	123.0	58.0	83.0	79.5
98BLⅡM000		17.3		58.0		
98BLⅡM003	19.0	16.8	122.0	57.0	77.3	77.6
98BLⅡM004	18.5	19.0	120.0	58.0	81.2	76.3
98BLⅡM005		19.6	125.0	49.0	88.4	80.6
98BLⅡM007			112.0	63.0	80.8	74.8
98BLⅡM011	17.5	18.0		55.0	84.4	76.1
98BLⅡM013			131.0	57.0	82.8	78.4
98BLⅡM022					76.9	
98BLⅡM028						
98BLⅡM031	16.4	18.2	133.0	51.0		
98BLⅡM032	18.8	18.1	138.0	52.0	82.7	77.6
98BLⅡM041	18.4		127.0	58.0	70.4	70.1
98BLⅡM043	19.0	19.0	137.5	55.0		
98BLⅡM045	18.2	18.5	122.5	60.0	79.9	79.6

续表

标本编号	17：8 颅宽高指数	9：8 额宽指数	16：7 枕骨大孔指数	40：5 面突指数	48：17 垂直颅面指数 pr
98BLⅠM001	94.5	61.8	89.0	85.6	58.7
98BLⅠM003					
98BLⅠM005					
98BLⅠM007					
98BLⅠM013					
98BLⅠM014				93.4	55.9
98BLⅠM016					
98BLⅠM018					
98BLⅠM020	84.3	65.7	84.4		
98BLⅠM022：1		69.5			
98BLⅠM025		63.8			
98BLⅠM028		67.6			
98BLⅠM031					
98BLⅠM033			75.3	90.6	54.0
98BLⅠM034	95.1	60.1	83.0	95.4	52.6
98BLⅠM035	90.6	54.1	80.2	100.6	56.7
98BLⅠM037	96.9	69.1		92.5	52.4
98BLⅠM042	90.4	61.5	87.2	98.6	55.6
98BLⅠM044	98.0		74.4	96.7	44.8
98BLⅠM045			74.0		53.7
98BLⅠM050	98.7	65.1	88.6	85.3	50.0
98BLⅠM051	95.8	66.9	80.6	100.8	49.8
98BLⅡM000					
98BLⅡM003	100.4	62.9	79.7	99.1	55.7
98BLⅡM004	94.0	61.7	77.7	101.4	53.4
98BLⅡM005	91.2	60.5	88.6	94.6	48.5
98BLⅡM007	92.6	64.1	73.7	95.1	52.6
98BLⅡM011	90.2	60.9		97.0	51.0
98BLⅡM013	94.8	60.8	81.8	90.4	52.0
98BLⅡM022		66.9			
98BLⅡM028	101.1	67.4			54.6
98BLⅡM031					
98BLⅡM032	93.8	63.8	85.3	101.3	49.5
98BLⅡM041	99.6	62.8	80.2	96.3	54.0
98BLⅡM043					
98BLⅡM045	99.6	67.3	90.5	99.8	50.0

续表

标本编号	48∶17 垂直颅面指数	48∶45 上面指数（K）		48∶46 中上面指数（V）		54∶55 鼻指数
	sd	pr	sd	pr	sd	
98BLⅠM001	61.8	58.5	61.6	79.6	83.9	41.5
98BLⅠM003						
98BLⅠM005				70.0	72.3	52.2
98BLⅠM007						
98BLⅠM013				79.2	81.2	38.1
98BLⅠM014	58.0			84.8	87.9	47.2
98BLⅠM016						50.3
98BLⅠM018						
98BLⅠM020						
98BLⅠM022∶1						42.5
98BLⅠM025		53.1	56.1	72.0	76.0	46.6
98BLⅠM028				68.6	73.3	49.2
98BLⅠM031						
98BLⅠM033	57.2			71.5	75.8	49.3
98BLⅠM034	52.7	51.0	51.2	75.2	75.4	
98BLⅠM035	59.2			73.2	76.4	47.3
98BLⅠM037	54.4	53.6	55.6	69.0	71.7	
98BLⅠM042	58.4	53.1	55.8	68.5	71.9	54.7
98BLⅠM044	47.6					
98BLⅠM045	56.4			71.9	75.5	47.0
98BLⅠM050	52.0	51.5	53.6	68.9	71.7	52.5
98BLⅠM051	51.1	49.1	50.4	64.4	66.1	52.3
98BLⅡM000						
98BLⅡM003	57.7	57.7	59.9	77.4	80.3	42.6
98BLⅡM004	56.1					46.0
98BLⅡM005	53.0			68.9	75.4	45.3
98BLⅡM007	54.9			65.8	68.7	50.4
98BLⅡM011	53.0	49.1	51.0	68.3	71.0	47.9
98BLⅡM013	54.1			66.2	68.8	51.8
98BLⅡM022				61.8	64.9	53.0
98BLⅡM028	56.9					49.4
98BLⅡM031				67.8	70.4	49.8
98BLⅡM032	51.3	53.5	55.4	71.0	73.5	48.5
98BLⅡM041	55.9	52.9	54.8			51.8
98BLⅡM043						
98BLⅡM045	52.7			68.6	72.3	50.6

续表

标本编号	52∶51 眶指数		52∶51a 眶指数		54∶51 鼻眶指数		54∶51a 鼻眶指数	
	R	L	R	L	R	L	R	L
98BLIM001	75.3	77.3	79.5	80.7	54.0	55.8	57.0	58.2
98BLIM003					64.0	59.5		
98BLIM005	74.3	73.6			61.6	63.3		
98BLIM007								
98BLIM013	83.1	83.9			54.2	52.2		
98BLIM014	77.6	79.3	86.3	88.6	61.5	66.5	68.5	74.3
98BLIM016		77.9				61.7		
98BLIM018	72.6		78.8					
98BLIM020								
98BLIM022∶1	73.2				48.4			
98BLIM025	88.0	89.3	91.6	94.6	61.4	62.1	63.9	65.8
98BLIM028	81.3	82.5	89.0		62.7	61.2	68.6	
98BLIM031								
98BLIM033	78.9	78.9	88.7	87.9	59.3	58.2	66.6	64.9
98BLIM034	75.2	69.8	82.2					
98BLIM035	82.7	87.8	86.4	91.1	65.1	67.1	68.0	69.6
98BLIM037	81.6	79.6	88.5	85.7				
98BLIM042	78.6	75.3	86.4	83.1	71.4	69.8	78.5	76.9
98BLIM044								
98BLIM045	76.2		81.7		58.2		62.3	
98BLIM050	74.7	79.6	82.8	85.9	62.5	64.9	69.3	69.9
98BLIM051	72.2	74.0	78.4	79.9	59.6	60.7	64.7	65.5
98BLIIM000								
98BLIIM003	73.7	77.5	79.9	83.5	59.0	60.3	63.9	65.0
98BLIIM004								
98BLIIM005	76.0	82.4	86.0	88.3	52.1	55.2	59.0	59.2
98BLIIM007	71.0	73.0	80.8	81.3	62.5	62.4	71.2	69.5
98BLIIM011	81.0	80.6	87.0	86.7	55.6	56.9	59.7	61.2
98BLIIM013	79.2	81.0	84.3	83.6	69.6	70.6	74.1	72.9
98BLIIM022	74.7	73.3	84.1	82.1	60.8	61.5	68.5	68.9
98BLIIM028	75.1		82.0		59.0		64.5	
98BLIIM031	77.6	75.5	86.4	83.8	57.5	57.2	64.0	63.5
98BLIIM032	74.4	78.4	85.1	85.9	60.0	62.6	68.6	68.6
98BLIIM041	72.4		78.0		64.3		69.3	
98BLIIM043								
98BLIIM045	76.0	81.4	90.0	95.1	58.7	61.4	69.5	71.7

续表

标本编号	SS：SC 鼻根指数	63：62 腭指数	45：（1+8）/2 横颅面指数	17：（1+8）/2 高平均指数	68：65 下颌骨指数	47：45 全面指数	61：60 上颌齿槽指数
98BLIM001	45.5	82.7	85.5	85.2	85.9	95.7	119.5
98BLIM003		84.6			84.0		108.9
98BLIM005		87.7					132.9
98BLIM007	38.9	88.4					121.5
98BLIM013	36.7						
98BLIM014	27.0	93.6			83.6		130.2
98BLIM016	33.3						
98BLIM018	45.5				84.8		
98BLIM020		100.9		84.3	76.3		
98BLIM022：1	28.6	85.5			95.4		115.2
98BLIM025	39.5	104.8	93.6		86.3	89.5	132.5
98BLIM028							
98BLIM031							
98BLIM033	25.0	105.5		73.4			134.0
98BLIM034	30.8		85.4	82.9		85.3	112.4
98BLIM035		88.7		82.2	92.0		120.6
98BLIM037	26.1	111.6	82.4	84.3			135.7
98BLIM042	37.5	108.1	94.6	90.4		93.6	134.0
98BLIM044		82.7		90.0			122.6
98BLIM045	38.9				84.8		134.1
98BLIM050	38.3	90.5	84.9	87.5	81.7	86.7	129.7
98BLIM051	27.8	95.1	88.1	86.9	92.2	84.1	126.3
98BLIIM000							
98BLIIM003	41.8	82.4	84.4	87.5	90.1	93.3	115.9
98BLIIM004				84.2			
98BLIIM005	48.7	95.3		85.6			
98BLIIM007	64.2	95.9		82.8			138.6
98BLIIM011	30.2	79.8	85.8	82.6			117.9
98BLIIM013	41.3	97.4		85.8	83.5		138.5
98BLIIM022	32.7						116.8
98BLIIM028	18.8			101.1			
98BLIIM031	27.9				89.3		133.9
98BLIIM032	27.6	81.4	78.5	84.9	94.9		110.1
98BLIIM041	30.0	88.0	84.0	82.3	91.5	84.5	
98BLIIM043							
98BLIIM045	39.7	95.1		88.5			126.0

续表

标本编号	1 颅骨最大长	8 颅骨最大宽	17 颅高	21 耳上颅高	9 额骨最小宽	25 颅矢状弧
	g-op	eu-eu	b-ba	po-po	ft-ft	n-o
98BLIIM049	180.0	142.6	140.0	116.5	81.7	375.0
98BLIIM056	174.5		137.0	113.0	85.4	364.0
98BLIIM058	185.0	138.5	130.0	112.0	92.8	380.0
98BLIIM061：1	184.5	144.4	137.5	118.0	89.4	368.0
98BLIIM061：2	192.0	137.5		118.5	93.0	
98BLIIM062	172.4	144.4	135.0	114.0	97.0	352.0
98BLIIM070：1		141.0				351.0
98BLIIM072		150.5		123.0		
98BLIIM073	189.5	147.0			103.0	372.0
98BLIIM088						
98BLIIM089	171.0	140.6	138.5	119.0	88.3	356.0
98BLIIM090	177.6	137.2	142.0	115.0	95.2	354.0
98BLIIM091	172.0		136.8			356.0
98BLIIM101	178.0	149.8	139.0	122.0	88.8	391.0
98BLIIM111：2	180.0		134.5		89.7	366.0
98BLIIM114	182.0	154.8	139.5	121.5	89.0	375.0
98BLIIM122		146.4			89.0	
98BLIIM133		162.0			95.0	
98BLIIM144	192.0			121.5	100.0	389.0
98BLIIM153		140.6	129.2			
98BLIIM167	178.0	140.0	122.0		96.0	
98BLIIM175	178.0	148.9		107.5	95.8	351.0
98BLIIM183		153.5	145.0	122.5	92.5	376.0
98BLIIM206		144.7			87.2	373.0
98BLIIM216	176.5					365.0
98BLIIM217	178.0		136.5		92.8	348.0

续表

标本编号	26 额骨矢状弧	27 顶骨矢状弧	28 枕骨矢状弧	29 额骨矢状弦	30 顶骨矢状弦	31 枕骨矢状弦
	n-b	b-l	l-o	n-b	b-l	l-o
98BLⅡM049	123.0	132.0	120.0	113.5	114.7	100.5
98BLⅡM056	118.0	130.0	116.0	106.4	112.7	99.0
98BLⅡM058	124.0	135.0	121.0	103.6	118.3	97.5
98BLⅡM061：1	135.0	121.0	112.0	118.8	108.3	94.4
98BLⅡM061：2	125.0	113.0		111.3	104.0	
98BLⅡM062	125.0	123.0	104.0	114.6	110.0	89.3
98BLⅡM070：1	126.0	118.0	107.0	110.7	108.3	84.4
98BLⅡM072		125.0			112.6	
98BLⅡM073	135.0	102.0	135.0	116.8	94.4	110.7
98BLⅡM088			117.0		119.2	96.6
98BLⅡM089	123.0	123.0	112.0	113.0	112.0	96.7
98BLⅡM090	121.0	116.0	117.0	108.8	104.5	99.0
98BLⅡM091	124.0	104.0	128.0	110.7	97.5	109.2
98BLⅡM101	132.0	125.0	134.0	115.4	113.4	108.2
98BLⅡM111：2	121.0	118.0	127.0	110.0	105.7	105.8
98BLⅡM114	132.0	146.0	97.0	118.0	124.4	88.5
98BLⅡM122		121.0	113.0		107.7	92.6
98BLⅡM133	128.0	118.0		111.6	104.6	
98BLⅡM144	135.0	130.0	124.0	119.2	119.2	106.4
98BLⅡM153		120.0	114.0		108.5	92.1
98BLⅡM167	124.0	115.0		107.4	104.5	
98BLⅡM175	123.0	117.0	111.0	117.6	107.0	94.7
98BLⅡM183	126.0	127.0	123.0	112.0	115.2	106.0
98BLⅡM206	117.0	130.0	126.0	106.2	111.1	102.7
98BLⅡM216						
98BLⅡM217	120.0	118.0	110.0	109.8	111.7	94.4

续表

标本编号	23 颅周长	24 颅横弧	5 颅基底长	40 面底长	48 上面高		45 颧宽	46 中面宽
	g-op-g	po-b-po	n-enba	pr-enba	n-pr	n-sd	zy-zy	zm-zm
98BLIIM049	517.0	305.0	102.2	99.2	73.0	76.0	141.3	100.0
98BLIIM056		312.0			73.3	75.1		98.6
98BLIIM058	527.0	303.0	96.1	97.5	64.5	66.8	132.5	99.6
98BLIIM061：1	526.0	328.0	106.7	97.8	73.0	75.3	140.7	106.2
98BLIIM061：2	539.0	303.0			64.0	65.7		96.2
98BLIIM062	504.0	315.0	96.0	88.4	70.8	72.9		99.0
98BLIIM070：1		302.0						
98BLIIM072								
98BLIIM073		335.0	115.5		72.0	76.3		110.0
98BLIIM088								
98BLIIM089	500.0	312.0	96.0	98.5	72.0	77.0	130.0	102.5
98BLIIM090	519.0	311.0	107.2	95.8	73.7	77.7	136.1	104.8
98BLIIM091			97.3	94.3	62.1	67.3		
98BLIIM101	620.0	331.0	90.7	85.3	73.0	76.8		
98BLIIM111：2					73.0	79.0		
98BLIIM114	537.0	332.0	102.0	97.2	71.5	75.0	141.0	100.0
98BLIIM122		306.0						
98BLIIM133					76.0	78.0		
98BLIIM144					75.3	80.5		106.2
98BLIIM153		303.0						
98BLIIM167	515.0	293.0	96.5	95.7	65.6		131.3	99.3
98BLIIM175	521.0	307.0			73.5	75.7		109.0
98BLIIM183		332.0	102.2	99.6	77.4	80.5	137.4	96.0
98BLIIM206					71.7			106.2
98BLIIM216						75.1		
98BLIIM217			105.0	97.8	72.9	75.8		99.6

续表

标本编号		54 鼻宽	55 鼻高	SC 鼻骨最小宽	SS 鼻骨最小宽高	51 眶宽	
	sub zm-ss-zm		n-ns			mf-ek R	mf-ek L
98BLⅡM049	24.4	26.6	53.4	5.4	2.7	43.6	43.3
98BLⅡM056	24.5	24.3	54.8	5.5	3.0	45.9	44.0
98BLⅡM058	23.5	27.8	48.8	3.8	1.0	43.3	45.0
98BLⅡM061：1	26.2	27.4	56.6	7.3	3.0	44.0	43.2
98BLⅡM061：2	20.5	27.0	48.9	7.4	3.8	44.6	45.2
98BLⅡM062	26.4	24.4	53.3	7.7	2.6	43.0	42.9
98BLⅡM070：1							
98BLⅡM072							
98BLⅡM073	26.2		55.8			46.5	47.0
98BLⅡM088		25.8	56.0				
98BLⅡM089	27.8	26.0	50.3	6.6	3.6	42.0	40.3
98BLⅡM090	24.7	27.1	57.0	2.5	1.6	48.4	46.6
98BLⅡM091			49.5				39.6
98BLⅡM101		25.2	53.6				
98BLⅡM111：2			57.8				
98BLⅡM114	21.0	26.2	56.6	3.8	1.7	42.8	42.4
98BLⅡM122							
98BLⅡM133		27.1	58.8	7.3	1.5		44.3
98BLⅡM144	31.1	28.7	58.0	7.0	2.6	48.8	48.6
98BLⅡM153							
98BLⅡM167		24.5	48.8				
98BLⅡM175	25.6	29.5	56.6	7.4	2.4	44.3	45.6
98BLⅡM183	28.4	26.3	58.0	7.4	3.2	46.7	47.8
98BLⅡM206		31.5					
98BLⅡM216		26.1	56.0				
98BLⅡM217	25.6	27.3	53.6	8.0	3.7	44.2	45.6

续表

标本编号	51a 眶宽		52 眶高		50 前眶间宽	FC 两眶内宽	FS 鼻根点至两眶内宽之矢高
	d-ek R	d-ek L	R	L	mf-mf	fmo-fmo	n to fmo-fmo
98BLIIM049	39.4	39.7	29.3	30.0	13.8	96.2	19.8
98BLIIM056	40.5		34.0	34.8	13.7		
98BLIIM058	40.0	40.8	29.5	29.4	20.4	101.7	13.9
98BLIIM061：1	39.0	38.2	33.6	32.7	20.0	100.8	19.3
98BLIIM061：2	39.7	40.0	34.3	34.7	14.5	98.6	13.7
98BLIIM062	39.2	40.0	33.0	31.2	17.7	95.7	18.3
98BLIIM070：1							
98BLIIM072							
98BLIIM073			34.3	33.5	21.0	104.0	22.3
98BLIIM088							
98BLIIM089	37.0	37.9	31.7	33.2	15.8	92.5	17.5
98BLIIM090	42.0	42.7	33.0	31.5	17.5	101.6	19.0
98BLIIM091				31.2			
98BLIIM101							
98BLIIM111：2						89.5	18.4
98BLIIM114	39.0	37.2	34.0	34.6	16.8	96.2	14.5
98BLIIM122							
98BLIIM133		40.6		34.3	18.4	99.4	12.7
98BLIIM144	45.1		34.7	33.4	17.9	104.0	19.0
98BLIIM153							
98BLIIM167						96.2	15.0
98BLIIM175	39.3	39.8	32.7	33.2	17.7	101.2	17.0
98BLIIM183	43.2	45.1	36.1	36.5	16.6	99.6	17.0
98BLIIM206						97.6	15.4
98BLIIM216							
98BLIIM217	41.3	41.5	33.4	33.3	18.7	99.3	

续表

标本编号	60 上颌齿槽弓长	61 上颌齿槽弓宽	62 腭长	63 腭宽	7 枕骨大孔长	16 枕骨大孔宽	DC 眶间宽
	pr-alv	ekm-ekm	ol-sta	enm-enm	ba-o		d-d
98BLⅡM049	53.0	64.5	46.8	42.0	37.3	31.5	21.5
98BLⅡM056	51.0	69.5	45.6	47.2	37.4	36.4	
98BLⅡM058	52.3		45.0	41.3	38.0	27.9	23.8
98BLⅡM061：1	46.8	61.5	41.0	42.0	37.0	30.0	24.8
98BLⅡM061：2	53.8	65.4	45.0	43.8			20.2
98BLⅡM062		68.2		44.0	40.3	33.0	20.0
98BLⅡM070：1							
98BLⅡM072		69.2		40.6			
98BLⅡM073				42.0	41.7	33.6	
98BLⅡM088	53.0	72.9		47.5	35.1	27.3	
98BLⅡM089	53.5	63.4	46.8	41.6	36.2	28.0	19.8
98BLⅡM090	52.2	68.1	45.8	42.0	39.5	29.8	22.7
98BLⅡM091	43.0				36.4	25.2	
98BLⅡM101	49.6	64.4	41.5	41.0	39.8	32.8	
98BLⅡM111：2		68.4		42.0	38.7	30.4	
98BLⅡM114	49.0	62.6	44.6	42.2	37.8	32.0	22.0
98BLⅡM122							
98BLⅡM133	53.4	63.6	43.4	38.3			21.5
98BLⅡM144							
98BLⅡM153					36.4	28.3	
98BLⅡM167	50.4	57.2		38.2		29.0	
98BLⅡM175	53.3	69.3	43.0	44.0			24.3
98BLⅡM183	54.7	65.5	52.5	39.0	34.8	29.8	20.5
98BLⅡM206		64.8		39.5			
98BLⅡM216	52.5					31.6	
98BLⅡM217	51.2	63.3	41.7	39.4	33.0	27.3	21.6

续表

标本编号	MB 颧骨宽		MH 颧骨高		11 耳点间宽	47 全面高	72 总面角
	zm-rim.Orb.R	zm-rim.Orb.L	fmo-zm R	fmo-zm L	au-au	n-gn	∠ n-pr and FH
98BLIIM049	26.0	26.2	44.0	43.1	131.2	121.7	80.0
98BLIIM056	26.7	25.7	46.0		132.0		86.0
98BLIIM058	22.6	19.6	38.7	37.3	127.4	108.0	82.0
98BLIIM061：1	27.0	27.9	45.0	46.2	134.7		92.0
98BLIIM061：2	21.0	22.0	39.8	42.3	127.8	110.3	84.0
98BLIIM062	27.6	28.0	47.2	45.3	131.5		93.0
98BLIIM070：1					127.7		
98BLIIM072					130.0		
98BLIIM073	27.4	27.0	47.6	45.6	134.7		
98BLIIM088	31.4		48.4		125.0	127.8	
98BLIIM089	27.7	28.7	45.0	47.2	123.4	115.9	84.0
98BLIIM090	27.0	25.3	44.6	42.6	126.7	123.8	88.5
98BLIIM091		24.0		40.2			
98BLIIM101		27.7		45.3	131.5		88.5
98BLIIM111：2	24.7	26.5	43.3	45.5	130.0		
98BLIIM114	26.0	25.2	44.7	43.8	142.0	124.2	86.0
98BLIIM122					129.8		
98BLIIM133		28.0		48.8	151.8		
98BLIIM144	25.6	27.2	48.0	49.4	127.2	125.5	88.5
98BLIIM153	23.2		45.2		132.2		
98BLIIM167	25.5	25.2			126.0		
98BLIIM175	30.7	31.0	48.0	48.6	133.2	118.5	87.5
98BLIIM183	23.6	24.3	46.6	48.3	132.4	126.0	83.5
98BLIIM206	24.0	25.2	44.4	49.7	127.0		
98BLIIM216							
98BLIIM217	27.7	24.0	48.2	44.3			

续表

标本编号	73 中面角	74 齿槽面角	额侧角 IIM	32 额侧角 IM	前囟角	77 鼻颧角
	∠ n-ns and FH	∠ ns-pr and FH	∠ g-m and FH	∠ n-m and FH	∠ g-b and FH	∠ fmo-n-fmo
98BLIIM049	85.5	73.5	70.0	79.0	48.5	135.0
98BLIIM056	88.0	78.0	79.0	81.0	45.0	
98BLIIM058	85.0	71.5	85.0	91.0	50.5	149.5
98BLIIM061：1	93.0	85.0	75.0	81.0	43.0	141.0
98BLIIM061：2	87.0	73.0	73.0	84.0	45.5	149.5
98BLIIM062	95.0	84.0	72.0	81.0	45.0	138.0
98BLIIM070：1						
98BLIIM072						
98BLIIM073						135.0
98BLIIM088						
98BLIIM089	87.5	73.0	82.5	87.0	51.5	141.5
98BLIIM090	92.0	76.0	71.0	79.0	44.0	138.0
98BLIIM091						
98BLIIM101	90.5	83.0	87.0	90.0	51.0	
98BLIIM111：2						
98BLIIM114	94.0	66.5	78.0	84.0	46.0	146.0
98BLIIM122						
98BLIIM133						152.0
98BLIIM144	91.0	82.0	80.0	84.0	45.0	140.0
98BLIIM153						
98BLIIM167						146.0
98BLIIM175	88.0	81.0	71.0	79.0	45.0	140.0
98BLIIM183	86.0	72.0	79.0	84.0	49.0	143.5
98BLIIM206						145.0
98BLIIM216						
98BLIIM217						140.0

续表

标本编号	颧上颌角	面三角			75 鼻梁侧角
	∠ zm-ss-zm	∠ n-pr-ba	∠ pr-n-ba	∠ n-ba-pr	∠ n-rhi and FH
98BLⅡM049	129.0	71.5	66.0	42.5	64.0
98BLⅡM056	127.0				60.0
98BLⅡM058	131.0	68.5	71.5	40.0	68.5
98BLⅡM061：1	126.5	77.5	61.0	41.5	72.0
98BLⅡM061：2	133.5				61.0
98BLⅡM062	123.5	73.5	61.5	45.0	74.0
98BLⅡM070：1					
98BLⅡM072					
98BLⅡM073	128.5				
98BLⅡM088					
98BLⅡM089	122.0	66.0	70.0	44.0	64.0
98BLⅡM090	128.0	77.0	60.0	43.0	73.5
98BLⅡM091		74.5	67.0	38.5	
98BLⅡM101		79.5	60.0	50.5	
98BLⅡM111：2					
98BLⅡM114	135.5	73.0	64.0	43.0	69.5
98BLⅡM122					
98BLⅡM133					
98BLⅡM144	118.5				
98BLⅡM153					
98BLⅡM167		70.5	68.5	41.0	
98BLⅡM175	128.0				
98BLⅡM183	118.0	79.0	65.0	46.0	63.5
98BLⅡM206	132.8				
98BLⅡM216					
98BLⅡM217	126.0	74.0	64.0	42.0	

续表

标本编号	鼻梁角	65 下颌髁突间宽	66 下颌角间宽	67 髁孔间径	68-1 下颌体最大投影长
	∠ 72-75	cdl-cdl	go-go		
98BLIIM049	16.0		109.8	50.6	109.5
98BLIIM056	26.0	128.5		48.0	108.2
98BLIIM058	13.5	119.7	104.7	49.5	110.6
98BLIIM061：1	20.0	129.6	109.8	51.5	104.6
98BLIIM061：2	23.0	129.7	107.8	48.3	103.4
98BLIIM062	19.0			49.8	
98BLIIM070：1					
98BLIIM072				48.3	
98BLIIM073		134.2	113.0	53.0	121.0
98BLIIM088		118.0		48.4	118.0
98BLIIM089	20.0	125.0	109.0	49.7	112.0
98BLIIM090	15.0	123.6	114.2	51.0	109.0
98BLIIM091				48.0	
98BLIIM101		136.1	104.0	43.7	114.6
98BLIIM111B：2		121.0		48.6	111.5
98BLIIM114	16.5	123.4	114.2	50.9	112.6
98BLIIM122		124.0	103.6	49.4	108.0
98BLIIM133		138.0	110.7	52.8	103.8
98BLIIM144			108.2	47.7	118.3
98BLIIM153		126.4	104.7	45.7	108.1
98BLIIM167					
98BLIIM175		124.2	105.4	48.0	106.8
98BLIIM183	20.0			50.3	118.5
98BLIIM206		128.3		49.0	106.4
98BLIIM216					
98BLIIM217					

续表

标本编号	69 下颌联合高	70 下颌枝高		71a 下颌枝最小宽		69-1 下颌体高 IM	
	id-gn	R	L	R	L	R	L
98BLIIM049	34.0	53.0	53.7	35.2	35.0	30.2	
98BLIIM056	34.5	54.4	55.8	33.3	32.8	28.8	29.0
98BLIIM058	33.2	54.8	54.0	30.6	30.7	28.4	29.4
98BLIIM061：1	33.6	57.2	55.0	39.4	39.3		28.2
98BLIIM061：2	31.7	59.4	55.4	37.4	36.0	28.1	27.0
98BLIIM062	28.0					25.0	26.8
98BLIIM070：1							
98BLIIM072	37.8			34.2	34.5	31.0	32.4
98BLIIM073	36.0	58.5	55.5	34.2	36.3		32.7
98BLIIM088	35.2	54.0		32.7	33.7	29.7	29.2
98BLIIM089	33.4	44.8	44.5	32.6	33.0	27.4	27.7
98BLIIM090	32.5	55.8	54.2	34.7	35.1	29.7	32.0
98BLIIM091	29.4		37.2		30.7	24.8	24.1
98BLIIM101	38.2	45.0	43.3	29.6	28.6	30.5	
98BLIIM111：2	37.8	44.1	39.4	32.7	32.7	28.6	
98BLIIM114	33.0	50.6	56.0	33.0	32.7	29.2	33.4
98BLIIM122	31.1	55.8	56.3	34.7	35.3	27.8	29.0
98BLIIM133	38.5	53.2	54.0	35.8	34.0	30.8	32.2
98BLIIM144		64.8		37.1	39.0	37.7	
98BLIIM153		50.4	52.0	35.5	35.7		
98BLIIM167						27.0	27.2
98BLIIM175		52.8	49.5	33.4	33.0		
98BLIIM183	38.6	59.0	58.0	36.5	37.0	31.2	31.7
98BLIIM206	33.9	43.7	44.3	33.4	31.7		24.3
98BLIIM216							
98BLIIM217				35.0		31.7	

续表

标本编号	69-3 下颌体厚 IM		79 下颌角	颏孔间弧	8：1 颅长宽指数	17：1 颅长高指数
	R	L				
98BLIIM049	14.0		124.5	59.0	79.2	77.8
98BLIIM056	15.6	13.9	126.5	54.5		78.5
98BLIIM058	18.6	18.2	128.0	57.5	74.9	70.3
98BLIIM061：1		14.3	128.5	63.0	78.3	74.5
98BLIIM061：2	15.3	15.6	114.0	55.5	71.6	
98BLIIM062	18.8	17.4		55.0	83.8	78.3
98BLIIM070：1						
98BLIIM072	20.3			52.0		
98BLIIM073		18.4	128.0	61.0	77.6	
98BLIIM088	17.8	18.5	130.0	56.0		
98BLIIM089	17.9	18.2	133.0	57.0	82.2	81.0
98BLIIM090	19.2	19.0	125.5	51.0	77.3	80.0
98BLIIM091	18.5	19.0		55.0		79.5
98BLIIM101	16.7		137.0	58.0	84.2	78.1
98BLIIM111：2	17.0		136.5	58.0		74.7
98BLIIM114	16.5	15.0	134.0	60.0	85.1	76.6
98BLIIM122	15.0	14.7	116.5	60.0		
98BLIIM133	20.4	19.5		59.0		
98BLIIM144	19.0	19.6		54.0		
98BLIIM153				55.0		
98BLIIM167	19.0	19.5			78.7	68.5
98BLIIM175			125.5	52.0	83.7	
98BLIIM183	15.8	15.6	128.0	59.0		
98BLIIM206	18.4	17.2	134.5	59.0		
98BLIIM216						
98BLIIM217	16.7					76.7

续表

标本编号	17∶8 颅宽高指数	9∶8 额宽指数	16∶7 枕骨大孔指数	40∶5 面突指数	48∶17 垂直颅面指数
					pr
98BLⅡM049	98.2	57.3	84.5	97.1	52.1
98BLⅡM056			97.3		53.5
98BLⅡM058	93.9	67.0	73.4	101.5	49.6
98BLⅡM061∶1	95.2	61.9	81.1	91.7	53.1
98BLⅡM061∶2		67.6			
98BLⅡM062	93.5	67.2	81.9	92.1	52.4
98BLⅡM070∶1					
98BLⅡM072					
98BLⅡM073		70.1	80.6		
98BLⅡM088			77.8		
98BLⅡM089	98.5	62.8	77.3	102.6	52.0
98BLⅡM090	103.5	69.4	75.4	89.4	51.9
98BLⅡM091			69.2	96.9	45.4
98BLⅡM101	92.8	59.3	82.4	94.0	52.5
98BLⅡM111∶2			78.6		54.3
98BLⅡM114	90.1	57.5	84.7	95.3	51.3
98BLⅡM122		60.8			
98BLⅡM133		58.6			
98BLⅡM144					
98BLⅡM153	91.9		77.7		
98BLⅡM167	87.1	68.6		99.2	53.8
98BLⅡM175		64.3			
98BLⅡM183	94.5	60.3	85.6	97.5	53.4
98BLⅡM206		60.3			
98BLⅡM216					
98BLⅡM217			82.7	93.1	53.4

续表

标本编号	48：17 垂直颅面指数	48：45 上面指数（K）		48：46 中上面指数（V）		54：55 鼻指数
	sd	pr	sd	pr	sd	
98BLⅡM049	54.3	51.7	53.8	73.0	76.0	49.8
98BLⅡM056	54.8			74.3	76.2	44.3
98BLⅡM058	51.4	48.7	50.4	64.8	67.1	57.0
98BLⅡM061：1	54.8	51.9	53.5	68.7	70.9	48.4
98BLⅡM061：2				66.5	68.3	55.2
98BLⅡM062	54.0			71.5	73.6	45.8
98BLⅡM070：1						
98BLⅡM072						
98BLⅡM073				65.5	69.4	
98BLⅡM088						46.1
98BLⅡM089	55.6	55.4	59.2	70.2	75.1	51.7
98BLⅡM090	54.7	54.2	57.1	70.3	74.1	47.5
98BLⅡM091	49.2					
98BLⅡM101	55.3					47.0
98BLⅡM111：2	58.7					
98BLⅡM114	53.8	50.7	53.2	71.5	75.0	46.3
98BLⅡM122						
98BLⅡM133						46.1
98BLⅡM144				70.9	75.8	49.5
98BLⅡM153						
98BLⅡM167		50.0		66.1		50.2
98BLⅡM175				67.4	69.4	52.1
98BLⅡM183	55.5	56.3	58.6	80.6	83.9	45.3
98BLⅡM206				67.5		
98BLⅡM216						46.6
98BLⅡM217	55.5			73.2	76.1	50.9

续表

标本编号	52 : 51 眶指数		52 : 51a 眶指数		54 : 51 鼻眶指数		54 : 51a 鼻眶指数	
	R	L	R	L	R	L	R	L
98BLⅡM049	67.2	69.3	74.4	75.6	61.0	61.4	67.5	67.0
98BLⅡM056	74.1	79.1	84.0		52.9	55.2	60.0	
98BLⅡM058	68.1	65.3	73.8	72.1	64.2	61.8	69.5	68.1
98BLⅡM061 : 1	76.4	75.7	86.2	85.6	62.3	63.4	70.3	71.7
98BLⅡM061 : 2	76.9	76.8	86.4	86.8	60.5	59.7	68.0	67.5
98BLⅡM062	76.7	72.7	84.2	78.0	56.7	56.9	62.2	61.0
98BLⅡM070 : 1								
98BLⅡM072								
98BLⅡM073	73.8	71.3						
98BLⅡM088								
98BLⅡM089	75.5	82.4	85.7	87.6	61.9	64.5	70.3	68.6
98BLⅡM090	68.2	67.6	78.6	73.8	56.0	58.2	64.5	63.5
98BLⅡM091		78.8						
98BLⅡM101								
98BLⅡM111 : 2								
98BLⅡM114	79.4	81.6	87.2	93.0	61.2	61.8	67.2	70.4
98BLⅡM122								
98BLⅡM133		77.4		84.5		61.2		66.7
98BLⅡM144	71.1	68.7	76.9		58.8	59.1	63.6	
98BLⅡM153								
98BLⅡM167								
98BLⅡM175	73.8	72.8	83.2	83.4	66.6	64.7	75.1	74.1
98BLⅡM183	77.3	76.4	83.6	80.9	56.3	55.0	60.9	58.3
98BLⅡM206								
98BLⅡM216								
98BLⅡM217	75.6	73.0	80.9	80.2	61.8	59.9	66.1	65.8

续表

标本编号	SS：SC 鼻根指数	63：62 腭指数	45：（1+8）/2 横颅面指数	17：（1+8）/2 高平均指数	68：65 下颌骨指数	47：45 全面指数	61：60 上颌齿槽指数
98BLⅡM049	50.0	89.7	87.6	86.8		86.1	121.7
98BLⅡM056	54.5	103.5		78.5	84.2		136.3
98BLⅡM058	26.3	91.8	81.9	80.4	92.4	81.5	
98BLⅡM061：1	41.1	102.4	85.6	83.6	80.7		131.4
98BLⅡM061：2	51.4	97.3			79.7		121.6
98BLⅡM062	33.8			85.2			
98BLⅡM070：1							
98BLⅡM072							
98BLⅡM073					90.2		
98BLⅡM088					100.0		137.5
98BLⅡM089	54.5	88.9	83.4	88.9	89.6	89.2	118.5
98BLⅡM090	64.0	91.7	86.5	90.2	88.2	91.0	130.5
98BLⅡM091				79.5			
98BLⅡM101		98.8		84.8	84.2		129.8
98BLⅡM111：2				74.7	92.1		
98BLⅡM114	44.7	94.6	83.7	82.8	91.2	88.1	127.8
98BLⅡM122					87.1		
98BLⅡM133	20.5	88.2			75.2		119.1
98BLⅡM144	37.1						
98BLⅡM153				91.9	85.5		
98BLⅡM167			82.6	76.7			113.5
98BLⅡM175	32.4	102.3			86.0		130.0
98BLⅡM183	43.2	74.3	89.5	94.5		91.7	119.7
98BLⅡM206					82.9		
98BLⅡM216							
98BLⅡM217	46.3	94.5		76.7			123.6

续表

标本编号	1 颅骨最大长	8 颅骨最大宽	17 颅高	21 耳上颅高	9 额骨最小宽	25 颅矢状弧
	g-op	eu-eu	b-ba	po-po	ft-ft	n-o
98BLIIM218						
98BLIIM224						
98BLIIM230		143.0	138.0		93.2	
98BLIIM240	176.6			125.0	99.4	
98BLIIM245		145.0	138.0	116.0	93.6	
98BLIIM253	180.5	148.5	130.5	112.0	91.6	360.5
98BLIIM275		138.0				
98BLIIM277						
98BLIIM286	177.0	151.0	136.5	122.0	93.5	363.0
98BLIIM291					102.0	
98BLIIM296	178.0				87.5	
98BLIIM298					95.7	
98BLIIM299	162.0		139.0	116.5	94.0	
98BLIIM300	177.3	145.0		114.0	89.6	363.0
98BLIIM301	168.6	149.6	138.0	115.5	99.4	349.0
98BLIIM308	169.1	145.8	130.0			369.0
98BLIIM319	174.0	134.5	130.6	105.5	88.8	346.0
98BLIIM324		143.5	130.5	110.0	88.4	
98BLIIM326	161.5	135.3			89.6	
98BLIIM332	178.0	144.0	147.3			
98BLIIM334：2				121.0	94.2	
98BLIIM335	164.0	145.6	144.0		86.6	355.0
98BLIIM342	182.0				91.0	364.0
98BLIIM359	181.5	148.0		120.0	88.0	380.0
98BLIIM369	172.5	145.5	132.5	112.5	93.2	361.0
98BLIIM322	175.1	137.7	128.6	118.0	86.1	355.0

续表

标本编号	26 额骨矢状弧	27 顶骨矢状弧	28 枕骨矢状弧	29 额骨矢状弦	30 顶骨矢状弦	31 枕骨矢状弦
	n-b	b~l	l-o	n-b	b~l	l-o
98BLⅡM218	135.0	113.0		119.3	105.1	
98BLⅡM224		128.0	140.0		113.0	114.0
98BLⅡM230		130.0	115.0		116.0	101.0
98BLⅡM240	135.0	124.0		118.8	101.7	
98BLⅡM245	125.0	104.0		111.0	99.3	
98BLⅡM253	127.5	129.0	114.0	112.8	115.5	92.0
98BLⅡM275		119.0	132.0		109.7	111.1
98BLⅡM277		124.0	120.0		112.8	100.4
98BLⅡM286	131.0	119.0	113.0	115.2	106.5	94.0
98BLⅡM291		123.0			110.0	
98BLⅡM296	118.0	132.0		106.6	117.0	
98BLⅡM298						
98BLⅡM299	121.0		110.0	110.3		95.2
98BLⅡM300	124.0	123.0	116.0	110.6	111.5	98.0
98BLⅡM301	120.0	116.0	113.0	107.3	105.0	97.0
98BLⅡM308	131.0	123.0	115.0	110.0	106.5	97.2
98BLⅡM319	122.0	109.0	115.0	109.3	100.3	99.6
98BLⅡM324	120.0			106.8		
98BLⅡM326	117.0	115.0		103.0	101.7	
98BLⅡM332	129.0	122.0	122.0	123.5	107.0	101.3
98BLⅡM334：2	134.0			119.6		
98BLⅡM335	117.0	124.0	114.0	104.0	110.0	101.2
98BLⅡM342	123.0	130.0	111.0	113.0	116.5	95.7
98BLⅡM359	126.0	133.0	121.0	113.4	118.2	97.0
98BLⅡM369	130.0	111.0	120.0	116.5	103.0	98.3
98BLⅡM322	122.0	116.0	117.0	107.9	105.6	91.2

续表

标本编号	23 颅周长	24 颅横弧	5 颅基底长	40 面底长	48 上面高		45 颧宽	46 中面宽
	g-op-g	po-b-po	n-enba	pr-enba	n-pr	n-sd	zy-zy	zm-zm
98BLIIM218								100.7
98BLIIM224		332.0						
98BLIIM230				93.2				104.2
98BLIIM240		332.0			76.5	81.3	150.0	
98BLIIM245		313.0	95.7	86.5	70.0	72.3	136.6	97.3
98BLIIM253	521.0	314.0			65.6	69.5	135.8	90.0
98BLIIM275								
98BLIIM277		314.0						
98BLIIM286	623.0	332.0	102.7			78.2		106.8
98BLIIM291								
98BLIIM296					74.1	76.2		
98BLIIM298								97.3
98BLIIM299		313.0			69.2	71.8		110.7
98BLIIM300	615.0	306.0			67.2	70.2		
98BLIIM301	502.0	312.0	101.2	93.5	69.0	72.2	137.0	98.3
98BLIIM308	511.0	317.0		98.8			133.2	95.7
98BLIIM319	498.0	294.0	101.0	97.6	73.4	77.2		98.0
98BLIIM324		300.0	94.5	99.0	65.5		139.0	101.0
98BLIIM326	475.0	293.0			66.0	68.5		96.7
98BLIIM332		325.0	101.5	100.0	70.3	72.7		
98BLIIM334 : 2					73.4	77.7	134.4	95.0
98BLIIM335	593.0	323.0	100.7	92.1	68.6	72.1		
98BLIIM342		308.0						
98BLIIM359	523.0	318.0			68.0			
98BLIIM369	512.0	308.0	92.8	92.5	72.0	75.0	138.5	105.2
98BLIIM322	495.0	297.0	95.3	99.2	71.2	74.2		

续表

标本编号		54 鼻宽	55 鼻高	SC 鼻骨最小宽	SS 鼻骨最小宽高	51 眶宽	
	sub zm-ss-zm		n-ns			mf-ek R	mf-ek L
98BLⅡM218	22.6	28.7					
98BLⅡM224							
98BLⅡM230	24.0						
98BLⅡM240		26.8	57.5				
98BLⅡM245	19.7	29.2	50.8	7.6	2.8	42.7	42.0
98BLⅡM253	21.7	25.0	47.8	8.7	2.6	43.7	42.3
98BLⅡM275							
98BLⅡM277		27.8					
98BLⅡM286	26.1	27.2	55.0	10.2	3.3	43.8	43.4
98BLⅡM291							
98BLⅡM296		28.2	56.5			40.5	42.3
98BLⅡM298	21.5	27.0	55.0			42.7	
98BLⅡM299	20.0	27.5	52.0	7.7	2.1	43.6	43.1
98BLⅡM300		27.2	52.3	5.4	1.8	42.6	
98BLⅡM301	27.0	24.6	49.5	10.2	4.6		43.3
98BLⅡM308	21.5	24.2					
98BLⅡM319	29.0	25.7	53.3	8.7	4.4	39.6	38.1
98BLⅡM324	23.5	25.2	51.0	3.0	1.0	40.7	41.4
98BLⅡM326	24.0	26.3	50.0	7.3	1.0	41.2	40.7
98BLⅡM332		26.0	54.2				
98BLⅡM334：2	26.5	27.8	52.7	6.0	2.8	43.6	45.3
98BLⅡM335			55.0			44.3	41.6
98BLⅡM342						44.7	
98BLⅡM359		25.4	51.5	5.3	1.8		45.0
98BLⅡM369	22.7	25.0	52.3	5.2	2.3	43.1	42.5
98BLⅡM322			52.6	5.6	0.8		

续表

标本编号	51a 眶宽		52 眶高		50 前眶间宽	FC 两眶内宽	FS 鼻根点至两眶内宽之矢高
	d-ek R	d-ek L	R	L	mf-mf	fmo-fmo	n to fmo-fmo
98BLⅡM218							
98BLⅡM224							
98BLⅡM230						99.3	
98BLⅡM240						108.4	19.1
98BLⅡM245	38.5	37.8	33.4	33.8	20.0	99.6	15.0
98BLⅡM253	41.8	39.8	30.8	31.2	19.0	95.6	15.5
98BLⅡM275							
98BLⅡM277							
98BLⅡM286	40.5	40.0	36.2	34.6	19.5	99.0	15.0
98BLⅡM291						106.8	
98BLⅡM296			32.8	31.2	19.2	96.8	15.8
98BLⅡM298			37.7				
98BLⅡM299	39.5	38.7	32.0	31.8	17.2	97.0	14.6
98BLⅡM300	38.6		37.0		17.4	98.6	13.0
98BLⅡM301		40.2		33.7	17.5	99.1	17.1
98BLⅡM308						98.7	12.5
98BLⅡM319	37.0	36.7	32.0	32.6	18.2	89.8	17.6
98BLⅡM324	38.4	38.8	34.0	33.7	15.3	94.2	12.3
98BLⅡM326	37.2	36.2	32.5	32.0	16.7	91.0	14.8
98BLⅡM332							
98BLⅡM334：2	39.5	39.5	34.1	33.2	15.5	96.0	19.6
98BLⅡM335					17.5	95.8	15.6
98BLⅡM342					17.2	96.7	
98BLⅡM359		39.7		34.0	13.6		
98BLⅡM369	39.5	40.0	36.0	35.7	14.6	94.0	11.7
98BLⅡM322					17.0		

续表

标本编号	60 上颌齿槽弓长	61 上颌齿槽弓宽	62 腭长	63 腭宽	7 枕骨大孔长	16 枕骨大孔宽	DC 眶间宽
	pr-alv	ekm-ekm	ol-sta	enm-enm	ba-o		d-d
98BLIIM218	51.4	66.5		43.7			
98BLIIM224					36.2		
98BLIIM230	50.6	69.3		50.5	35.4	26.8	
98BLIIM240		51.4		45.0			
98BLIIM245	45.3	58.0	42.8	39.8			27.0
98BLIIM253	51.5	60.0		36.7	40.3		20.5
98BLIIM275							
98BLIIM277					36.7	29.7	
98BLIIM286	53.0	64.0	46.6	41.2	35.0	28.2	22.4
98BLIIM291	56.7	70.3	43.6	41.8		32.0	
98BLIIM296	54.5	66.0		42.7			
98BLIIM298		64.0		44.0			
98BLIIM299	50.0	64.7	45.0	43.2	38.6	27.0	22.2
98BLIIM300	47.7	57.7	42.2	38.3			
98BLIIM301	49.2	63.7	43.7	42.7	38.0	27.4	20.7
98BLIIM308	47.6	56.7	45.2	37.0	35.7	26.0	
98BLIIM319	52.8	61.7	47.0	40.3	39.9	32.0	19.4
98BLIIM324		72.6	51.0	49.2		30.0	21.0
98BLIIM326	42.7	59.8	58.0	40.0			20.0
98BLIIM332	51.2	61.6	41.0	40.5	34.0	27.7	
98BLIIM334：2		60.8		39.0			19.1
98BLIIM335	51.0	63.8	42.4	40.5	32.1	31.7	
98BLIIM342							
98BLIIM359		62.3		39.2			19.4
98BLIIM369	49.3	64.4	44.3	41.7	37.3	33.0	17.5
98BLIIM322	55.3	64.7	48.5	42.5			23.4

续表

标本编号	MB 颧骨宽		MH 颧骨高		11 耳点间宽	47 全面高	72 总面角
	zm-rim.Orb.R	zm-rim.Orb.L	fmo-zm R	fmo-zm L	au-au	n-gn	∠ n-pr and FH
98BLⅡM218							
98BLⅡM224					143.4		
98BLⅡM230	23.8	25.0	46.5	47.6	131.0		
98BLⅡM240	30.5		48.7		138.7		86.0
98BLⅡM245	27.7	24.7	47.4	44.2	133.8	117.3	89.0
98BLⅡM253	25.0	24.4	44.0	44.6	129.0	120.0	89.0
98BLⅡM275					134.6		
98BLⅡM277					128.5		
98BLⅡM286	24.7	25.8	46.3	47.6	136.7	127.5	91.0
98BLⅡM291							
98BLⅡM296		31.6		48.4			
98BLⅡM298	25.7		46.3				
98BLⅡM299	29.2	29.0	46.4	46.3	129.6		87.0
98BLⅡM300	21.5		42.2		133.6	110.7	91.0
98BLⅡM301	26.3	26.0	44.8	44.0	135.0	116.3	87.0
98BLⅡM308	27.0	26.7	45.1	43.8	128.0		
98BLⅡM319	25.6	25.1	43.0	43.1	125.7		84.5
98BLⅡM324	24.2	23.1	41.5	41.0	132.2	105.3	80.0
98BLⅡM326	22.1	22.2	40.1	39.5	118.4		82.0
98BLⅡM332					124.5		
98BLⅡM334 : 2	28.7	26.8	48.7	48.0	126.3		86.5
98BLⅡM335					128.8	114.4	
98BLⅡM342					122.0		
98BLⅡM359		25.0		43.5	132.0	120.8	88.5
98BLⅡM369	29.2	29.3	50.2	49.7	129.4	116.0	82.0
98BLⅡM322		25.0			124.0		78.0

续表

标本编号	73 中面角	74 齿槽面角	额侧角 IIM	32 额侧角 IM	前囟角	77 鼻颧角
	∠ n-ns and FH	∠ ns-pr and FH	∠ g-m and FH	∠ n-m and FH	∠ g-b and FH	∠ fmo-n-fmo
98BLIIM218						
98BLIIM224						
98BLIIM230						
98BLIIM240			77.0	83.5	50.0	140.5
98BLIIM245	92.5	79.0	82.0	87.0	48.0	146.0
98BLIIM253	95.0	77.0	77.0	84.0	46.5	144.0
98BLIIM275						
98BLIIM277						
98BLIIM286	96.0	80.5	76.0	85.0	49.0	147.5
98BLIIM291						
98BLIIM296						144.0
98BLIIM298						
98BLIIM299	90.0	76.5	78.0	85.0	50.5	146.0
98BLIIM300	93.0	74.0	70.0	76.0	47.0	152.0
98BLIIM301	88.0	77.0	78.0	84.0	47.0	142.0
98BLIIM308						152.0
98BLIIM319	81.5	87.5	77.0	82.5	43.0	138.0
98BLIIM324	84.5	66.0	77.0	82.0	47.0	151.5
98BLIIM326	87.0	62.0	78.0	85.0	42.0	144.5
98BLIIM332						
98BLIIM334 : 2	88.5	83.0	82.5	87.5	51.5	136.5
98BLIIM335						144.0
98BLIIM342						
98BLIIM359	92.5	73.0	83.5	89.0	49.0	
98BLIIM369	86.0	75.0	76.0	80.0	43.5	153.0
98BLIIM322	82.5	64.0	73.5	78.5	42.5	

续表

标本编号	颧上颌角	面三角			75 鼻梁侧角
	∠ zm-ss-zm	∠ n-pr-ba	∠ pr-n-ba	∠ n-ba-pr	∠ n-rhi and FH
98BLIIM218	131.5				
98BLIIM224					
98BLIIM230	130.0				
98BLIIM240					
98BLIIM245	136.5	74.0	61.0	45.0	76.0
98BLIIM253	129.0				
98BLIIM275					
98BLIIM277					
98BLIIM286	127.5				78.0
98BLIIM291					
98BLIIM296					
98BLIIM298	132.0				
98BLIIM299	141.0				
98BLIIM300					72.5
98BLIIM301	122.0	75.0	42.0	63.0	67.0
98BLIIM308	132.0				
98BLIIM319	117.0	71.0	65.0	44.0	
98BLIIM324	131.0	66.0	74.0	40.0	68.5
98BLIIM326	127.0				
98BLIIM332					
98BLIIM334 : 2	121.0				60.0
98BLIIM335					
98BLIIM342					
98BLIIM359					71.0
98BLIIM369	133.5	68.0	66.0	46.0	
98BLIIM322		66.7	71.2	43.1	64.0

续表

标本编号	鼻梁角	65 下颌髁突间宽	66 下颌角间宽	67 髁孔间径	68-1 下颌体最大投影长
	∠ 72-75	cdl-cdl	go-go		
98BLⅡM218				52.0	
98BLⅡM224		140.5	111.2	52.0	111.0
98BLⅡM230		122.1	93.2	51.6	113.7
98BLⅡM240		136.8	119.6	54.9	113.3
98BLⅡM245	13.0	130.4	103.4	49.0	107.0
98BLⅡM253				47.4	110.0
98BLⅡM275				49.4	108.4
98BLⅡM277		131.9		48.3	117.0
98BLⅡM286	13.0	126.8	102.5	50.0	106.3
98BLⅡM291					
98BLⅡM296					
98BLⅡM298				51.0	
98BLⅡM299				57.5	109.5
98BLⅡM300	18.5	120.5		45.8	112.6
98BLⅡM301	20.0	127.2	107.5	49.0	106.0
98BLⅡM308		125.0	112.2	46.2	103.1
98BLⅡM319				50.0	
98BLⅡM324	11.5			49.7	107.6
98BLⅡM326				44.8	101.2
98BLⅡM332					
98BLⅡM334：2	26.5			50.8	
98BLⅡM335			110.7	55.5	108.9
98BLⅡM342				48.0	
98BLⅡM359	17.5			51.6	104.0
98BLⅡM369					
98BLⅡM322	14.0		102.5	52.2	

续表

标本编号	69 下颌联合高	70 下颌枝高		71a 下颌枝最小宽		69-1 下颌体高 IM	
	id-gn	R	L	R	L	R	L
98BLIIM218	31.3	63.5		41.4		29.7	
98BLIIM224		51.0	51.3	35.0	34.2	31.1	31.5
98BLIIM230	29.6	57.2	58.6	34.0	32.9	28.0	25.7
98BLIIM240	38.9	50.7	51.0	33.6	36.0	29.9	31.6
98BLIIM245	31.6	52.8	56.5	32.0	30.8		32.2
98BLIIM253	38.5	48.9	46.8	35.0		30.4	29.8
98BLIIM275		61.7	62.8	35.0	37.5	28.3	28.2
98BLIIM277	34.8	48.5		31.9	33.3		
98BLIIM286	39.6	58.5	56.0	34.7	34.1	30.5	31.6
98BLIIM291				33.6	33.0	33.4	31.8
98BLIIM296					35.6		35.8
98BLIIM298	32.7						
98BLIIM299	30.7	42.6		30.0	31.0	28.6	27.2
98BLIIM300	31.7	45.4	46.3		33.0	26.2	
98BLIIM301	32.6	62.6	58.2	28.0	28.1	31.4	29.4
98BLIIM308	32.5	52.7	52.0	31.2	32.4	29.5	29.5
98BLIIM319		56.6		34.4			
98BLIIM324	31.7	55.0	57.8	35.7	36.7		32.7
98BLIIM326	32.0	39.8	40.0	29.6	31.0	26.2	26.2
98BLIIM332							
98BLIIM334：2	37.0				34.4		33.0
98BLIIM335	31.6	60.4	59.2	35.0	33.7	28.0	28.8
98BLIIM342				32.2			
98BLIIM359	34.8	60.0	58.0	38.3	35.0	30.5	30.8
98BLIIM369							
98BLIIM322						34.0	35.3

续表

标本编号	69-3 下颌体厚 IM		79 下颌角	颏孔间弧	8∶1 颅长宽指数	17∶1 颅长高指数
	R	L				
98BLIIM218	21.0			57.5		
98BLIIM224	19.2	21.6		60.0		
98BLIIM230	16.5	16.5	123.5	60.0		
98BLIIM240	20.6	19.0		60.0		
98BLIIM245		17.0	123.5	57.5		
98BLIIM253	17.8	17.7	131.5	56.0	82.3	72.3
98BLIIM275	17.0	20.1	118.5			
98BLIIM277	17.0	17.6	140.0	54.0		
98BLIIM286	15.3	18.3	121.5	61.0	85.3	77.1
98BLIIM291	18.5	19.0				
98BLIIM296		17.6				
98BLIIM298				59.0		
98BLIIM299	21.3	21.5		67.0		85.8
98BLIIM300	14.2			53.5	81.8	
98BLIIM301	18.2	18.0	124.0	51.5	88.7	81.9
98BLIIM308	19.8	19.0	127.0	53.0	86.2	76.9
98BLIIM319				56.0	77.3	75.1
98BLIIM324		16.0	124.5	57.5		
98BLIIM326	17.6	16.8	136.5	54.0	83.8	
98BLIIM332					80.9	82.8
98BLIIM334∶2		19.2		58.0		
98BLIIM335	17.4	18.1	122.5	64.0	88.8	87.8
98BLIIM342				53.0		
98BLIIM359	20.6	19.7	117.5	61.5	81.5	
98BLIIM369					84.3	76.8
98BLIIM322	20.0	14.4		62.0	78.6	73.4

续表

标本编号	17：8 颅宽高指数	9：8 额宽指数	16：7 枕骨大孔指数	40：5 面突指数	48：17 垂直颅面指数
					pr
98BLIIM218					
98BLIIM224					
98BLIIM230	96.5	65.2	75.7		
98BLIIM240					
98BLIIM245	95.2	64.6		90.4	50.7
98BLIIM253	87.9	61.7			50.3
98BLIIM275					
98BLIIM277			80.9		
98BLIIM286	90.4	61.9	80.6		
98BLIIM291					
98BLIIM296					
98BLIIM298					
98BLIIM299			69.9		49.8
98BLIIM300		61.8			
98BLIIM301	92.2	66.4	72.1	92.4	50.0
98BLIIM308	89.2		72.8		
98BLIIM319	97.1	66.0	80.2	96.6	56.2
98BLIIM324	90.9	61.6		104.8	50.2
98BLIIM326		66.2			
98BLIIM332	102.3		81.5	98.5	47.7
98BLIIM334：2					
98BLIIM335	98.9	59.5	98.8	91.5	47.6
98BLIIM342					
98BLIIM359		59.5			
98BLIIM369	91.1	64.1	88.5	99.7	54.3
98BLIIM322	93.4	62.5		104.1	55.4

续表

标本编号	48∶17 垂直颅面指数	48∶45 上面指数（K）		48∶46 中上面指数（V）		54∶55 鼻指数
	sd	pr	sd	pr	sd	
98BLⅡM218						
98BLⅡM224						
98BLⅡM230						
98BLⅡM240		51.0	54.2			46.6
98BLⅡM245	52.4	51.2	52.9	71.9	74.3	57.5
98BLⅡM253	53.3	48.3	51.2	72.9	77.2	52.3
98BLⅡM275						
98BLⅡM277						
98BLⅡM286	57.3				73.2	49.5
98BLⅡM291						
98BLⅡM296						49.9
98BLⅡM298						49.1
98BLⅡM299	51.7			62.5	64.9	52.9
98BLⅡM300						52.0
98BLⅡM301	52.3	50.4	52.7	70.2	73.4	49.7
98BLⅡM308						
98BLⅡM319	59.1			74.9	78.8	48.2
98BLⅡM324		47.1		64.9		49.4
98BLⅡM326				68.3	70.8	52.6
98BLⅡM332	49.4					48.0
98BLⅡM334∶2		54.6	57.8	77.3	81.8	52.8
98BLⅡM335	50.1					
98BLⅡM342						
98BLⅡM359						49.3
98BLⅡM369	56.6	52.0	54.2	68.4	71.3	47.8
98BLⅡM322	57.7					

续表

标本编号	52∶51 眶指数		52∶51a 眶指数		54∶51 鼻眶指数		54∶51a 鼻眶指数	
	R	L	R	L	R	L	R	L
98BLⅡM218								
98BLⅡM224								
98BLⅡM230								
98BLⅡM240								
98BLⅡM245	78.2	80.5	86.8	89.4	68.4	69.5	75.8	77.2
98BLⅡM253	70.5	73.8	73.7	78.4	57.2	59.1	59.8	62.8
98BLⅡM275								
98BLⅡM277								
98BLⅡM286	82.6	79.7	89.4	86.5	62.1	62.7	67.2	68.0
98BLⅡM291								
98BLⅡM296	81.0	73.8			69.6	66.7		
98BLⅡM298	88.3				63.2			
98BLⅡM299	73.4	73.8	81.0	82.2	63.1	63.8	69.6	71.1
98BLⅡM300	86.9		95.9		63.8		70.5	
98BLⅡM301		77.8		83.8		56.8		61.2
98BLⅡM308								
98BLⅡM319	80.8	85.6	86.5	88.8	64.9	67.5	69.5	70.0
98BLⅡM324	83.5	81.4	88.5	86.9	61.9	60.9	65.6	64.9
98BLⅡM326	78.9	78.6	87.4	88.4	63.8	64.6	70.7	72.7
98BLⅡM332								
98BLⅡM334∶2	78.2	73.3	86.3	84.1	63.8	61.4	70.4	70.4
98BLⅡM335								
98BLⅡM342								
98BLⅡM359		75.6		85.6		56.4		64.0
98BLⅡM369	83.5	84.0	91.1	89.3	58.0	58.8	63.3	62.5
98BLⅡM322								

续表

标本编号	SS：SC 鼻根指数	63：62 腭指数	45：（1+8）/2 横颅面指数	17：（1+8）/2 高平均指数	68：65 下颌骨指数	47：45 全面指数	61：60 上颌齿槽指数
98BLIIM218							129.4
98BLIIM224					79.0		
98BLIIM230				96.5	93.1		137.0
98BLIIM240			84.9		82.8		
98BLIIM245	36.8	93.0	94.2	95.2	82.1	85.9	128.0
98BLIIM253	29.9		82.6	79.3		88.4	116.5
98BLIIM275							
98BLIIM277					88.7		
98BLIIM286	32.4	88.4		83.2	83.8		120.8
98BLIIM291		95.9					124.0
98BLIIM296							121.1
98BLIIM298							
98BLIIM299	27.3	96.0		85.8			129.4
98BLIIM300	33.3	90.8			93.4		121.0
98BLIIM301	45.1	97.7	86.1	86.7	83.3	84.9	129.5
98BLIIM308		81.9	84.6	82.6	82.5		119.1
98BLIIM319	50.6	85.7		84.7			116.9
98BLIIM324	33.3	96.5	96.9	90.9		75.8	
98BLIIM326	13.7	69.0					140.0
98BLIIM332		98.8		91.5			120.3
98BLIIM334：2	46.7						
98BLIIM335		95.5		93.0			125.1
98BLIIM342							
98BLIIM359	34.0						
98BLIIM369	44.2	94.1	87.1	83.3		83.8	130.6
98BLIIM322	14.3	87.6		82.2			116.9

附表三　喇嘛洞三燕文化居民成年女性个体颅骨测量表

标本编号	1 颅骨最大长	8 颅骨最大宽	17 颅高	21 耳上颅高	9 额骨最小宽	25 颅矢状弧
	g-op	eu-eu	b-ba	po-po	ft-ft	n-o
98BLⅠM002						
98BLⅠM006		143.5				
98BLⅠM011	164.0	142.0	128.0	112.0	89.0	330.0
98BLⅠM012	176.0	130.4		109.0	88.0	346.0
98BLⅠM015	173.5	149.7	140.0	117.0	87.9	355.0
98BLⅠM019						
98BLⅠM021				103.5	93.1	
98BLⅠM022：2	167.5	143.5		108.0		339.0
98BLⅠM026	173.5	136.0		116.0	90.5	
98BLⅠM027					95.6	
98BLⅠM029	176.0	132.0		111.0	92.2	
98BLⅠM032						
98BLⅠM038						
98BLⅠM040		154.0		110.5	95.6	
98BLⅠM043			132.0	113.5		
98BLⅠM048	178.4	142.7	136.0	116.0	97.7	356.0
98BLⅡM001	180.5	140.6	135.0	116.5	95.1	361.0
98BLⅡM002	172.0	138.0	129.0	107.0	88.0	347.0
98BLⅡM008	159.0			112.5	86.1	347.0
98BLⅡM014		152.0			90.0	
98BLⅡM017	173.0	139.0	130.0	112.5	86.2	252.0
98BLⅡM025	165.0	140.0	128.5	110.0	87.7	337.0
98BLⅡM026	180.0	138.7	137.5	116.0	89.8	365.0
98BLⅡM047	172.0	138.0		110.0	83.8	
98BLⅡM051	175.5	136.0	131.0	109.0	96.6	354.0
98BLⅡM057		142.0			88.6	372.0
98BLⅡM059	179.5	141.5	140.0	121.0	92.2	375.0
98BLⅡM063	172.5	144.0	128.0		92.7	362.0
98BLⅡM068	162.6					
98BLⅡM069	176.5	140.9	123.7	108.0	85.7	361.5
98BLⅡM079：1	173.0	135.8	131.5	107.0	89.0	360.0
98BLⅡM092		142.0	123.6	106.5	86.5	
98BLⅡM095	180.0	142.4	129.5	110.0	90.4	362.0

续表

标本编号	26 额骨矢状弧	27 顶骨矢状弧	28 枕骨矢状弧	29 额骨矢状弦	30 顶骨矢状弦	31 枕骨矢状弦
	n-b	b-l	l-o	n-b	b-l	l-o
98BLⅠM002						
98BLⅠM006		122.0	110.0		110.6	94.3
98BLⅠM011	123.0	113.0	94.0	110.0	105.0	82.6
98BLⅠM012	117.0	111.0	118.0	107.4	106.0	101.2
98BLⅠM015	123.0	113.0	119.0	114.3	100.7	101.0
98BLⅠM019						
98BLⅠM021	122.0			107.8		
98BLⅠM022 : 2	125.0	110.0	104.0	109.6	101.3	90.4
98BLⅠM026	121.0					
98BLⅠM027	115.0	122.0		104.0	108.8	
98BLⅠM029	123.0	98.0		110.2	102.1	
98BLⅠM032						
98BLⅠM038						
98BLⅠM040	120.0			107.2		
98BLⅠM043	130.0			114.5		
98BLⅠM048	122.0	112.0	122.0	112.0	99.4	100.0
98BLⅡM001	123.0	125.0	113.0	112.0	108.6	96.2
98BLⅡM002	115.0	125.0	107.0	103.5	110.4	91.0
98BLⅡM008	111.0	117.0	119.0	101.0	104.3	100.3
98BLⅡM014		122.0			115.3	
98BLⅡM017	119.0	121.0	112.0	106.7	108.7	94.0
98BLⅡM025	112.0	120.0	105.0	103.8	104.3	93.8
98BLⅡM026	131.0	118.0	116.0	113.5	108.0	91.7
98BLⅡM047	117.0	128.0		109.0	115.5	
98BLⅡM051	118.0	121.0	115.0	106.0	110.2	99.6
98BLⅡM057	127.0	123.0	122.0	111.8	106.8	101.7
98BLⅡM059	127.0	132.0	116.0	111.0	121.4	98.9
98BLⅡM063	117.0	135.0	110.0	106.3	117.0	94.3
98BLⅡM068			110.0			92.6
98BLⅡM069	125.0	122.5	114.0	111.0	108.7	94.6
98BLⅡM079 : 1	129.0	121.0	110.0	111.8	105.7	92.1
98BLⅡM092	113.0	116.0		100.5	102.7	
98BLⅡM095	117.0	120.0	125.0	101.7	108.2	102.3

续表

标本编号	23 颅周长	24 颅横弧	5 颅基底长	40 面底长	48 上面高		45 颧宽	46 中面宽
	g-op-g	po-b-po	n-enba	pr-enba	n-pr	n-sd	zy-zy	zm-zm
98BLIM002								
98BLIM006		315.0						
98BLIM011	492.0	303.0	90.4	91.4	69.9	72.4	124.0	96.7
98BLIM012	490.0	294.0			68.0	70.0		97.6
98BLIM015		322.0	108.5	91.6	73.7	78.0		107.2
98BLIM019								
98BLIM021		292.0			69.5	73.4	139.4	101.3
98BLIM022 : 2		410.0			66.2	69.5		
98BLIM026		310.0			71.0	74.3		105.5
98BLIM027					69.0	73.1		100.0
98BLIM029	583.0	296.0			72.0	74.1	131.0	100.3
98BLIM032								
98BLIM038								
98BLIM040		310.0			69.0	72.1		94.3
98BLIM043		310.0			75.0	78.0	131.0	96.7
98BLIM048	517.0	412.0	102.4	100.0	74.6	77.0	135.3	99.8
98BLIIM001	516.0	312.0	108.0	96.5	72.0	69.0		
98BLIIM002	500.0	303.0	94.8	89.8	59.6	62.5	132.7	97.4
98BLIIM008		305.0			69.8			93.2
98BLIIM014								
98BLIIM017	495.0	302.0	93.0	100.2	72.0	74.2		96.4
98BLIIM025	498.0	312.0	96.0	92.4	69.2	73.0		
98BLIIM026	512.0	312.0	97.8	100.3	73.2	78.0		102.4
98BLIIM047	500.0	293.0			75.2	77.9		102.4
98BLIIM051	500.0	287.0	99.0	88.3	66.7	69.4	132.3	100.0
98BLIIM057					66.0	69.7		94.0
98BLIIM059	514.0	312.0	99.2	97.7	70.4	72.4		99.5
98BLIIM063			91.4	81.6	62.5	66.7		
98BLIIM068								
98BLIIM069	509.0	299.0	96.0					101.3
98BLIIM079 : 1	500.2	294.0	88.5					
98BLIIM092		294.0	94.0	99.0	71.0	74.0	126.0	100.5
98BLIIM095	520.0	307.0	94.0	93.2	62.3	65.2	127.7	99.5

续表

标本编号		54 鼻宽	55 鼻高	SC 鼻骨最小宽	SS 鼻骨最小宽高	51 眶宽	
	sub zm-ss-zm		n-ns			mf-ek R	mf-ek L
98BLIM002							
98BLIM006							
98BLIM011	24.2	25.2	50.7	6.7	1.7	42.2	43.1
98BLIM012	23.1	25.0	52.0	6.2	1.6	45.5	44.8
98BLIM015	33.7	26.2	56.0	7.5	3.2	44.2	43.7
98BLIM019							
98BLIM021	24.2	22.5	48.7	8.2	2.0	43.7	43.2
98BLIM022 : 2		24.6	51.0	7.4	2.4	45.0	
98BLIM026	29.2	28.6	51.3	6.5	1.5	46.7	44.5
98BLIM027	36.8	23.3	51.2			45.5	42.4
98BLIM029	23.4	25.8	54.0	10.4	2.8	43.2	42.5
98BLIM032							
98BLIM038							
98BLIM040	22.2	27.2	53.1	8.4	2.3	42.2	41.5
98BLIM043	27.0	25.2	55.5			42.2	
98BLIM048	30.6	24.6	55.7	7.3	1.6	43.0	42.3
98BLIIM001		25.2	51.0				41.2
98BLIIM002	16.5	27.5	47.0	7.2	2.5	43.1	41.0
98BLIIM008	26.6	25.0	50.6			42.6	
98BLIIM014							
98BLIIM017	29.8	25.1	53.0	10.0	3.4	41.6	41.1
98BLIIM025		27.8	57.2	7.0	1.8		
98BLIIM026	26.2	24.6	51.2	4.8	2.6	43.1	42.4
98BLIIM047	23.0	28.5	55.3	7.3	1.2	43.2	42.0
98BLIIM051	19.3	27.2	52.7	10.0	3.2	44.3	
98BLIIM057	24.2	24.5	50.7				
98BLIIM059	25.5	27.3	53.0	6.0	2.0	41.5	41.0
98BLIIM063		24.0	49.2	8.1	2.7		42.4
98BLIIM068							
98BLIIM069	22.9	27.1	49.7			43.3	
98BLIIM079 : 1		26.1	52.8	6.7	1.6		42.4
98BLIIM092	25.8	25.0	53.4	4.6	2.0	43.5	41.2
98BLIIM095	22.0	25.8	46.9	8.8	1.0	41.5	41.2

续表

标本编号	51a 眶宽		52 眶高		50 前眶间宽	FC 两眶内宽	FS 鼻根点至两眶内宽之矢高
	d-ek R	d-ek L	R	L	mf-mf	fmo-fmo	n to fmo-fmo
98BLⅠM002							
98BLⅠM006							
98BLⅠM011	38.8		32.3	33.4	15.2	92.0	14.6
98BLⅠM012	40.3	41.1	35.1	34.0	14.8	94.8	16.5
98BLⅠM015	40.7	39.3	35.8	35.4	16.7	95.8	17.0
98BLⅠM019							
98BLⅠM021	40.0	41.6	35.2	34.5	14.6	95.9	15.5
98BLⅠM022:2	38.3		33.4				
98BLⅠM026	42.7	39.2	35.5	34.6	16.5	99.6	23.5
98BLⅠM027			35.0	34.9	14.5	92.9	16.4
98BLⅠM029	37.4	37.1	34.0	33.8	17.0	94.8	20.4
98BLⅠM032							
98BLⅠM038							
98BLⅠM040	38.2	37.0	31.0	32.5	19.2	95.0	14.5
98BLⅠM043	39.5		38.3		18.0		
98BLⅠM048	39.3	37.0	34.5	36.0	16.3	98.0	17.2
98BLⅡM001				36.2			
98BLⅡM002	39.3	37.6	31.5	32.4	19.2	97.0	14.1
98BLⅡM008						91.2	18.3
98BLⅡM014							
98BLⅡM017	37.3	36.7	34.6	35.3	16.9	91.3	15.4
98BLⅡM025					15.0		
98BLⅡM026	38.8	39.1	33.8	33.8	15.6	97.5	14.8
98BLⅡM047	38.3	38.8	35.4	35.3	15.0	92.5	12.7
98BLⅡM051	39.5		33.1		16.6	100.0	16.7
98BLⅡM057						91.4	14.0
98BLⅡM059	37.6	37.8	32.0	31.4	19.0	94.6	15.7
98BLⅡM063		38.0		34.4	16.7	94.0	15.6
98BLⅡM068							
98BLⅡM069			33.2				
98BLⅡM079:1				32.0	16.7	94.2	12.1
98BLⅡM092	38.6	38.0	31.5	32.3	13.6	94.3	15.2
98BLⅡM095	37.6	38.6	30.3	29.2	8.2	94.2	14.3

续表

标本编号	60 上颌齿槽弓长	61 上颌齿槽弓宽	62 腭长	63 腭宽	7 枕骨大孔长	16 枕骨大孔宽	DC 眶间宽
	pr-alv	ekm-ekm	ol-sta	enm-enm	ba-o		d-d
98BLIM002							
98BLIM006					34.2	27.4	
98BLIM011	45.7		39.5			26.1	
98BLIM012	49.0	61.7	42.3	39.0			20.4
98BLIM015	49.7	61.9	39.4	41.8	31.0	29.5	21.4
98BLIM019							
98BLIM021	53.7	62.2	43.6	37.6			17.2
98BLIM022 : 2	47.4	56.7	45.0	36.7			17.7
98BLIM026	50.0	61.4		40.2			21.4
98BLIM027		66.7		43.9			
98BLIM029	51.9	60.7	46.0	41.6			21.2
98BLIM032							
98BLIM038							
98BLIM040	45.8	58.7	40.8	38.0			22.1
98BLIM043	51.7	56.0		40.9			
98BLIM048	54.5	65.3	47.7	39.4	36.5	27.7	25.3
98BLⅡM001	55.9	57.8	44.0	38.9	36.2	29.3	
98BLⅡM002	47.6	61.5	43.2	39.9	33.6	25.1	24.0
98BLⅡM008	51.0	61.0		37.4			
98BLⅡM014							
98BLⅡM017	56.3	59.5	50.3	37.9	33.6	28.1	20.5
98BLⅡM025	50.0	62.7	47.6	40.0	33.4	24.3	
98BLⅡM026	54.0	65.3	46.2	39.0	35.1	29.0	20.2
98BLⅡM047	53.7	63.7	43.0	40.6			19.5
98BLⅡM051	47.9	60.0	40.5	38.0	36.8	31.4	23.0
98BLⅡM057	42.1	58.3		40.7			
98BLⅡM059	51.5	61.5	43.4	42.2	39.7	33.7	23.9
98BLⅡM063	46.4	58.2	42.4	38.6	31.7	32.3	20.2
98BLⅡM068							
98BLⅡM069		61.6		38.0	34.4		
98BLⅡM079 : 1				37.3	36.2	29.0	
98BLⅡM092	51.5	64.4	49.7	43.5		28.5	18.0
98BLⅡM095	57.0	63.4	46.1	39.0	31.3	29.8	23.2

续表

标本编号	MB 颧骨宽		MH 颧骨高		11 耳点间宽	47 全面高	72 总面角
	zm-rim.Orb.R	zm-rim.Orb.L	fmo-zm R	fmo-zm L	au-au	n-gn	∠ n-pr and FH
98BLIM002							
98BLIM006							
98BLIM011	22.4	24.0	42.2	42.2	120.0	107.6	85.0
98BLIM012	22.0	21.0	42.6	42.7	117.5	110.4	84.0
98BLIM015	25.0	24.9	47.4	49.0	134.4	122.2	88.0
98BLIM019							
98BLIM021	21.1	24.5	41.3	43.2	129.5	121.4	80.0
98BLIM022：2	23.9		41.0		131.5	115.7	85.0
98BLIM026	22.6	22.4	40.3	40.2	122.7	118.9	85.5
98BLIM027	24.8	24.7	44.4	43.4			
98BLIM029	23.5	24.2	40.5	44.4	124.5	105.7	86.0
98BLIM032							
98BLIM038							
98BLIM040	24.0	22.6	43.0	43.5	132.0	116.4	89.0
98BLIM043	22.8	22.8			126.0	108.4	88.0
98BLIM048	23.7	24.0	41.2	42.0	133.5	128.6	84.0
98BLIIM001		26.0		47.2	120.1	117.4	88.5
98BLIIM002	21.0	21.2	42.1	43.6	122.7	94.8	84.0
98BLIIM008	23.6	23.7	42.6	43.5	128.3	118.0	86.0
98BLIIM014							
98BLIIM017	23.7	24.0	41.5	42.5	124.0	116.2	77.0
98BLIIM025					126.7	114.0	88.0
98BLIIM026	27.0	26.5	44.6	46.2	128.0	127.9	83.5
98BLIIM047	26.5	28.4	44.0	46.2	121.5	123.0	80.0
98BLIIM051	25.5	24.4	42.8		126.2	113.0	90.0
98BLIIM057	24.6	25.0	44.3	44.6			
98BLIIM059	27.4	27.2	44.4	45.4	127.7	117.7	85.0
98BLIIM063		26.5		48.6	134.3	110.0	
98BLIIM068							
98BLIIM069	26.0	23.0		39.6	130.8	116.7	
98BLIIM079：1					129.7	115.2	
98BLIIM092	27.4	27.6	42.1	43.4	124.5	118.0	81.5
98BLIIM095	27.8	27.2	46.8	42.1	128.5	107.5	84.0

续表

标本编号	73 中面角	74 齿槽面角	额侧角 IIM	32 额侧角 IM	前囟角	77 鼻颧角
	∠ n-ns and FH	∠ ns-pr and FH	∠ g-m and FH	∠ n-m and FH	∠ g-b and FH	∠ fmo-n-fmo
98BLIM002						
98BLIM006						
98BLIM011	88.0	74.0	83.0	85.0	45.5	148.0
98BLIM012	86.0	74.0	73.0	79.0	44.0	142.0
98BLIM015	92.0	81.0	78.0	79.0	44.0	142.0
98BLIM019						
98BLIM021	83.0	79.0	72.0	77.0	40.0	144.0
98BLIM022 : 2	87.0	81.0	76.0	80.0	44.0	
98BLIM026	90.0	76.0	76.5	81.0	48.0	139.5
98BLIM027						143.0
98BLIM029	87.0	79.0	78.5	83.5	42.0	
98BLIM032						
98BLIM038						
98BLIM040	90.0	82.0	81.0	86.0	47.0	146.0
98BLIM043	90.0	77.0	81.0	86.0	46.0	
98BLIM048	89.0	73.0	72.5	78.0	52.0	142.0
98BLIIM001	93.5	72.5	74.0	81.0	47.5	
98BLIIM002	85.5	74.0	76.5	83.0	46.5	147.5
98BLIIM008	91.0	75.0	81.0	85.0	55.0	138.5
98BLIIM014						
98BLIIM017	82.0	61.0	77.0	82.5	44.0	144.0
98BLIIM025	90.0	76.0	81.0	85.0	46.5	
98BLIIM026	86.0	73.5	82.5	89.5	45.0	147.0
98BLIIM047	83.5	69.0	72.0	75.0	45.0	149.0
98BLIIM051	93.0	75.0	79.0	85.0	45.0	143.0
98BLIIM057						146.0
98BLIIM059	92.0	74.0	86.0	82.5	50.0	144.0
98BLIIM063						143.0
98BLIIM068						
98BLIIM069	88.0		72.0	80.0	44.5	
98BLIIM079 : 1	82.0		70.0	75.0	43.5	151.0
98BLIIM092	84.0	72.0	77.0	81.0	46.0	144.0
98BLIIM095	89.0	69.0	80.0	84.5	47.5	148.0

续表

标本编号	颧上颌角	面三角			75 鼻梁侧角
	∠ zm-ss-zm	∠ n-pr-ba	∠ pr-n-ba	∠ n-ba-pr	∠ n-rhi and FH
98BLⅠM002					
98BLⅠM006					
98BLⅠM011	126.5	76.0	69.0	45.0	69.0
98BLⅠM012	128.5				64.0
98BLⅠM015	111.0	88.5	48.0	43.5	67.0
98BLⅠM019					
98BLⅠM021	129.0				62.0
98BLⅠM022 : 2					73.0
98BLⅠM026	134.0				
98BLⅠM027	122.0				
98BLⅠM029	128.5				72.0
98BLⅠM032					
98BLⅠM038					
98BLⅠM040	129.0				73.0
98BLⅠM043	122.0				
98BLⅠM048	117.5	70.0	66.0	44.0	
98BLⅡM001		78.0	60.0	42.0	
98BLⅡM002	141.5	74.5	67.0	38.5	63.0
98BLⅡM008	122.0				
98BLⅡM014					
98BLⅡM017	115.5	61.5	74.5	44.0	66.0
98BLⅡM025		71.0	65.0	44.0	67.0
98BLⅡM026	126.0	67.0	70.0	43.0	67.0
98BLⅡM047	132.0				64.0
98BLⅡM051	137.0	78.0	60.0	42.0	76.0
98BLⅡM057	126.0				
98BLⅡM059	125.5	70.5	67.5	42.0	72.0
98BLⅡM063		76.5	61.0	42.5	
98BLⅡM068					
98BLⅡM069	131.5				
98BLⅡM079 : 1					
98BLⅡM092	125.0	64.5	72.0	43.5	70.0
98BLⅡM095	132.0	71.0	69.5	39.5	77.5

续表

标本编号	鼻梁角	65 下颌髁突间宽	66 下颌角间宽	67 髁孔间径	68-1 下颌体最大投影长
	∠ 72-75	cdl-cdl	go-go		
98BLⅠM002				48.6	100.0
98BLⅠM006					
98BLⅠM011	16.0	119.5	94.0	47.7	102.0
98BLⅠM012	20.0			49.8	102.5
98BLⅠM015	21.0	123.4		46.4	110.5
98BLⅠM019				48.2	104.0
98BLⅠM021	18.0			48.7	107.8
98BLⅠM022：2	12.0	124.2	100.0	46.8	110.7
98BLⅠM026		117.4	94.8	51.3	114.2
98BLⅠM027		128.6		47.9	112.0
98BLⅠM029	14.0			51.0	102.5
98BLⅠM032		129.6		45.4	103.0
98BLⅠM038				42.6	
98BLⅠM040	16.0	118.6	98.6	51.5	103.0
98BLⅠM043				49.1	
98BLⅠM048		123.2	99.6	51.0	110.8
98BLⅡM001				49.1	116.5
98BLⅡM002	21.0	125.3	100.0	47.7	98.5
98BLⅡM008				47.7	
98BLⅡM014					
98BLⅡM017	11.0	110.6	91.0	52.0	118.5
98BLⅡM025	21.0	122.1	100.0	49.5	102.5
98BLⅡM026	16.5	116.0		45.5	108.7
98BLⅡM047	16.0	115.0	100.8	48.0	113.2
98BLⅡM051	14.0	122.0	102.7	49.3	109.2
98BLⅡM057		111.6	91.8	47.0	107.8
98BLⅡM059	13.0	121.1	104.8	52.0	111.4
98BLⅡM063			102.0	52.0	106.0
98BLⅡM068					
98BLⅡM069			102.2	47.2	
98BLⅡM079：1		126.5	100.0	48.6	104.4
98BLⅡM092	11.5	118.3	93.5	51.5	111.3
98BLⅡM095	6.5	119.3	100.4	49.0	102.3

续表

标本编号	69 下颌联合高	70 下颌枝高		71a 下颌枝最小宽		69-1 下颌体高 IM	
	id-gn	R	L	R	L	R	L
98BLIM002		42.9	44.1	32.4	27.2	26.2	27.4
98BLIM006							
98BLIM011	33.6	41.3	38.8	27.0	28.2	26.7	30.5
98BLIM012	31.8		50.0		32.6	29.7	26.4
98BLIM015	33.8	49.0	44.5	32.2	33.0	32.5	30.5
98BLIM019	30.0	53.0		34.0		34.9	
98BLIM021	34.8	49.5		31.0		27.6	
98BLIM022∶2	33.2	49.0	48.6	32.5	34.3	28.9	30.0
98BLIM026	34.2	52.0	48.3	30.4	31.4	30.8	29.7
98BLIM027	28.2	42.2	38.8	31.4	32.3	24.3	24.4
98BLIM029	31.6	55.0		34.3			
98BLIM032	29.8		53.1		34.8	28.5	27.0
98BLIM038	30.8				38.2		27.6
98BLIM040	31.8	49.5	49.1	29.1	29.3	29.4	30.3
98BLIM043	28.0				33.1		
98BLIM048	38.0	57.6	60.3	36.6	37.0	31.0	32.5
98BLIIM001	33.2	45.7	48.8	31.2	33.2	28.0	
98BLIIM002	27.0	59.3	58.0	35.3	33.8		
98BLIIM008	33.2			32.7	32.4	28.8	27.8
98BLIIM014							
98BLIIM017	32.7	50.5	53.0	32.4	32.2	29.5	30.8
98BLIIM025	29.5	54.0	55.1	34.5	34.3	25.8	26.3
98BLIIM026	39.5	54.8	53.0	37.5	37.2		33.0
98BLIIM047	33.2	58.0	58.5	34.7	35.2	31.6	31.1
98BLIIM051	35.0	48.6	51.0	29.7	30.6	24.8	26.4
98BLIIM057	33.1	52.2	54.7	31.7	32.4	29.6	30.0
98BLIIM059	33.0	52.9	48.8	34.5	32.9	30.7	29.7
98BLIIM063	28.2	49.0	52.1	35.0	34.0	27.7	27.7
98BLIIM068				27.8		26.0	
98BLIIM069	38.1			38.8	36.6	30.2	
98BLIIM079∶1				33.0	32.8	27.6	29.0
98BLIIM092	31.3	47.5	46.0	34.2		28.7	28.0
98BLIIM095	28.5	60.3	60.2	34.0	33.0	27.0	27.0

续表

标本编号	69-3 下颌体厚 IM		79 下颌角	颏孔间弧	8:1 颅长宽指数	17:1 颅长高指数
	R	L				
98BLⅠM002	14.7	14.7	130.0	55.0		
98BLⅠM006						
98BLⅠM011	13.8	11.5	135.0	55.0		
98BLⅠM012	16.7	19.4		58.0		
98BLⅠM015	15.3	16.0	123.0	54.0		
98BLⅠM019	14.0		121.0	58.0		
98BLⅠM021	13.9		128.0	58.0		
98BLⅠM022：2	14.1	15.2	129.0	54.0		
98BLⅠM026	17.5	16.3	129.0	59.0		
98BLⅠM027	16.7	17.6	140.0	57.0		
98BLⅠM029				60.0		
98BLⅠM032	16.5	17.0	122.0	53.0		
98BLⅠM038		12.2				
98BLⅠM040	17.3	15.5	131.0	57.0		
98BLⅠM043				58.0		
98BLⅠM048	19.6	18.2	125.5	60.0	80.0	76.2
98BLⅡM001	18.0		138.0	58.0	77.9	74.8
98BLⅡM002			112.5	55.0		
98BLⅡM008	17.2	16.6		52.0		
98BLⅡM014						
98BLⅡM017	18.8	18.2	129.5	60.0	80.3	75.1
98BLⅡM025	15.3	14.4	116.0	55.0	84.8	77.9
98BLⅡM026	17.0	17.5	125.5	58.0		
98BLⅡM047	17.6	17.6	125.0	57.0	80.2	
98BLⅡM051	16.5	17.0	133.0	58.5	77.5	74.6
98BLⅡM057	16.4	14.6	125.5	56.0		
98BLⅡM059	17.0	18.5	127.0	61.0	78.8	78.0
98BLⅡM063	15.0	15.6	124.5	63.0	83.5	74.2
98BLⅡM068	13.0					
98BLⅡM069	17.6			60.0	79.8	
98BLⅡM079：1	16.0	14.7	128.0	60.0		
98BLⅡM092	17.0	18.4	131.0	62.0		
98BLⅡM095	17.4	19.0	118.0	56.0	79.1	71.9

续表

标本编号	17:8 颅宽高指数	9:8 额宽指数	16:7 枕骨大孔指数	40:5 面突指数	48:17 垂直颅面指数
					pr
98BLⅠM002					
98BLⅠM006					
98BLⅠM011					
98BLⅠM012					
98BLⅠM015					
98BLⅠM019					
98BLⅠM021					
98BLⅠM022：2					
98BLⅠM026		66.5			
98BLⅠM027					
98BLⅠM029		69.8			
98BLⅠM032					
98BLⅠM038					
98BLⅠM040					
98BLⅠM043					
98BLⅠM048	95.3	68.5	75.9	97.7	54.9
98BLⅡM001	96.0	67.6		89.4	53.3
98BLⅡM002	93.5	63.8	74.7	94.7	46.2
98BLⅡM008					
98BLⅡM014					
98BLⅡM017	93.5	62.0	83.6	107.7	55.4
98BLⅡM025	91.8	62.6	72.8	96.3	53.9
98BLⅡM026					
98BLⅡM047		60.7			
98BLⅡM051	96.3	71.0	85.3	89.2	50.9
98BLⅡM057		62.4			
98BLⅡM059	98.9	65.2	84.9	98.5	50.3
98BLⅡM063	88.9	64.4		89.3	48.8
98BLⅡM068					
98BLⅡM069		60.8			
98BLⅡM079：1	96.8	65.5			
98BLⅡM092					
98BLⅡM095	90.9	63.5	95.2	99.1	48.1

续表

标本编号	48:17 垂直颅面指数	48:45 上面指数（K）		48:46 中上面指数（V）		54:55 鼻指数
	sd	pr	sd	pr	sd	
98BLⅠM002						
98BLⅠM006						
98BLⅠM011	56.6			72.3	74.9	49.7
98BLⅠM012						
98BLⅠM015	55.7			68.8	72.8	46.8
98BLⅠM019						
98BLⅠM021						46.2
98BLⅠM022∶2						
98BLⅠM026						
98BLⅠM027						45.5
98BLⅠM029		55.0	56.6	71.8	73.9	47.8
98BLⅠM032						
98BLⅠM038						
98BLⅠM040				73.2	76.5	51.2
98BLⅠM043	59.1		59.5		80.7	
98BLⅠM048	56.6			74.7	77.2	44.2
98BLⅡM001	51.1					
98BLⅡM002	48.4	44.9	47.1	61.2	64.2	58.5
98BLⅡM008						
98BLⅡM014						
98BLⅡM017	57.1			74.7	77.0	47.4
98BLⅡM025	56.8					48.6
98BLⅡM026						
98BLⅡM047				73.4	76.1	51.5
98BLⅡM051	53.0					51.6
98BLⅡM057				70.2	74.1	48.3
98BLⅡM059	51.7			70.8	72.8	51.5
98BLⅡM063	52.1					48.8
98BLⅡM068						
98BLⅡM069						54.5
98BLⅡM079∶1						49.4
98BLⅡM092				70.6	73.6	46.8
98BLⅡM095	50.3	48.8	51.1	62.6	65.5	55.0

续表

标本编号	52:51 眶指数		52:51a 眶指数		54:51 鼻眶指数		54:51a 鼻眶指数	
	R	L	R	L	R	L	R	L
98BLⅠM002								
98BLⅠM006								
98BLⅠM011	76.5	77.5			59.7	58.5		
98BLⅠM012								
98BLⅠM015	81.0	81.0			59.3	60.0		
98BLⅠM019								
98BLⅠM021		79.9				52.1		
98BLⅠM022：2	74.2		87.2					
98BLⅠM026								
98BLⅠM027	76.9				51.2			
98BLⅠM029	78.7	79.5	90.9	91.1	59.7	60.7	69.0	69.5
98BLⅠM032								
98BLⅠM038								
98BLⅠM040	73.5	78.3	81.2	87.8	64.5	65.5	71.2	73.5
98BLⅠM043	90.8		97.0					
98BLⅠM048	80.2	85.1	87.8		57.2	58.2	62.6	
98BLⅡM001		87.9						
98BLⅡM002	73.1	79.0	80.2	86.2	63.8	67.1	70.0	73.1
98BLⅡM008								
98BLⅡM014								
98BLⅡM017	83.2	85.9	92.8	96.2	60.3	61.1	67.3	68.4
98BLⅡM025								
98BLⅡM026								
98BLⅡM047	81.9	84.0	92.4	91.0	66.0	67.9	74.4	73.5
98BLⅡM051								
98BLⅡM057								
98BLⅡM059	77.1	76.6	85.1	83.1	65.8	66.6	72.6	72.2
98BLⅡM063		81.1		90.5		56.6		63.2
98BLⅡM068								
98BLⅡM069	76.7				62.6			
98BLⅡM079：1								
98BLⅡM092	72.4	78.4	81.6	85.0	57.5	60.7	64.8	65.8
98BLⅡM095	73.0	70.9	80.6	75.6	62.2	62.6	68.6	66.8

续表

标本编号	SS:SC 鼻根指数	63:62 腭指数	45:（1+8）/2 横颅面指数	17:（1+8）/2 高平均指数	68:65 下颌骨指数	47:45 全面指数	61:60 上颌齿槽指数
98BLⅠM002							
98BLⅠM006							
98BLⅠM011							
98BLⅠM012	25.8	92.2					125.9
98BLⅠM015	42.7						
98BLⅠM019							
98BLⅠM021	24.4						
98BLⅠM022：2	32.4				89.1		
98BLⅠM026					97.3		
98BLⅠM027					87.1		
98BLⅠM029	26.9	90.4	85.1			80.7	117.0
98BLⅠM032							
98BLⅠM038							
98BLⅠM040	27.4						128.2
98BLⅠM043						82.7	108.3
98BLⅠM048		82.6		84.7	89.9		119.8
98BLⅡM001		88.4		84.1			103.4
98BLⅡM002	34.7	92.4	85.6	83.2		71.4	129.2
98BLⅡM008							119.6
98BLⅡM014							
98BLⅡM017	34.0	75.3		83.3	107.1		105.7
98BLⅡM025	25.7	84.0		84.3	83.9		125.4
98BLⅡM026							
98BLⅡM047	16.4	94.4			98.4		118.6
98BLⅡM051				84.1			
98BLⅡM057							
98BLⅡM059	33.3	97.2		87.2			119.4
98BLⅡM063	33.3	91.0		80.9			125.4
98BLⅡM068							
98BLⅡM069							
98BLⅡM079：1	23.9			85.2			
98BLⅡM092	43.5				94.1		125.0
98BLⅡM095	11.4	84.6	79.2	80.3	85.8		111.2

续表

标本编号	1 颅骨最大长	8 颅骨最大宽	17 颅高	21 耳上颅高	9 额骨最小宽	25 颅矢状弧
	g-op	eu-eu	b-ba	po-po	ft-ft	n-o
98BLIIM098	168.0	132.6	122.5	103.5	84.0	349.0
98BLIIM113	182.0	148.5		114.0	91.5	369.0
98BLIIM120	183.7	134.4		110.0	95.0	363.0
98BLIIM143	170.4	137.5	127.4		86.4	351.0
98BLIIM145	172.0	147.8	136.5	115.0	91.0	367.0
98BLIIM170	173.0	140.0	126.0	110.0	95.3	351.0
98BLIIM174	162.0	146.5		100.5	85.0	
98BLIIM190	174.0	135.5		116.0	84.0	363.0
98BLIIM204 : 1	178.7	142.7	141.0	120.4	96.5	372.0
98BLIIM219	172.0	143.5	135.5	119.0	91.0	367.0
98BLIIM220		144.0				
98BLIIM221		139.0	131.8	114.0	95.3	
98BLIIM223	163.9	139.9			95.2	334.0
98BLIIM232	160.0	143.0	128.0	106.0	95.0	348.0
98BLIIM233		138.5			94.2	
98BLIIM248		140.0	135.3			152.0
98BLIIM252						
98BLIIM256	180.0	134.5	137.0	112.5	92.2	364.0
98BLIIM265	169.5	150.0				
98BLIIM268	183.8	132.0			91.0	
98BLIIM270	162.0	140.5	128.0	111.0	83.5	343.0
98BLIIM273		140.5			99.0	351.0
98BLIIM276	188.0	148.0				392.0
98BLIIM279	172.4	137.3	135.5	114.5	85.2	358.0
98BLIIM287	174.0				85.8	
98BLIIM293					84.0	
98BLIIM341		140.0			86.8	
98BLIIM346	176.6	136.5	123.2	106.2	91.4	358.0
98BLIIM353	168.8	135.3	127.0	105.0	84.0	310.0
98BLIIM362	168.2	142.5				
98BLIIM366	175.3	140.6		111.5	93.6	
98BLIIM371					94.2	365.0
98BLIIM373	187.6	146.5	143.0	123.0	96.7	
98BLIIM382	173.0	140.0	134.5	115.0		365.5

续表

标本编号	26 额骨矢状弧	27 顶骨矢状弧	28 枕骨矢状弧	29 额骨矢状弦	30 顶骨矢状弦	31 枕骨矢状弦
	n-b	b-l	l-o	n-b	b-l	l-o
98BLⅡM098	118.0	117.0	114.0	102.7	105.0	96.0
98BLⅡM113	126.0	118.0	125.0	110.5	109.5	107.8
98BLⅡM120	121.0	119.0	123.0	110.7	105.0	101.4
98BLⅡM143	122.0	123.0	106.0	108.0	109.0	90.6
98BLⅡM145	122.0	123.0	122.0	109.1	101.2	105.8
98BLⅡM170	117.0	113.0	121.0	104.7	102.2	101.2
98BLⅡM174	117.0	107.0		104.2	97.0	
98BLⅡM190	123.0	124.0	116.0	107.2	110.5	94.7
98BLⅡM204 : 1	130.0	125.0	117.0	112.1	114.0	112.6
98BLⅡM219	132.0	120.0	115.0	117.8	108.4	96.2
98BLⅡM220		127.0	117.0		114.0	102.7
98BLⅡM221	123.0			108.0		
98BLⅡM223	112.0	106.0	116.0	101.6	96.8	96.7
98BLⅡM232	125.0	125.0	98.0	108.7	110.0	87.5
98BLⅡM233	120.0	93.0		108.1	91.0	
98BLⅡM248	109.0	121.0	122.0	114.5	111.8	91.8
98BLⅡM252			109.0			88.4
98BLⅡM256	121.0	122.0	121.0	111.7	110.6	103.0
98BLⅡM265	121.0	111.0		109.2	102.2	
98BLⅡM268	120.0	116.0		109.4	105.1	
98BLⅡM270	114.0	122.0	107.0	101.4	107.0	92.1
98BLⅡM273	121.0	125.0	105.0	111.7	110.7	90.3
98BLⅡM276	141.0	128.0	123.0	122.7	114.9	106.5
98BLⅡM279	125.0	110.0	123.0	108.7	101.5	102.0
98BLⅡM287	112.0	112.0		99.8	100.0	
98BLⅡM293	111.0			101.5		
98BLⅡM341	127.0	129.0		112.3	112.2	
98BLⅡM346	124.0	124.0	110.0	109.5	110.8	91.1
98BLⅡM353	122.0	103.0	105.0	108.0	98.3	87.0
98BLⅡM362		127.0			112.0	
98BLⅡM366	120.0			107.3		
98BLⅡM371	112.0	122.0	131.0	105.0	110.2	111.0
98BLⅡM373		125.0	123.0		112.7	100.7
98BLⅡM382	132.5	119.0	114.0	114.8	106.8	95.0

续表

标本编号	23 颅周长	24 颅横弧	5 颅基底长	40 面底长	48 上面高		45 颧宽	46 中面宽
	g-op-g	po-b-po	n-enba	pr-enba	n-pr	n-sd	zy-zy	zm-zm
98BLⅡM098	483.0	280.0	90.3	92.2	70.0	72.4	124.4	98.6
98BLⅡM113	531.0	310.0						
98BLⅡM120	520.0	297.0			70.2	73.6		96.0
98BLⅡM143	593.0	297.0	101.0	90.5	74.0	76.8	128.4	92.7
98BLⅡM145	510.0	307.0	94.5					102.0
98BLⅡM170	502.0	298.0	93.5					
98BLⅡM174	492.0	290.0			64.0	66.5		97.2
98BLⅡM190	493.0	302.0			70.5	72.7		
98BLⅡM204∶1	522.0	322.0	102.7	97.4	77.9	80.0	142.9	110.2
98BLⅡM219	504.0	318.0	92.3	87.4	67.7		131.3	96.6
98BLⅡM220		320.0						
98BLⅡM221		302.0	90.7					
98BLⅡM223								99.2
98BLⅡM232	500.0	307.0	80.0					
98BLⅡM233		304.0			70.0	73.3		92.4
98BLⅡM248				92.5			136.2	103.0
98BLⅡM252								
98BLⅡM256	504.0	298.0			78.7		105.7	97.0
98BLⅡM265								
98BLⅡM268		291.0						
98BLⅡM270	482.0	302.0	87.0	82.0	70.0	72.7	122.7	95.0
98BLⅡM273					74.7	77.9		
98BLⅡM276		334.0			68.0			
98BLⅡM279	596.0	300.0	97.2	88.4	67.7			95.8
98BLⅡM287		296.0			65.0	68.6		
98BLⅡM293						75.0		106.5
98BLⅡM341						70.0		
98BLⅡM346	511.0	299.0	91.9	91.6	70.4	72.8	129.7	96.9
98BLⅡM353	484.0	293.0	96.4				133.2	91.8
98BLⅡM362		308.0						
98BLⅡM366	503.0	308.0			72.0	73.7	133.3	102.8
98BLⅡM371		307.0			66.7	71.0		100.0
98BLⅡM373	535.0	332.0						104.8
98BLⅡM382	498.0	315.0	100.0	95.6	71.4	74.0	132.0	95.8

续表

标本编号		54 鼻宽	55 鼻高	SC 鼻骨最小宽	SS 鼻骨最小宽高	51 眶宽	
	sub zm-ss-zm		n-ns			mf-ek R	mf-ek L
98BLⅡM098	23.8	26.5	51.2	7.2	2.5	41.7	42.7
98BLⅡM113				4.6	2.0	44.4	43.5
98BLⅡM120	28.2	24.0	54.8	3.8	1.0	44.4	45.3
98BLⅡM143	22.0	24.0	54.8				
98BLⅡM145		27.0	50.4	7.4	1.8	42.0	42.5
98BLⅡM170		28.6	53.4	11.6	2.2	44.4	42.4
98BLⅡM174	21.1	26.0	50.2	5.7	2.7	41.8	41.2
98BLⅡM190		23.0	50.0	6.7	1.9	41.5	40.3
98BLⅡM204 : 1		34.3	57.9	11.4	2.9	44.3	44.3
98BLⅡM219		25.8	53.2	9.3	2.5	44.2	
98BLⅡM220							
98BLⅡM221			53.5	9.3	3.0		43.7
98BLⅡM223				10.5	2.3	42.8	42.7
98BLⅡM232		27.0	51.3				43.0
98BLⅡM233	28.0	28.4	53.1	7.5	3.0	45.0	45.9
98BLⅡM248	20.3	25.8				44.7	
98BLⅡM252		23.3					
98BLⅡM256	25.0	27.8	57.7	12.0	3.2	43.7	43.0
98BLⅡM265		25.5					
98BLⅡM268							
98BLⅡM270	21.3	23.6	50.6	5.8	1.7	42.5	41.5
98BLⅡM273		27.0					
98BLⅡM276		27.1	54.3				
98BLⅡM279	23.0	23.0	52.0	5.8	1.4	40.7	39.7
98BLⅡM287		27.7	49.6	9.5	2.4	41.8	43.2
98BLⅡM293	24.3	27.0	52.2	6.4	1.9	43.0	40.6
98BLⅡM341		25.5	49.6			45.6	
98BLⅡM346		25.5	50.2	8.8	1.2	43.0	42.2
98BLⅡM353	18.8	23.1	54.5	5.4	1.4	43.0	43.7
98BLⅡM362							
98BLⅡM366	21.7	26.0	53.7	8.0	1.8	46.3	46.0
98BLⅡM371	26.4	29.6	54.2			45.4	
98BLⅡM373							
98BLⅡM382	21.3	26.5	51.6	7.3	2.6	43.4	

续表

标本编号	51a 眶宽		52 眶高		50 前眶间宽	FC 两眶内宽	FS 鼻根点至两眶内宽之矢高
	d-ek R	d-ek L	R	L	mf-mf	fmo-fmo	n to fmo-fmo
98BLIIM098	39.0	40.2	32.4	32.7	15.2	93.0	14.6
98BLIIM113		39.7	33.8	32.7	20.0	100.0	13.7
98BLIIM120	40.0	39.8	34.1	34.8	16.0	95.1	19.7
98BLIIM143							
98BLIIM145	38.6	38.2	34.6	34.2	17.3	94.3	15.7
98BLIIM170	40.3	38.2	31.4	32.5	19.7	97.7	15.8
98BLIIM174	37.1	36.7	31.6	32.0	16.0	92.0	11.5
98BLIIM190	36.0	36.3	31.3	31.5	14.3	90.0	14.0
98BLIIM204 : 1	38.2	39.7	35.6	35.3	21.1	101.6	14.5
98BLIIM219			35.5		16.5		
98BLIIM220							
98BLIIM221				33.0			
98BLIIM223	38.7	37.6	30.1	32.4	19.3	98.0	16.2
98BLIIM232				34.7	17.7	99.0	
98BLIIM233		42.5	37.2	34.0	16.8	97.7	16.8
98BLIIM248			32.8		14.3		
98BLIIM252							
98BLIIM256	40.4	39.2	34.0	35.4	19.2	96.7	22.5
98BLIIM265						92.0	17.1
98BLIIM268							
98BLIIM270	37.8	37.8	35.0	35.3	14.4	89.8	12.5
98BLIIM273						99.0	16.9
98BLIIM276							
98BLIIM279	37.7	36.2	32.8	32.0	15.6	89.7	16.0
98BLIIM287		38.6	33.5	33.1	18.0	95.0	12.2
98BLIIM293	38.8	37.6	32.4	33.0	18.4	96.0	14.6
98BLIIM341	40.4		31.0				
98BLIIM346	39.9	40.0	33.8	33.3	18.6	96.9	13.2
98BLIIM353	39.8	38.4	35.7	35.8	12.3	92.7	13.2
98BLIIM362							
98BLIIM366	42.5	41.8	34.7	35.2	15.2	99.8	15.1
98BLIIM371			36.0			93.0	15.3
98BLIIM373						102.4	
98BLIIM382	39.7		35.2		16.8		

续表

标本编号	60 上颌齿槽弓长	61 上颌齿槽弓宽	62 腭长	63 腭宽	7 枕骨大孔长	16 枕骨大孔宽	DC 眶间宽
	pr-alv	ekm-ekm	ol-sta	enm-enm	ba-o		d-d
98BLIIM098	51.7	63.0	44.8	43.8	35.2	30.3	17.8
98BLIIM113							
98BLIIM120	51.0	61.5	45.3	42.6			20.5
98BLIIM143	45.2	55.4	39.2	37.5	36.7	30.0	
98BLIIM145		64.5	42.5	39.7	34.2	28.4	21.2
98BLIIM170					34.4	25.0	22.3
98BLIIM174		59.6		40.5			20.7
98BLIIM190	52.0	61.0	43.3	40.3			19.2
98BLIIM204：1					36.2		29.7
98BLIIM219	46.8	62.0	43.4	41.6	36.4	29.6	
98BLIIM220					29.8	26.0	
98BLIIM221					34.2	27.5	
98BLIIM223							24.5
98BLIIM232					36.1	30.7	
98BLIIM233	48.7	62.5		43.5			
98BLIIM248	52.0	68.8		45.4	37.5	31.5	
98BLIIM252		63.7		42.0	38.2	31.9	
98BLIIM256	51.6	63.5	46.0	39.8			21.3
98BLIIM265							
98BLIIM268							
98BLIIM270	44.2	52.3	39.0	33.1	38.3	34.8	16.2
98BLIIM273	49.0		41.8		36.5	31.2	
98BLIIM276							
98BLIIM279	47.0	57.8	40.7	36.2	33.0	27.3	18.2
98BLIIM287	48.0						
98BLIIM293	53.0	66.6	46.3	44.3			23.2
98BLIIM341	56.0	63.2		41.0			
98BLIIM346	48.4	64.6	41.6	41.3	34.3	29.4	22.1
98BLIIM353		58.7	41.5	35.7	35.0	29.0	17.2
98BLIIM362							
98BLIIM366	52.0	61.7	43.0	40.7			19.4
98BLIIM371	50.0	65.0		44.3		31.0	
98BLIIM373	51.8	66.5				29.2	
98BLIIM382	51.6	64.4	44.0	42.3	34.7	29.6	19.0

续表

标本编号	MB 颧骨宽		MH 颧骨高		11 耳点间宽	47 全面高	72 总面角
	zm-rim.Orb.R	zm-rim.Orb.L	fmo-zm R	fmo-zm L	au-au	n-gn	∠ n-pr and FH
98BLIIM098	22.4	23.5	40.5	43.0	121.0	113.5	81.0
98BLIIM113		21.5		39.2	138.2		
98BLIIM120	24.4	25.7	42.1	47.0	122.2	117.0	86.0
98BLIIM143		20.1		44.0	128.4		
98BLIIM145	25.8	26.6	43.2	45.0	132.4	116.7	
98BLIIM170	22.0		41.0		129.7		
98BLIIM174	23.9	23.2	42.0	42.7	128.7	108.3	87.0
98BLIIM190		25.6		42.4	122.4	117.6	90.0
98BLIIM204:1			44.8	43.9	132.2		85.5
98BLIIM219	26.3		45.1		128.0	114.8	87.0
98BLIIM220					126.3		
98BLIIM221		26.6		45.5	126.0	121.0	
98BLIIM223	20.7		39.0				
98BLIIM232					129.5		80.0
98BLIIM233	22.5	22.0	46.1	42.2	128.8		
98BLIIM248	24.5		43.5		127.6		
98BLIIM252	23.6						
98BLIIM256	24.7	23.7	45.2	45.2	126.0	124.5	90.5
98BLIIM265							
98BLIIM268					120.5		
98BLIIM270	19.7	21.4	38.0	40.0	122.7	118.3	84.0
98BLIIM273	23.2	24.4	45.0	47.1	134.7		
98BLIIM276	18.2				130.0		
98BLIIM279	22.5	22.4	41.5	40.4	126.0	114.0	90.0
98BLIIM287		22.0		43.2			
98BLIIM293	28.5	27.6	47.0	43.7			
98BLIIM341	23.3		42.4				
98BLIIM346	24.9	23.9	43.3	43.7	125.1	118.8	84.0
98BLIIM353	24.2	25.6	43.7	44.9	127.5	120.0	87.0
98BLIIM362					130.5		
98BLIIM366	25.1	25.6	46.3	45.6	127.5	116.5	82.0
98BLIIM371	22.4	27.1	42.5	47.4			
98BLIIM373	29.1	30.4	48.3	48.8			
98BLIIM382	20.7		40.4		128.2	118.2	85.0

续表

标本编号	73 中面角	74 齿槽面角	额侧角 IIM	32 额侧角 IM	前囟角	77 鼻颧角
	∠ n-ns and FH	∠ ns-pr and FH	∠ g-m and FH	∠ n-m and FH	∠ g-b and FH	∠ fmo-n-fmo
98BLIIM098	84.0	75.0	79.0	84.0	46.0	146.0
98BLIIM113	86.0		86.0	89.0	47.0	149.5
98BLIIM120	87.0	80.0	82.0	85.0	42.0	136.0
98BLIIM143						
98BLIIM145	91.5		82.0	87.0	49.0	143.0
98BLIIM170	90.5		76.0	83.5	44.0	137.0
98BLIIM174	90.0	72.0	72.5	79.0	44.0	153.0
98BLIIM190	94.0	78.0	77.0	83.0	49.0	144.5
98BLIIM204 : 1	92.0	72.5	80.0	85.5	46.0	148.7
98BLIIM219	90.0	73.0	79.0	84.0	47.0	
98BLIIM220						
98BLIIM221	87.0		84.0	87.0	48.0	
98BLIIM223						143.0
98BLIIM232	85.5	67.0	79.0	80.0	44.0	
98BLIIM233						142.5
98BLIIM248						
98BLIIM252						
98BLIIM256	91.0	83.0	76.0	80.0	43.0	130.0
98BLIIM265						139.0
98BLIIM268						
98BLIIM270	86.0	85.0	82.0	87.0	46.5	149.0
98BLIIM273						142.0
98BLIIM276						
98BLIIM279	92.0	83.0	82.5	87.0	46.0	141.0
98BLIIM287						152.0
98BLIIM293						147.0
98BLIIM341						
98BLIIM346	88.0	74.0	76.5	80.0	42.5	151.0
98BLIIM353	88.0	79.0	72.5	81.0	40.0	147.5
98BLIIM362						
98BLIIM366	85.5	71.0	81.0	86.0	43.0	146.0
98BLIIM371						143.5
98BLIIM373		79.0	68.0		44.5	
98BLIIM382	90.0	72.0	86.0	88.0	45.0	

续表

标本编号	颧上颌角	面三角			75 鼻梁侧角
	∠ zm-ss-zm	∠ n-pr-ba	∠ pr-n-ba	∠ n-ba-pr	∠ n-rhi and FH
98BLⅡM098	129.0	66.0	68.0	46.0	68.5
98BLⅡM113					72.0
98BLⅡM120	119.0				69.0
98BLⅡM143	129.5	75.0	59.5	45.5	
98BLⅡM145					
98BLⅡM170					69.0
98BLⅡM174	132.0				
98BLⅡM190					74.0
98BLⅡM204:1	127.0	70.3	63.0	46.7	
98BLⅡM219		71.0	64.0	45.0	73.0
98BLⅡM220					
98BLⅡM221					
98BLⅡM223					
98BLⅡM232					
98BLⅡM233	117.0				
98BLⅡM248	137.5				
98BLⅡM252					
98BLⅡM256	125.5				
98BLⅡM265					
98BLⅡM268					
98BLⅡM270	132.5	69.0	61.0	50.0	62.0
98BLⅡM273					
98BLⅡM276					
98BLⅡM279	128.5	75.0	62.0	43.0	77.0
98BLⅡM287					
98BLⅡM293	131.0				
98BLⅡM341					
98BLⅡM346	140.7	67.5	66.7	45.8	72.0
98BLⅡM353	136.0				65.0
98BLⅡM362					
98BLⅡM366	136.0				66.5
98BLⅡM371	124.5				
98BLⅡM373					
98BLⅡM382	122.3	71.5	65.0	43.5	76.0

续表

标本编号	鼻梁角	65 下颌髁突间宽	66 下颌角间宽	67 髁孔间径	68-1 下颌体最大投影长
	∠ 72-75	cdl-cdl	go-go		
98BLⅡM098	12.5	119.0		47.7	115.4
98BLⅡM113		116.8	109.6	47.7	116.9
98BLⅡM120	17.0			49.4	110.0
98BLⅡM143				48.4	
98BLⅡM145		130.2	109.0	50.3	111.6
98BLⅡM170					
98BLⅡM174				46.2	109.4
98BLⅡM190	16.0	116.2	106.4	47.2	106.5
98BLⅡM204：1					
98BLⅡM219	14.0	128.0	103.3	46.0	105.4
98BLⅡM220			111.1	55.3	107.6
98BLⅡM221			106.7	47.2	110.1
98BLⅡM223				48.6	
98BLⅡM232		116.4	101.7	46.2	103.7
98BLⅡM233		120.2	96.7	50.2	103.6
98BLⅡM248				50.4	
98BLⅡM252			100.3	45.3	100.6
98BLⅡM256			95.6	48.4	110.3
98BLⅡM265					
98BLⅡM268				50.5	
98BLⅡM270	22.0	115.0	95.0	42.0	103.0
98BLⅡM273			111.4	49.4	
98BLⅡM276					
98BLⅡM279	13.0	120.0	86.9	43.6	106.3
98BLⅡM287				47.4	
98BLⅡM293				49.0	
98BLⅡM341				49.0	
98BLⅡM346	12.0	112.6	93.4	46.2	109.4
98BLⅡM353	22.0	115.4		46.0	106.0
98BLⅡM362			102.3	52.0	112.5
98BLⅡM366	15.5	118.5	96.2	53.7	110.2
98BLⅡM371					
98BLⅡM373					
98BLⅡM382	9.0	118.7	96.6	45.7	106.0

续表

标本编号	69 下颌联合高	70 下颌枝高		71a 下颌枝最小宽		69-1 下颌体高 IM	
	id-gn	R	L	R	L	R	L
98BLⅡM098	34.0			32.8	33.0	25.8	
98BLⅡM113		42.9	43.8	31.0	31.1		
98BLⅡM120	30.0	50.5		33.5		28.5	30.4
98BLⅡM143		52.7		32.1			
98BLⅡM145		56.0	53.4	37.0	36.8		
98BLⅡM170							
98BLⅡM174	27.5				27.0	22.7	21.4
98BLⅡM190	33.3	53.6	51.0	29.8	30.0	29.0	28.0
98BLⅡM204：1							
98BLⅡM219	32.3	51.3	48.8	37.0	35.7	27.2	27.0
98BLⅡM220		49.1		36.2	35.5		
98BLⅡM221	32.7	54.6	54.5	34.8		32.9	31.2
98BLⅡM223	29.3	48.4		28.7			
98BLⅡM232	30.5	47.5	46.0	27.7	29.3		23.0
98BLⅡM233		42.5	44.4	31.0	32.1		28.2
98BLⅡM248				33.5	35.3	27.6	28.3
98BLⅡM252	33.9		44.5	30.0	29.7	27.9	28.3
98BLⅡM256	37.5	39.0		31.0	32.0		
98BLⅡM265	30.4						25.5
98BLⅡM268				32.7		29.3	
98BLⅡM270	32.0	43.0	44.0	31.8	31.7	25.4	26.4
98BLⅡM273	34.3			32.6	32.8	30.7	
98BLⅡM276							
98BLⅡM279	28.3	49.3	47.5	33.3	33.2	28.5	27.8
98BLⅡM287	33.8				30.2	27.8	28.2
98BLⅡM293							29.0
98BLⅡM341	34.8			35.6		29.5	29.3
98BLⅡM346	35.4	60.1	62.2	30.8	30.0	32.8	31.2
98BLⅡM353	31.4	49.6	55.4	32.7	33.0	29.2	31.3
98BLⅡM362	27.0	38.5		27.3	28.8		
98BLⅡM366	30.2	52.4	50.0	34.7	35.0	30.2	30.0
98BLⅡM371		47.0		27.0			
98BLⅡM373							34.8
98BLⅡM382	34.4	43.2	44.8	28.2	31.2	29.0	

续表

标本编号	69-3 下颌体厚 IM		79 下颌角	颏孔间弧	8:1 颅长宽指数	17:1 颅长高指数
	R	L				
98BLIIM098	15.6	17.3	137.0	54.0	78.9	72.9
98BLIIM113			140.0	58.0		
98BLIIM120	15.0	16.3		60.0	73.2	
98BLIIM143				56.0	80.7	74.8
98BLIIM145			125.0	59.0		79.4
98BLIIM170					80.9	72.8
98BLIIM174	17.8	18.2	139.0	53.0	90.4	
98BLIIM190	20.0	20.5	126.0	52.5	77.9	
98BLIIM204 : 1					79.9	78.9
98BLIIM219	16.1	15.7	121.0	54.0		
98BLIIM220	18.8	19.0	130.0	55.0		
98BLIIM221	14.8	12.8	125.0	55.0		
98BLIIM223				58.0		
98BLIIM232		12.8	129.0	54.0	89.4	80.0
98BLIIM233	13.7	13.3	133.5	57.0		
98BLIIM248	18.6	19.0		55.5		
98BLIIM252	16.2	16.0	130.5	53.0		
98BLIIM256			141.5	59.0		76.1
98BLIIM265		15.7			88.5	
98BLIIM268	16.2			57.0		
98BLIIM270	14.2	14.6	134.5	49.0		
98BLIIM273	15.3	14.8	124.0	59.0		
98BLIIM276						
98BLIIM279	15.5	15.0	127.5	50.5	79.6	78.6
98BLIIM287	18.7	18.7		53.5		
98BLIIM293			128.4	55.0		
98BLIIM341	19.0	17.7		56.0		
98BLIIM346	10.2	10.1	135.0	56.0		69.8
98BLIIM353	17.2	16.9	127.0	54.0		
98BLIIM362				58.0		
98BLIIM366	17.0	17.0	124.5	65.5		
98BLIIM371						
98BLIIM373		18.4				
98BLIIM382	17.5		140.0	54.0	80.9	77.7

续表

标本编号	17:8 颅宽高指数	9:8 额宽指数	16:7 枕骨大孔指数	40:5 面突指数	48:17 垂直颅面指数 pr
98BLⅡM098	92.4	63.3	86.1	102.1	57.1
98BLⅡM113					
98BLⅡM120		70.7			
98BLⅡM143	92.7	62.8	81.7	89.6	58.1
98BLⅡM145			83.0		
98BLⅡM170	90.0	68.1	72.7		
98BLⅡM174		58.0			
98BLⅡM190		62.0			
98BLⅡM204:1	98.8	67.6		94.8	55.2
98BLⅡM219					
98BLⅡM220					
98BLⅡM221		68.6	80.4		
98BLⅡM223					
98BLⅡM232	89.5	66.4	85.0		
98BLⅡM233		68.0			
98BLⅡM248			84.0		
98BLⅡM252			83.5		
98BLⅡM256					57.4
98BLⅡM265					
98BLⅡM268		68.9			
98BLⅡM270		59.4			
98BLⅡM273					
98BLⅡM276					
98BLⅡM279	98.7	62.1		90.9	50.0
98BLⅡM287					
98BLⅡM293					
98BLⅡM341					
98BLⅡM346			85.7		57.1
98BLⅡM353					
98BLⅡM362					
98BLⅡM366		66.6			
98BLⅡM371					
98BLⅡM373	97.6	66.0			
98BLⅡM382	96.1				53.1

续表

标本编号	48:17 垂直颅面指数	48:45 上面指数（K）		48:46 中上面指数（V）		54:55 鼻指数
	sd	pr	sd	pr	sd	
98BLⅡM098	59.1	56.3	58.2			51.8
98BLⅡM113						
98BLⅡM120				73.1	76.7	43.8
98BLⅡM143	60.3	57.6	59.8	79.8	82.8	43.8
98BLⅡM145						53.6
98BLⅡM170						53.6
98BLⅡM174				65.8	68.4	51.8
98BLⅡM190						46.0
98BLⅡM204 : 1	56.7			70.7	72.6	59.3
98BLⅡM219						
98BLⅡM220						
98BLⅡM221						
98BLⅡM223						
98BLⅡM232						52.6
98BLⅡM233				75.8	79.3	53.5
98BLⅡM248						
98BLⅡM252						
98BLⅡM256						
98BLⅡM265						
98BLⅡM268						
98BLⅡM270						46.6
98BLⅡM273						
98BLⅡM276						
98BLⅡM279				70.7		44.2
98BLⅡM287						55.8
98BLⅡM293					70.4	51.7
98BLⅡM341						51.4
98BLⅡM346	59.1			72.7	75.1	50.8
98BLⅡM353						
98BLⅡM362						
98BLⅡM366						
98BLⅡM371						54.6
98BLⅡM373						
98BLⅡM382	55.0	54.1	56.1	74.5	77.2	51.4

续表

标本编号	52:51 眶指数		52:51a 眶指数		54:51 鼻眶指数		54:51a 鼻眶指数	
	R	L	R	L	R	L	R	L
98BLⅡM098	77.7		83.1		63.5		67.9	
98BLⅡM113								
98BLⅡM120	76.8	76.8	85.3	87.4	54.1	53.0	60.0	60.3
98BLⅡM143								
98BLⅡM145	82.4	80.5	89.6		64.3	63.5	69.9	
98BLⅡM170	70.7	76.7	77.9	85.1	64.4	67.5	71.0	74.9
98BLⅡM174	75.6	77.7	85.2	87.2	62.2	63.1	70.1	70.8
98BLⅡM190	75.4	78.2	86.9	86.8	55.4	57.1	63.9	63.4
98BLⅡM204 : 1	80.4	79.7	93.2	88.9	77.4	77.4	89.8	86.4
98BLⅡM219								
98BLⅡM220								
98BLⅡM221		75.5						
98BLⅡM223								
98BLⅡM232		80.7				62.8		
98BLⅡM233	82.7	74.1		80.0	63.1	61.9		66.8
98BLⅡM248								
98BLⅡM252								
98BLⅡM256		82.3						
98BLⅡM265								
98BLⅡM268								
98BLⅡM270		85.1		93.4		56.9		62.4
98BLⅡM273								
98BLⅡM276								
98BLⅡM279								
98BLⅡM287	80.1	76.6		85.8	66.3	64.1		71.8
98BLⅡM293	75.3	81.3	83.5	87.8	62.8	66.5	69.6	71.8
98BLⅡM341								
98BLⅡM346	78.6	78.9	84.6	83.3	59.3	60.4	63.8	63.8
98BLⅡM353								
98BLⅡM362								
98BLⅡM366								
98BLⅡM371								
98BLⅡM373								
98BLⅡM382	81.1		88.7		61.1		66.8	

续表

标本编号	SS:SC 鼻根指数	63:62 腭指数	45:（1+8）/2 横颅面指数	17:（1+8）/2 高平均指数	68:65 下颌骨指数	47:45 全面指数	61:60 上颌齿槽指数
98BLIIM098	34.7		82.8	81.5	97.0	91.2	
98BLIIM113							
98BLIIM120	26.3	94.0					120.6
98BLIIM143		95.7	83.4	82.8			122.6
98BLIIM145	24.3	93.4		85.4	85.7		
98BLIIM170	19.0			80.5			
98BLIIM174	47.4						
98BLIIM190	28.4	93.1			91.7		117.3
98BLIIM204 : 1	25.4			87.7			
98BLIIM219							
98BLIIM220							
98BLIIM221							
98BLIIM223							
98BLIIM232				84.5	89.1		
98BLIIM233	40.0				86.2		128.3
98BLIIM248				96.6			
98BLIIM252							
98BLIIM256				87.1			
98BLIIM265							
98BLIIM268							
98BLIIM270	29.3	84.9			89.6		118.3
98BLIIM273							
98BLIIM276							
98BLIIM279				87.5			123.0
98BLIIM287	25.3						
98BLIIM293	29.7	95.7					125.7
98BLIIM341							
98BLIIM346	13.6	99.3		78.7			133.5
98BLIIM353							
98BLIIM362							
98BLIIM366					93.0		118.7
98BLIIM371							
98BLIIM373				85.6			128.4
98BLIIM382	35.6		84.3	85.9		89.5	124.8

Abstract

In this book, there are nine chapters aimed at researching the human skeletons from Lamadong graveyard of San-Yan culture, Beipiao City, Liaoning Province. It is a research by different methods such as ethology, demology, palepathology, and other referenced study such as archaeology and history.

1. According to gender and age data from Lamadong graveyard of Sanyan culture, the obituary probability and average life-span of people were calculated. The results show that the sexual proportion between male and female is 1.13: 1, which means the proportion of gender is not balanced. The death rate of male is higher than that of female at the age of 15 to 23. However, the death rates of both male and female are high at the age of 24 to 55. This is a common phenomenon in ancient groups in China. It analyzes the gender proportion of and the reasons for the life-span difference between male and female, discovering that the average life-span of female is longer than that of male. In according to the research of archaeology, demology and biology, the author analyzes the proportion of gender and the reason of the life-span difference of male and female.

2. The incontinuous morphological observation of skulls has been analyzed. It shows that their zygomatic bones are wide and zygomatic-maxillar corners are obvious. They also have a high present rate of crista sagittalis, mandibular torus and shovel incisor. These characteristics show that Lamadong San-Yan culture population belongs to Mongoloids. The nonmetric cranial traits show that the rate of ossicle at lambda, mylohyoid bridging and trace of transverse zygomatic suture are low; the rate of the occipito-mastoid wormian, precondylar tubercle and metopic suture are high, eighteen groups were compared with Lamadong material, the results of comparisons show that Lamadong group has closer relation with some groups especially such as Taojiazhai group, Taiyuan group and modern Japanese.

3. The measurements of the skulls has been analyzed. As shown in the results of examination, the main physical features of male crania are brachycrany, hypsicrany, metriometor, stenometor, mesoprosopy, meseny, mesorrhiny, mesoconchy,

brachystaphyiny, orthognathous, orthognathous, prognathous. In addition, the most physical features of female crania are the same, except the cranial index, upper facial index and naso-malar angle. So the author thought that the Lamadong population is a sub-racial.

4. Analysis of racial type. According to the comparative result between Lamadong crania and the various types of Asiatic Mongoloids, the author thought that the main physical features of Lamadong crania belong to the Eastern Asiatic Mongoloids, but also some physical features of the Northern-East Asiatic Mongoloids or South Asiatic Mongoloids may be mixed.

5. The stature of Lamadong populations has been estimated. The average stature of male is 165.98cm, and average stature of female is 155.42cm.

6. The results of observation of the pathological conditions in the Lamadong human skeleton are degenerative joint disease, osteoma, tempo-mandibular joint disease, anemia, dental caries, apical abscess, alveolar abscess, dispiacement, supernumerary tooth and scheuermann disease.

On the basis of the comparative results of raciological research, combined with some arguments of archaeology and history, the author discussed the nationality of Lamadong population and pointed out that the raciological analyzed result in this paper could be benefit to the Fuyu nationality theory. And the author discussed the meaning of the dietary analysis.

The research of molecular biology shows that Lamadong population is complex, it supports the raciological result.

后　　记

在本书即将出版之际，回首走过的大学生活，感慨万千。从1992年始正式成为朱泓老师的入室弟子以来，无论在生活、工作还是在学习上，我时时刻刻受到老师和师母王超英女士的关心、帮助和教导，所有的这些我深深知道怎能是一个“谢”字了得，但是在这样的一个时刻我还是想说：谢谢您，老师和师母。

这本书的完成我要谢谢吉林大学边疆考古研究中心人类学实验室的诸多师弟师妹。首先感谢师弟魏东老师的无私帮助，在他同样是时间紧迫的情况下仍然能够耐心地帮助我解决包括生活中的一个一个的问题。我要感谢林雪川老师在照相方面付出的辛苦劳动，以及师弟张全超老师对于英文摘要的翻译。我还要感谢师弟原海兵博士，不但为我做了很多具体的工作，还给我提供了舒适的生活之处。我还要特别感谢师妹赵欣博士、吴松岩博士、曾雯博士。

在观察和研究之时，我曾得到南京大学张敬雷老师、中山大学李法军老师的帮助，在此亦表示感谢。

感谢吉林大学边疆考古研究中心刘艳老师、李晓笛老师在资料查阅方面的帮助。

我发现要感谢的人太多太多，在本书的写作过程中，很多的人给予了无私的帮助，辽宁省文物考古研究所田立坤先生提供了他最详细的喇嘛洞墓地资料和对于墓地的认识，在此深表谢意。我还要感谢我的领导和同事们，是他们的关心和辛勤努力的工作使得我有大块的时间能够专心写作。

我要感谢我的朋友们，感谢他们的关心和帮助。最后我要感谢我的家人，是他们给予我的支持使我完成了这项工作。

献给所有爱我的人和我爱的人。

陈　山

2012年于沈阳

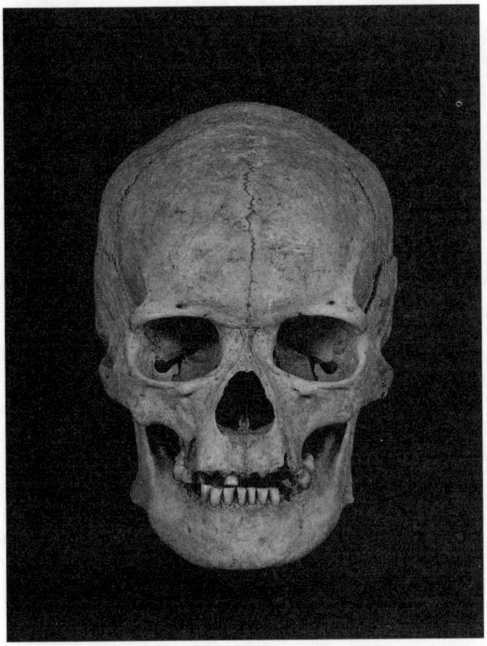

正视图

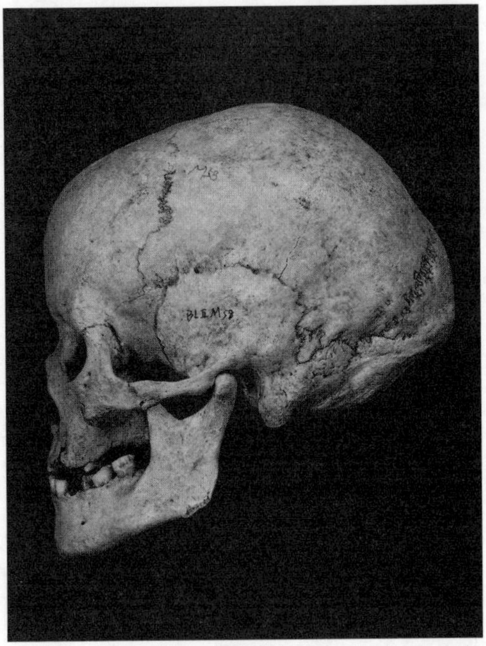

侧视图

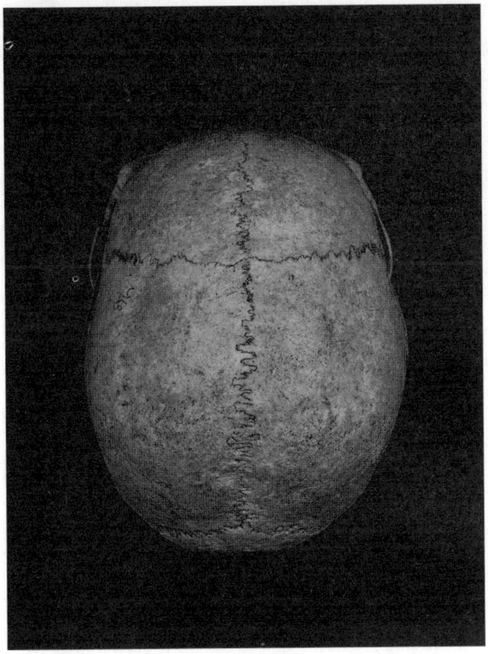

顶视图

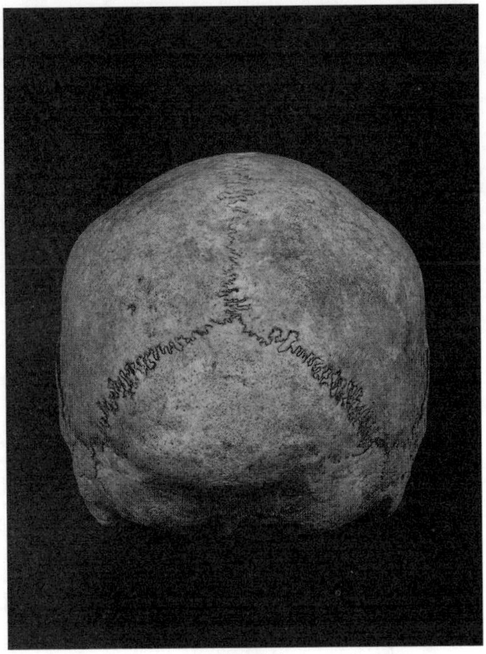

后视图

喇嘛洞墓地女性头骨

98BL II M058

图版二

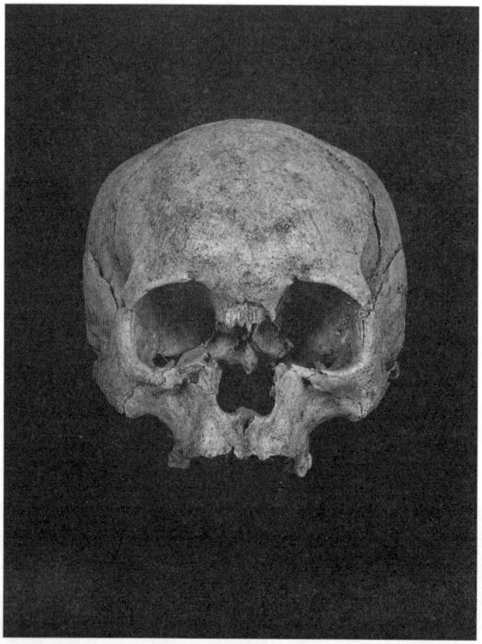

正视图

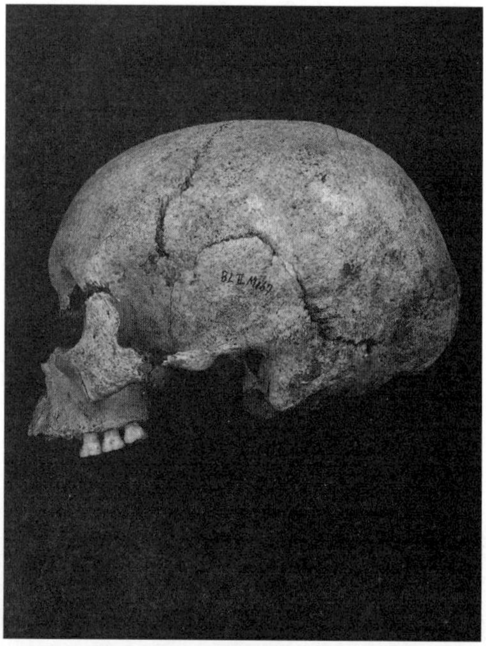

侧视图

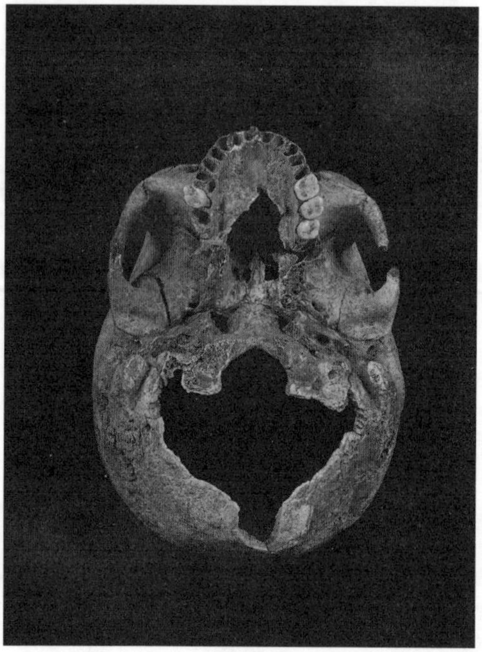

底视图

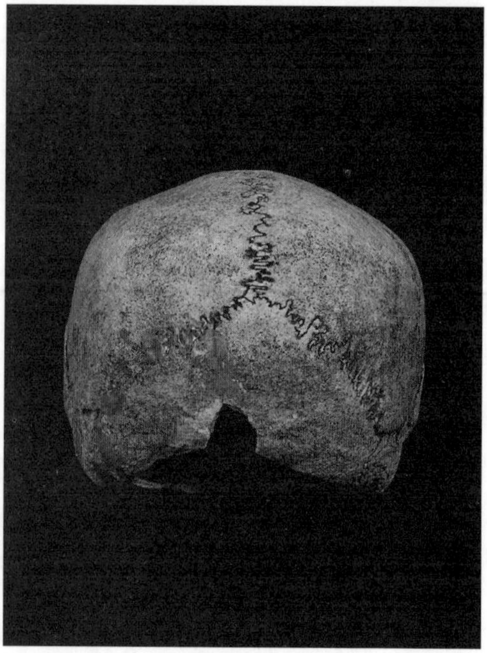

后视图

喇嘛洞墓地男性头骨

98BL II M167

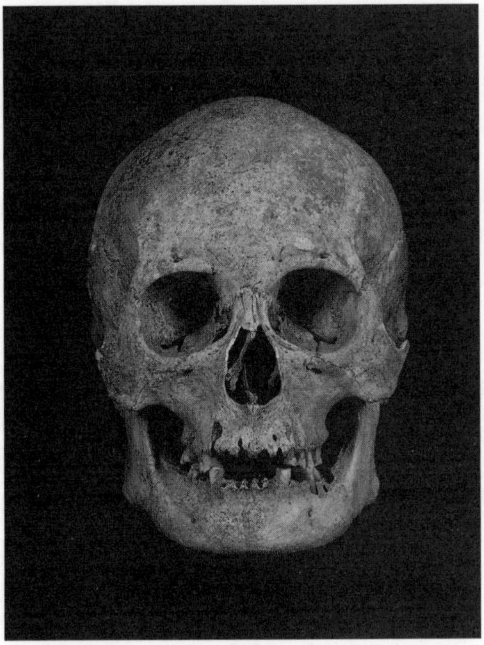

正视图

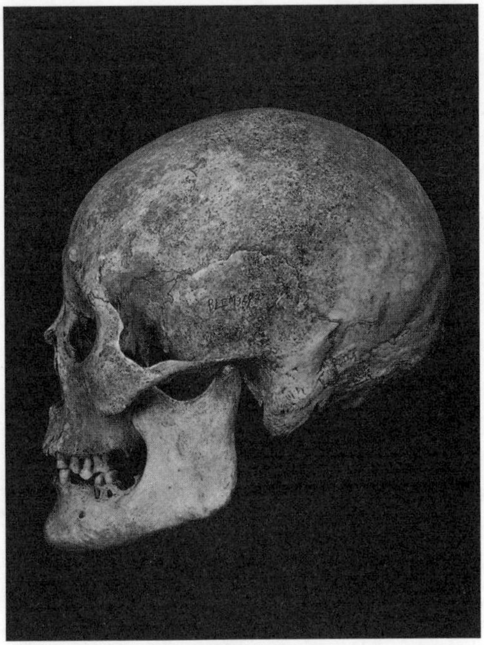

侧视图

顶视图

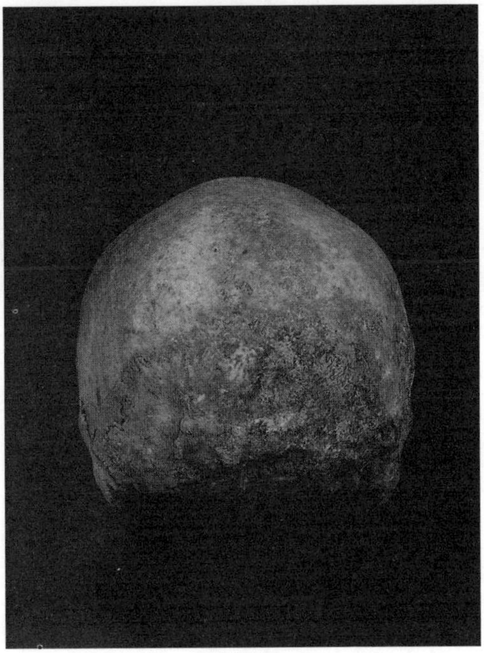

后视图

喇嘛洞墓地男性头骨

98BL II M369

图版四

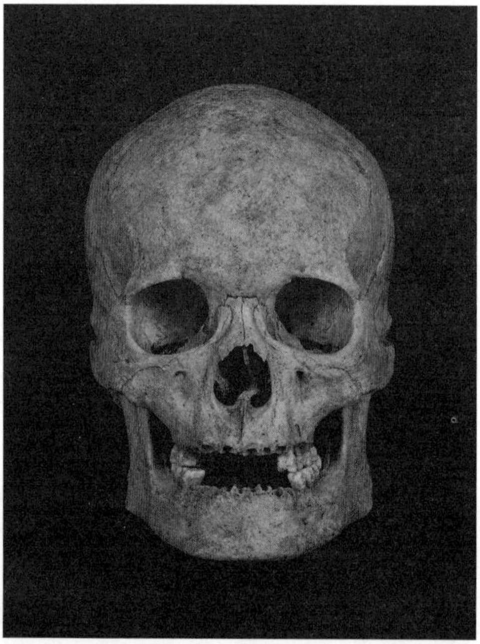

正视图

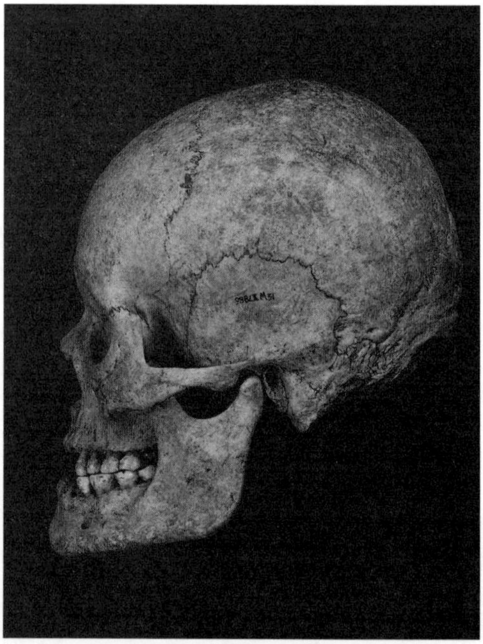

侧视图

顶视图

后视图

喇嘛洞墓地男性头骨

98BL I M051

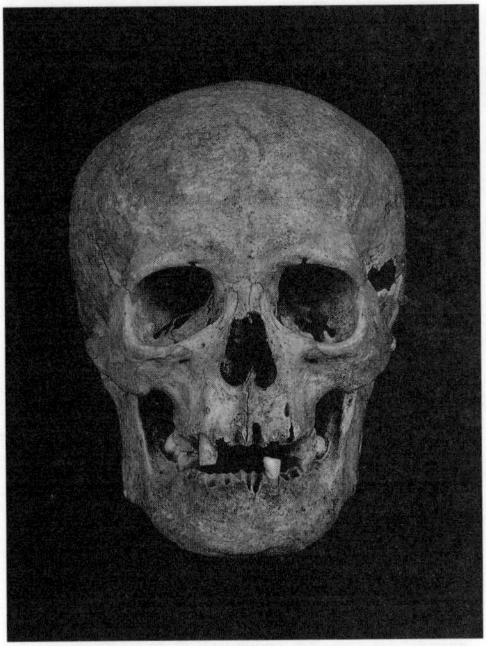

正视图

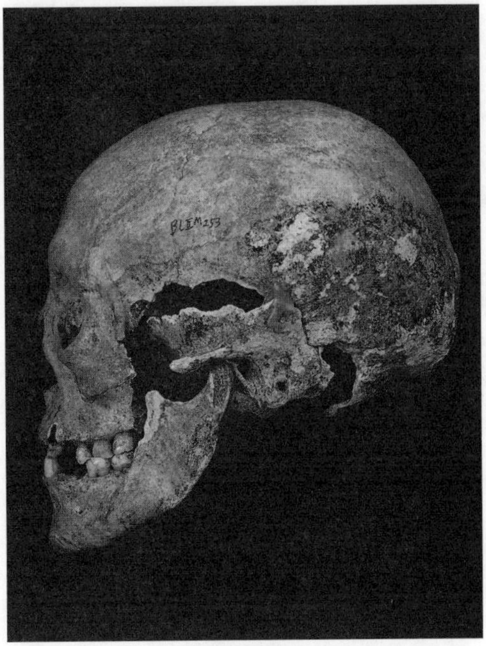

侧视图

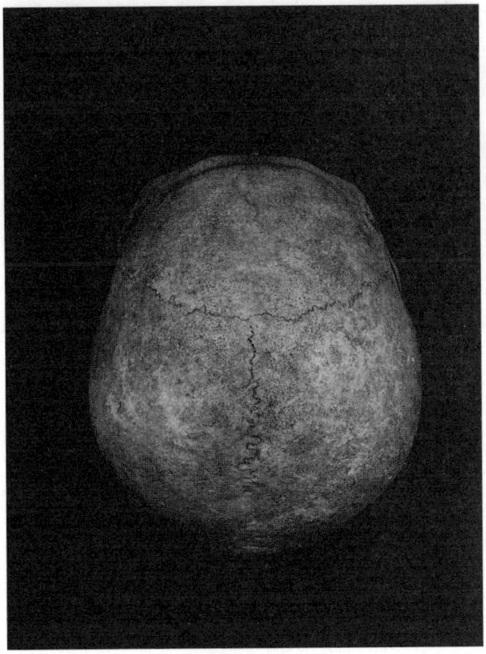

顶视图

后视图

喇嘛洞墓地男性头骨

98BL Ⅱ M253

图版六

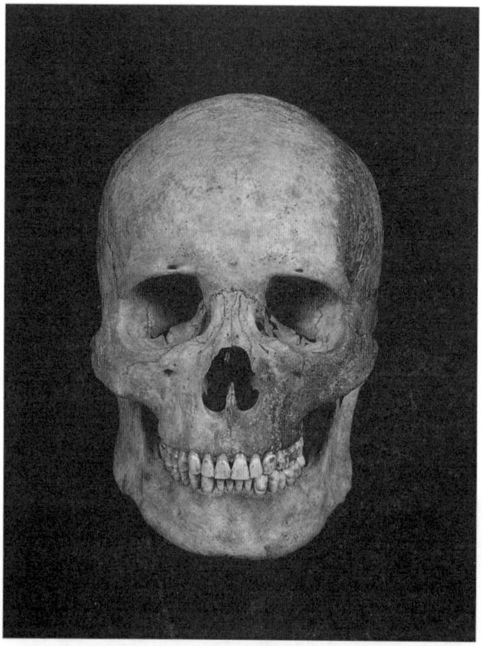

正视图

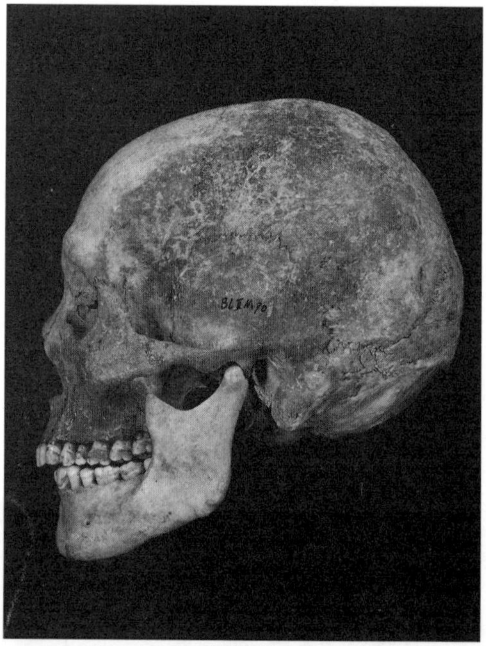

侧视图

顶视图

后视图

喇嘛洞墓地男性头骨

98BL II M090

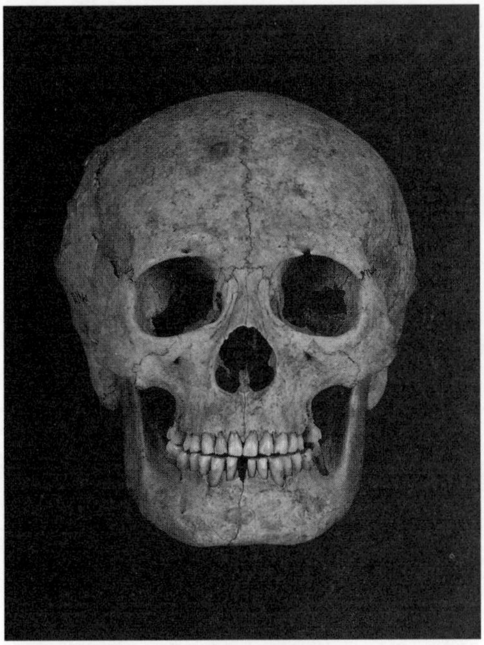

正视图

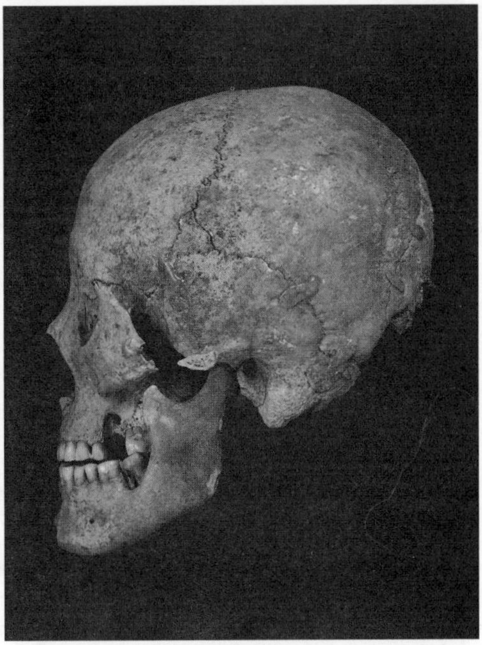

侧视图

顶视图

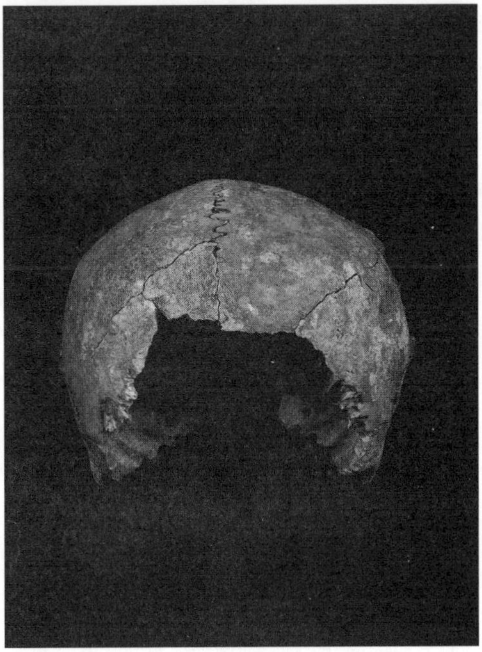

后视图

喇嘛洞墓地女性头骨
98BL II M040

图版八

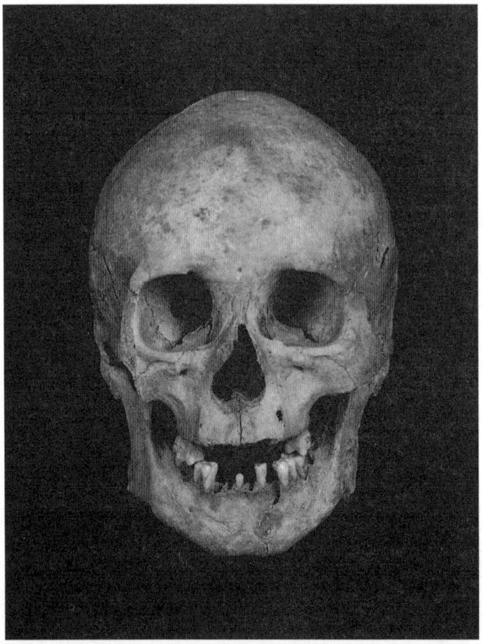
正视图

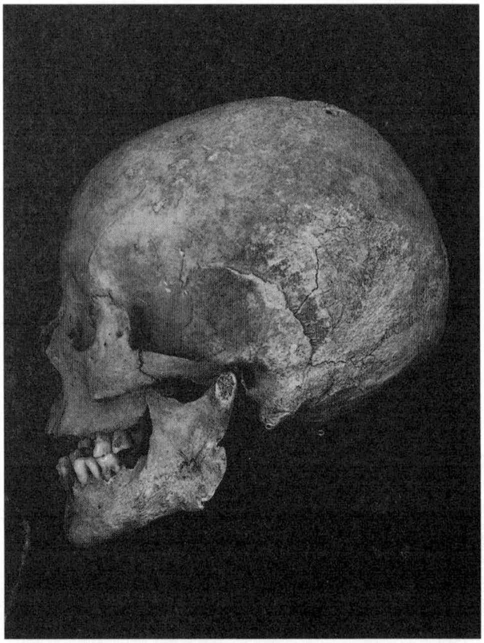
侧视图

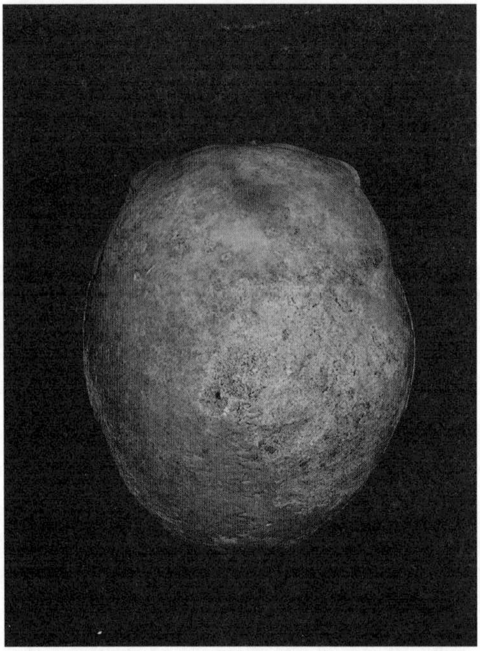
顶视图

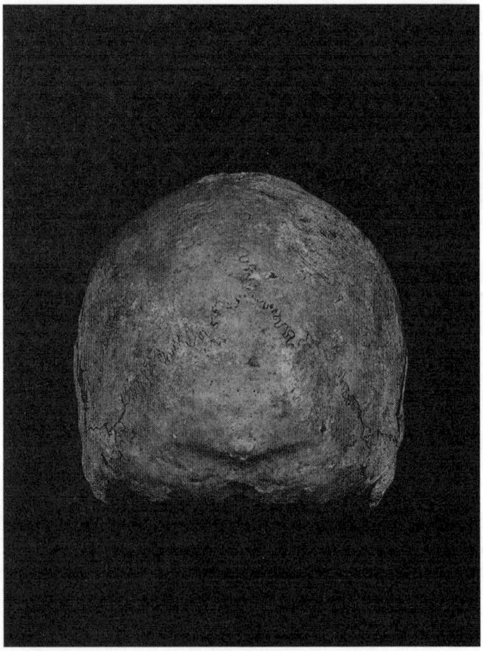
后视图

喇嘛洞墓地男性头骨

98BL II M359